beck'sche reihe

D1937011

Ohne eine neu fundierte Lehre von der gerechten Grundordnung und eine Neuinterpretation unserer Verfassungen, ohne ein neuformiertes Freiheitskonzept und ohne mehr Generationengerechtigkeit und Gerechtigkeit zwischen den Völkern dieser Erde (also *Nachhaltigkeit*) können wir nicht länger sagen, daß unser Zusammenleben *gerecht* ist. Und ohne ein neues Steuerungskonzept, welches sich wie die Gerechtigkeits- und Verfassungslehre von Paternalismus und Wirtschaftsliberalismus (bzw. Postmodernismus) gleichermaßen lösen muß, wird die nationale und transnationale Politik unsere vielfältigen Konflikte und besonders die Jahrhundertaufgabe Nachhaltigkeit nicht lösen können. Felix Ekardts Anschauungsmaterial auf dem Weg zu diesen Thesen bilden die ökonomisch-soziale Globalisierung, der Klimawandel, der Krieg gegen den Terror, die europäische Verfassungsgebung, die Debatte um Gentechnik und Embryonen, der «Reformstau» im kooperativen Staat oder auch der Streit um Familienpolitik, Sozialversicherung und Sozialstaat.

Prof. Dr. Felix Ekardt, LL. M., M. A., geb. 1972, Philosoph, Jurist, Soziologe. Nach Studium in Berlin, Marburg und Leipzig Research Assistant in Aberdeen, danach Referendar in Leipzig und Anwalt im Umweltrecht. Diverse Lehraufträge an juristischen und philosophischen Fakultäten, Promotion 2000 in Halle (ausgezeichnet mit mehreren Preisen), Habilitation 2003 in Rostock. Seit 2003 an der Universität Bremen, Mitglied mehrerer umweltpolitischer Sachverständigenkommissionen. *Publikationen u. a.*: Zukunft in Freiheit. Eine Theorie der Gerechtigkeit, der Grundrechte und der politischen Steuerung (2004); Steuerungsdefizite im Umweltrecht (2001); Liberalismus, Besitzindividualismus und Handlungstheorie (2003); Information, Partizipation, Rechtsschutz (2004); Politische Steuerung in der Weltgesellschaft (2005).

Felix Ekardt

Das Prinzip Nachhaltigkeit

Generationengerechtigkeit und
globale Gerechtigkeit

Verlag C. H. Beck

Originalausgabe

Satz: Fotosatz Reinhard Amann, Aichstetten
Druck und Bindung: Druckerei C. H. Beck, Nördlingen
Umschlagentwurf: +malsy, Bremen
Printed in Germany
ISBN 3 406 52798 1

www.beck.de

Inhalt

I. Unsere Lebensform ist weder zukunftsfähig noch global ausdehnbar

Ohne eine neu fundierte Lehre von der gerechten Grundordnung und eine Neuinterpretation unserer Verfassungen, ohne ein auf beiden Ebenen neuformiertes Freiheitskonzept, vor allem aber ohne mehr Generationengerechtigkeit und Gerechtigkeit zwischen den Völkern dieser Erde können wir nicht länger sagen, daß unser Zusammenleben *gerecht* ist. Und ohne ein neues Konzept politischer Steuerung wird die Politik als Mittler unserer Konflikte endgültig scheitern. Ganz besonders die Jahrhundertaufgabe *Nachhaltigkeit*, unter die wir die Generationen- und die globale Gerechtigkeit seit kurzem begrifflich fassen, wird ohne ein solches Konzept nicht zu meistern sein. Das sind meine Kernthesen. Ich bringe sie hier in die Form eines großen Essays, welcher in prinzipieller Weise herausfordern und dabei für Fachleute und Laien gleichermaßen «einen neuen Grund legen» möchte.* Die Grundidee, der archimedische Punkt, in dem meine Thesen konvergieren, ist dabei kein religiöser Glaube, kein Bestand kultureller Grundwerte, kein postmoderner

* *Hinweis für den Leser*: Dieses Buch sucht eine in wichtigen Punkten präzisere und erheblich vervollständigte Gesamtschau meiner bisherigen Ideen, wie ich sie in einer Reihe von Büchern und Zeitschriftenbeiträgen entwickelt habe. Der *Wissenschaftler*, dem (1) eine breitere Darlegung aller Themen, (2) Nachweise zu Schrifttum, erwähnten Gegnern und empirischen Daten, wie sie sogleich im Fließtext auftauchen, (3) mehr Jura/politische Steuerung fehlt, kann für die gesamte Buch-Thematik ergänzend heranziehen Ekardt, Zukunft in Freiheit: Eine Theorie der Gerechtigkeit, der Grundrechte und der politischen Steuerung, 2004, und Ekardt, Steuerungsdefizite im Umweltrecht, 2001; zu weiteren Büchern www.jura.uni-bremen.de/ekardtbuch – z. B. Information, Partizipation, Rechtsschutz, 2004 (zur Umweltpolitik); Liberalismus, Besitzindividualismus und Handlungstheorie, 2003 (eher historisch). *Jene Möglichkeit des Nachlesens ist zugleich die Rechtfertigung für die vorliegend gewählte, geradezu anmaßende Kürze.* Ungeachtet dessen sollte schon vorliegend deutlich sichtbar werden, daß es nicht nur um das Nachhaltigkeitsthema geht, sondern notgedrungen auch um einen prinzipiellen Neuansatz in der Gerechtigkeits-, Grundrechts- und Steuerungstheorie. Über kritische Kommentare, Rezensionen, Gegenaufsätze etc. freue ich mich unter fekardt@uni-bremen.de.

Subjektivismus, kein Wirtschaftsliberalismus oder Paternalismus, kein Kant, aber auch nicht die «radikale Demokratie» eines Jürgen Habermas. *Die Grundidee ist vielmehr die radikale Autonomie des Individuums – doch ist sie eine Autonomie, die sich ihrer Absolutheit ebenso bewußt ist wie ihrer Grenzen in der gleichen Autonomie aller anderen, auch derjenigen, die räumlich und zeitlich weit entfernt von uns sind.* Die damit berührten Fragen gehören auf die globale Tagesordnung, und zwar vor einem vielschichtigen und disparaten aktuellen Hintergrund – sei es die Globalisierung, der Klimawandel, der Krieg gegen den Terror, die europäische Verfassungsgebung, die Gentechnik-Embryonen-Debatte, der Kopftuchstreit, der «Reformstau» im kooperativen Staat, die Familienpolitik oder der Streit um die Zukunft des Sozialstaates. Und sie gehören *zwingend* auf ebenjene Tagesordnung.

A. Die westliche Lebensform: weder dauerhaft durchhaltbar noch globalisierbar?

Die Lebensform, das Gerechtigkeitsdenken und das Recht in westlichen Staaten sind seit den bürgerlichen Revolutionen im großen und ganzen *liberal.* Liberal nicht im Sinne des parteipolitischen Liberalismus oder des noch zu kritisierenden Wirtschafts- oder Neoliberalismus. *Liberal heiße vielmehr eine Ordnung, die auf weitgehende Freiheiten für die Bürger sowie die Volkssouveränität, also die Demokratie, baut – und die all dies als Vernunftgebot ausweist.* Recht, Verfassung, Gerechtigkeitslehre und persönliche Moral sind dabei begrifflich normative Ordnungen für menschliches Verhalten. Gerechtigkeit und Moral, die beiden Themen der praktischen Philosophie, machen Aussagen über die Richtigkeit der gesellschaftlichen Grundordnung einerseits sowie des persönlichen Handelns andererseits. Ebenso wie Gerechtigkeitsdenken und Moral erhebt das Recht der Idee nach den Anspruch auf Richtigkeit – es ist aber mit *Zwang* durchsetzbar. Durch diese Sanktionsorientierung verläßt es sich nicht auf unseren guten Willen allein, der oft arg begrenzt ist. Zudem legt es das «Rechte» *präziser* fest; damit schafft Recht eine vorhersehbare, verläßliche Ordnung unseres Zusammenlebens. Darum brauchen Gerechtigkeit und Moral das Recht als einen «Sonderfall ihrer selbst», wenn sie auch im Einzelfall präzise sein und keine schöne Idee bleiben wollen. Ich schicke diese Verhältnisbestimmung hier voran, auch wenn sich ihre Richtigkeit erst im weiteren Verlauf klar zeigen wird.

Liberale Gesellschaften haben fast jedem ihrer lebenden Bürger ein Maß an Freiheitlichkeit und Wohlstand beschert, von dem Menschen früherer Jahrhunderte nur träumen konnten. *Doch unser Recht und unsere Moral scheinen sich – wie wohl stets, seit es Menschen gibt – immer noch auf die Konfliktlösung unter zeitlich und räumlich zusammenlebenden Menschen zu beschränken,* und dies in einer informationell vernetzten Welt, in der wir uns wegen des erreichten wirtschaftlich-technischen, auch kriegswaffentechnischen Entwicklungsstandes für alle Zukunft darauf einstellen müssen, daß die Folgen unseres Handelns weit über uns und unser Land hinauswirken – *räumlich* global und *zeitlich* weit in die Zukunft hinein. Unsere überkommene räumliche «Beschränktheit» äußert sich darin, daß der erwähnte hohe Lebensstandard bisher nur einem Fünftel der Weltbevölkerung zugutekommt. Dagegen leben die Menschen im Süden oft in extremer Armut, ohne soziale Absicherung und ohne echte Bildungschance. Dazu kommen massive Bedrohungen durch Kriege, Bürgerkriege, autoritäre Regime oder ideologische Fundamentalismen. Damit hat unser Liberalismus das Ideal der Aufklärung, alles Elend von diesem Planeten zu bannen, bisher nicht annähernd einlösen können.

Unsere überkommene zeitliche «Beschränktheit» äußert sich darin, daß unsere Politik und unsere Gesetze dazu führen, daß wir die Grundlagen der Freiheit in ihrer *dauerhaften* Erhaltung für jüngere und zukünftige Menschen gefährden. Ich denke hier nicht allein an die aktuelle Entwicklung bei Staatsverschuldung und Sozialversicherung, die heutige Wohlstandskosten auf künftige Generationen abwälzt. Viel bedenklicher, da wohl irreversibel, ist, daß uns global die wichtigsten erneuerbaren und nicht-erneuerbaren Ressourcen wie Wald, Trinkwasser, fruchtbare Böden, Fischbestände, Öl, Kohle und die Artenvielfalt perspektivisch ausgehen. Im Luftschadstoff- und Gewässerschutz ist zwar im Okzident seit den 70er Jahren einiges geschehen (wobei schon insoweit unsere Produktionszuwächse die größere «Sauberkeit» unserer Fabriken und Autos im Ergebnis konterkarieren). Doch unsere eigentlichen Probleme sind nicht gelöst, sondern verschärfen sich zunehmend. (a) Der weltweite Ressourcenverbrauch wächst auf hohem Niveau, bisher zum größten Teil aufgrund des hohen westlichen Wohlstandes. Ferner sind global (b) zwei gefährliche Ozonlöcher über der Nord- und Südhalbkugel zu verzeichnen. Vor allem aber führen wir gerade (c) eine u. U. verheerende Aufheizung und Zerstörung des Globalklimas herbei. Sollte die bereits seit längerem zu beobachtende globale Erwärmung – ausgelöst durch den immer noch steigenden okzidentalen Kohlendioxid- und Methanausstoß usw. sowie durch die rasant zunehmende Industrialisierung großer südlicher Länder – so weitergehen wie bisher, drohen nach ganz herrschender Meinung in den Naturwissenschaften in zunehmendem, langfristig gravierendem Maße großflächige Überschwemmungen, schwere Stürme mit schweren Verwüstungsfolgen, drastisch steigende Hautkrebsraten, ausgedehnte Desertifikationen und u. U. gar ein Ausbleiben des Golfstromes. Die Entstehungsbedingungen und Wirkungen eines Klimawandels stehen dabei z. T. wohl in Wechselwirkung mit der Schädigung der Ozonschicht. Ein Fortfall des Golfstroms allein würde *in Europa* gar die Durchschnittstemperatur um 10–20 °C *senken.* Global wäre dagegen eine Temperaturerhöhung um rund 6 Grad in 100 Jahren denkbar. Damit würde z. B. das Leben in Europa zum täglichen Überlebenskampf: Ginge man dann nicht an Erfrieren, Naturkatastrophen oder Herz-Kreislauf-Schäden zugrunde, bräche jedenfalls die Nahrungsmittelversorgung zusammen. Diese Gesamttendenz – Schadstoffreduktion bei gleichzeitiger viel fatalerer (wohlstandsbedingter) Störung von Stoffbasis, Klima usw. – dehnt sich mit der EU-Erweiterung auch auf Osteuropa aus (weswegen die EU-Erweiterung zwar in vielerlei Hinsicht sehr begrüßenswert, aber ohne Änderung unserer Lebensweise definitiv kein *ökologischer* Erfolg ist).

Gegenwärtig emittiert z. B. ein Deutscher jährlich durch seinen Lebensstil rund 42 Tonnen problematische Substanzen. Davon ist nur ein verschwindend kleiner Teil Schadstoffe, dagegen ein großer Teil Klimagase wie CO_2. Dies ist nur halb so viel wie bei US-Amerikanern, aber das Doppelte eines Japaners. Und das Zehn- bis Hundertfache dessen, was Menschen in Entwicklungsländern verbrauchen. Zwar hat es eine Übernutzung von Ressourcen historisch immer wieder gegeben. Die heutige *globale* Dimension und die drohende Schädigung übergreifender ökosystemarer Zusammenhänge und des Klimas sind aber geschichtlich beispiellos. Dies gilt um so mehr, als die bevölkerungsreichen Länder des Südens nunmehr auf dem Weg zu einer Kopie des westlichen Wohlstandsmodells – das bisher knapp 80 % der Weltressourcen für 20 % Bevölkerung verschlang – sind. Und genau jenen westlichen materiellen Reichtum verheißt ihnen die gegenwärtige Politik globalisierter freier Märkte, wie sie die Industrieländer, die WTO, die Weltbank und die «südlichen» Eliten propagieren – mit der Folge, daß McDonald's, Autoverkehr, ressourcenintensive Luxusgüter etc. sich sukzessive globalisieren. Sollten allein China und Indien diesen Weg erfolgreich zu Ende gehen, würden allein die dortigen derzeit 2,3 Milliarden Menschen (orientiert an der deutschen Personenquote) bald über 1,2 Milliarden Pkw, Kühlschränke, Klimaanlagen, Waschmaschinen, über Tausende Kilometer beförderte Genußmittel usw. verfügen. Diese Kopie unseres Lebensmodells würde nicht einmal die furchtbare Armut auf dieser Welt aufheben – denn der Preis wäre das umgehende Kollabieren von globaler Ressourcenversorgung und Globalklima. Jungen und künftigen Menschen verbleiben dann nicht nur destruierte Rentenversicherungen und Staatshaushalte, sondern schwerste Gefährdungen elementarer Bedürfnisse menschlicher Existenz. So verschränken sich der globale und der zeitliche blinde Fleck des Liberalismus: *Wenn denn* die Chancen einer Globalisierung der offenen Märkte das Elend der Lebenden dauerhaft lindern sollten, entfernen wir uns gleichzeitig immer mehr davon, eine auf Dauer, auch für künftige Generationen durchhaltbare Lebensform zu finden. *Wir Okzidentalen pflegen also ein Lebensmodell, das weder globalisierbar noch auf Dauer lebbar ist.* Damit stehen wir am Abgrund, dessen Vorbote auch die aktuellen (durch die chinesisch-indische Nachfrage induzierten) Ölpreissprünge sind. Wir haben also politisch versagt.

Dies alles ist durch die Presse und zahllose Bücher im Grunde sattsam bekannt. Und an alledem haben auch quantitativ zahlreiche, in ihren realen Wirkungen aber oft nahezu irrelevante Maßnahmen nichts Grundsätzliches geändert, die man wohlwollend als Abhilfeversuche deuten könnte (und deretwegen wir uns irreführenderweise gern «Umweltvorreiter» nennen): so z. B. Subventionen für erneuerbare Energien. Denn alle Ressourcen- und Klimaschonungseffekte werden stets durch unsere Wohlstandszuwächse aufgefressen, so daß unser Lebensstil unverändert nicht zukunftsfähig im Sinne von «dauerhaft durchhaltbar» ist. Gleiches gilt für einen wesentlichen Rahmen nationaler Nachhaltigkeitspolitik, die völkerrechtliche Klimarahmenkonvention. Diese vielberedete Konvention wird uns selbst bei perfekter Umsetzung nur rund 0,3 Grad der vielleicht 6 Grad Erderwärmung bis zum Jahr 2100 ersparen. An alledem hat unser vieles Reden («Umweltbewußtsein») bisher im Kern wenig geändert – was auch daran liegt, daß selbst einmal beschlossene Nachhaltigkeitsmaßnahmen oft miserabel vollzogen werden.

B. Ursachen fehlender Nachhaltigkeit – ökonomische, politische, kulturgeschichtliche und psychologische

Die prinzipielle wirtschaftlich-technische Möglichkeit, unser Leben anders zu organisieren, ist seit langem geläufig. Wir Okzidentalen *könnten* ein globalisierbares und dauerhaft durchhaltbares und damit nachhaltiges Leben führen. Wir *könnten* unser Auto abschaffen und damit gewaltige Stahlmengen, Energiemengen, neue Straßen, Klima- und Naturzerstörungen vermeiden. Wir könnten auf Urlaubsflugreisen verzichten, Produkte aus ökologischem Landbau kaufen, energieeffiziente Haushaltsgeräte haben, uns öfter einmal mit «weniger» zufriedengeben, in perfekt isolierten Häusern (die keine Heizung mehr benötigen) wohnen. Unternehmen, die ja durch ihre Angebote einerseits die Verbraucher beeinflussen, andererseits auch von ihnen beeinflußt werden, *könnten* ressourcensparendere Produkte anbieten und zudem weniger auf Güterproduktion als mehr auf Dienstleistungen setzen (z. B. Car-Sharing statt Autoverkauf). Ebenso selbstverständlich «müssen» wir alle keinen ressourcenintensiv produzierten und transportierten Orangensaft aus Südamerika trinken, sondern könnten regionalen Apfelsaft vorziehen. Wir könnten unsere Kommune drängen, den Busverkehr zu verbessern. Wir könnten uns haltbarere Möbel, Stereoanlagen und T-Shirts zulegen und überhaupt mehr «reparieren und leihen» – anstelle billiger Wegwerfprodukte (Qualität statt Masse). Und die Bauern «müssen» nicht zwingend eine artenvielfaltzerstörende, bodenfruchtbarkeitsschädigende und energieintensive Landwirtschaft mit viel Pestiziden und Dünger betreiben, sondern könnten wenigstens z. T. auf Biolandbau umsteigen. Auch könnten wir die Heizung abdrehen, wenn wir verreisen oder tagsüber unterwegs sind. All dies würde unsere Ressourcenbasis und das Globalklima drastisch entlasten. Ferner könnten wir den Entwicklungsländern gleiche Chancen am Weltmarkt einräumen – und wir könnten faire Preise für die aus dem Süden kommenden Rohstoffe wie Kaffee zahlen, uns für die Beendigung der zahlreichen Kriege und Bürgerkriege einsetzen (und sie nicht noch durch unsere Gier nach Öl befördern), korrupte Regime im Süden politisch stärker unter Druck setzen usw. Dies ist die Vision einer Welt, in der alle Menschen weltweit (und sogar mehr Menschen als heute) gut leben könnten, auch in Zukunft, verbunden mit einer wirtschaftlichen Perspektive, die über eine Effizienzrevolution in der Ressourcennutzung dauerhaften Wohlstand ermöglicht. Ein solches Leben wäre nachhaltig – und dies könnte die lang vermißte Vision sein, die unsere Zeit so dringlich sucht. Nur tun wir all dies meist nicht, obwohl wir nach 30 Jahren Umwelt- und Nord-Süd-Debatte all dies wissen. Aber warum werden wir nicht (hinreichend) aktiv? Und warum wird die Politik nicht stärker tätig, um Anreize und Vorgaben für mehr Nachhaltigkeit in Gesellschaft und Wirtschaft zu setzen?

Die Gefährdung unserer Zukunftsfähigkeit entspringt keinem Mangel an Wissen und Information. Wir «wissen» sehr wohl, daß Radfahren weniger Ressourcen verbraucht als Autofahren, daß Urlaubsflüge sehr viel Energie verschlingen und das Klima stark belasten. Unternehmen «wissen» ebenso, daß Wegwerfprodukte mehr Naturgüter verschlingen und in der Summe mehr Energie benötigen als lang haltbare, reparaturfreundliche Dinge. Doch wir *wollen* (vorsätzlich oder fahrlässig) dies oft nicht wissen, verdrängen es, sind bequem, reagieren aggressiv auf die Mitmenschen und politischen Gruppierungen, die uns dies auf die Nase binden. Damit ist eine ausführliche Wissenshilfe über unsere vielen technisch-wirtschaftlichen Möglichkeiten wohl kaum das, was wir brauchen oder was ich hier vorlegen sollte (etwas näher zum Thema «Wissen» aber Kap. VI). Die Zukunftsgefährdung hängt vielmehr an unserem *Willen* bzw. Unwillen, wobei wir es natürlich oft mit *unbeabsichtigten* und *unbewußten* (verdrängten) Nebenfolgen unseres Handelns zu tun haben. Und dieses *Motivationsproblem* betrifft die Politik ebenso wie die Bürger, also letztlich uns alle. Es reicht eben noch nicht, wenn einzelne «Nachhaltigkeitsfreunde» uns die Möglichkeit sparsamer Autos, regionaler Urlaubsreisen, regionaler Bioprodukte usw. bunt ausmalen – *geändert* hat dies bisher noch nicht sehr viel. *Natürlich* hätten wir alle im Grunde «nichts dagegen», künftigen

Generationen und anderen Völkern zu sicherem Wohlergehen zu verhelfen – und technisch möglich sein mag dies alles auch. Doch es ist uns zu teuer, zu unbequem, zu ungewohnt, zu unwichtig – und zu sehr im Kontrast zu unseren eingewöhnten Werthaltungen:

Die menschliche und gerade die okzidentale Motivationslage ist eben offenbar zunächst durch *materielle Faktoren* bestimmt. Denn der moderne Kapitalismus, die moderne Naturwissenschaft und Technik und ihre Instrumentalisierung für menschliches Machtstreben haben uns erst dahin gebracht, daß wir heute unsere Lebensgrundlagen ernstlich gefährden können. Sie haben unseren Wohlstand, der der «Hauptverbraucher» von Ressourcen und Klima ist, und unsere scheinbare Macht über diesen Globus geschaffen, ebenso wie sie unsere Orientierung an kurzfristigem Gewinn und Marktpreisen geschaffen haben. Wir agieren also in ökonomischen Rahmenbedingungen, die als scheinbare «Sachzwänge» ein intertemporal und global gerechtes Handeln schwierig und wenig erstrebenswert aussehen lassen. Und die politische Änderung dieser Rahmenbedingungen, etwa durch höhere Energiepreise, um unsere Effizienz zu fördern, erscheint uns als riskant und mit der Gefahr von Wohlstandseinbußen behaftet. So verschwinden Langzeit- und Südinteressen hinter der kurzfristigen Absatzmarkt- und Arbeitsplatzsicherung – weder die Bürger noch die Unternehmen noch die (wiederwahlorientierten) Politiker sehen sich zum Handeln in der Lage (näher zu all diesen Zusammenhängen Kap. VI).

Doch solche Gegebenheiten sind, und das ist hier mein Punkt, nicht die einzigen menschlichen Handlungsantriebe. Dies sieht man schon daran, daß wir Okzidentalen offenbar nicht erkennen, daß die Knappheit der Lebensgrundlagen und die wirtschaftliche Explosion in Ländern wie Indien oder China uns schon aus langfristigem Eigeninteresse an unserem Wohlstand nötigen müßten, einen Kurswechsel zu vollziehen, der unseren Wohlstand auch mit weniger Ressourcen und weniger Klimainanspruchnahme vielleicht möglich macht. Ökonomische Faktoren wirken beim Menschen eben zusammen mit wohl eher evolutionsbedingten bzw. *genetischen Prägungen* wie Bequemlichkeit, Kurzzeitdenken, Streben nach sozialem Ansehen, Verdrängung unangenehmer Einsichten und Narzißmus. Wir alle wollen gern unsere Ruhe haben, und selbst dort, wo große oder kleine Änderungen scheinbar schlicht an individueller Unfähigkeit scheitern, steht letztlich oft eher der so bezeichnete subtile Unwillen dahinter. Wer mag sich schon den eigenen nichtnachhaltigen Lebensstil eingestehen, wenn dies zu lauter unbequemen Änderungen vertrauter Gewohnheiten führte? Saubere Schornsteine konnte man im Europa der 70er Jahre leicht fordern, denn anders als weniger Autofahren tangiert dies nicht den eigenen Lebensstil. Dagegen erzeugen drohende größere Veränderungen, wie sie die Nachhaltigkeit zu erzwingen scheint, fast generell Angst. Zudem denken wir doch am liebsten an uns selbst. Warum aber sollten wir dann unseren bequemen, gewohnten Lebensstandard für Personen, die wir dank weiter räumlicher oder zeitlicher Entfernung nie sehen werden, riskieren? Denn zumindest einen Teil der Vorteile einer Politik der Nachhaltigkeit hätten nicht wir, die wir uns ja momentan in einer Position der Stärke wähnen – sondern Menschen ärmerer Länder und künftiger Zeiten. Darum reden wir gern viel über Nachhaltigkeit oder trennen unseren Abfall (was nur wenig zur Ressourceneinsparung beiträgt) – aber wir unterlassen nicht im Traum unseren schönen Urlaubsflug auf die Kanarischen Inseln. All dies sind letztlich vielleicht genetisch mitbedingte, typische Eigenschaften des Wesens Mensch.

Für all dies sind neben etwaigen genetisch-biologischen Einflüssen aber auch *kulturelle Spezifika* des Okzidents ursächlich. Fälle übermäßiger Inanspruchnahme der Lebensgrundlagen finden sich überall auf der Erde; das macht die erwähnten biologischen (eben allen Menschen eigenen und daher offenbar genetisch unterfütterten) Faktoren plausibel. Aber die moderne Wirtschaft, Wissenschaft und Technik entstand «von selbst» nur im Abendland – und erst von hier aus verbreitet sich ihr Geist über die ganze Welt. Das impliziert, daß ein nachhaltigkeitsabträgliches Denken und letztlich überhaupt jegliche menschliche Motivationslage auch kulturell bedingt ist und nicht nur biologisch. Generell kann man – mit einer abstrakteren Scheidung als «materiell/biologisch/kulturell» – auch sagen, daß im menschlichen Verhalten *instrumentelle Vernunft* (also die Suche nach effektiven Mitteln zu ihrerseits nicht hinterfragten, meist eigennützigen Zielen), Gruppen-*Konformität*, *normative Vernunft* (eigennutzenunabhängig begründete Überzeugungen/Werte) und *Gefühle* wirken (Kap. VI A. erörtert dies näher).

Unsere Kultur ist der klassische Liberalismus. Er steht seit der frühen Neuzeit für freiheitskonkretisierende Prinzipien, die uns heute fatal einholen: Man braucht nur die Tageszeitung aufzuschlagen, um die allgemeine Fixierung auf ungehemmte wirtschaftliche Freiheit, Wirtschaftswachstum, wohlstands- und technikbezogenen Fortschritt und Arbeitsplätze (und damit auf eine bestimmte Wertschätzung von Arbeit) sowie auf das Wohlergehen des *eigenen* Volkes und der *eigenen* Industrie zu bemerken, die im Vordergrund fast aller politischen, wirtschaftlichen oder persönlichen Aktivitäten steht. Ebenso markant ist die Bewußtseinsdominanz einer Anthropozentrik, die davon abstrahiert, daß der Mensch auf Dauer ohne bestimmte natürlich-physische Grundlagen nicht zu existieren vermag. Noch sichtbarer ist ein oft extremer Individualismus – der statt einer gleichen Autonomie aller lebenden und künftigen Menschen dieser Welt einen Anspruch suggeriert, jede beliebige Handlung (sei es ein Einkauf, eine Urlaubsreise, eine Investitionsentscheidung, eine Steuerhinterziehung oder eine Verkehrsmittelwahl) ganz nach eigenem Gusto vornehmen zu können, ohne sich sonderlich über die u. U. fatalen Wirkungen für andere Menschen zu bekümmern. Wobei es mit dieser Idee klassischerweise um wirtschaftliche Entfaltung ging, wogegen heute, unter postmodernen Vorzeichen, mehr der Selbstverwirklichungsgedanke dominiert. Nur führt all dies eben dazu, daß westliche Gesellschaften Gefahr laufen, die Lebensgrundlagen und damit die Basis jeglicher menschlicher Freiheit zu zerstören – und den nach uns Kommenden sowie den in ärmeren Ländern Lebenden jede Freiheit zu rauben.

Der klassische Liberalismus der letzten 200 Jahre hat dieses Weltbild freilich nicht allein erfunden. Vielmehr konnte er auf zentrale «Vorarbeiten» im calvinistischen Protestantismus zurückgreifen, der den Liberalismus und Rationalismus nachdrücklich prägte. Das gilt nicht nur für frühneuzeitliche Vordenker wie Hobbes, Locke, Kant, Bacon, Althusius und seinerzeitige Naturwissenschaftler und Politiker. In noch stärkerem Maße gilt die calvinistische Vorprägung für die breite Bevölkerung oder wenigstens die Bildungselite in den Ländern Westeuropas und Nordamerikas, in denen sich klassisch-liberale Ideen in Philosophie, Wirtschaft und Recht zuerst durchsetzten. Noch das griechisch-antike und das germanische Denken waren insgesamt eher an Kreisläufen orientiert: Wachstum wurde nicht erstrebt, die Natur wurde nicht als etwas für uns nur «Mittel» Seiendes begriffen, ein technischer Fortschritt kam kaum in Gang, Arbeit und Naturbearbeitung galten als wenig erstrebenswert. All dies änderte sich mit der mittelalterlichen Mönchsbewegung, die zur Keimzelle wirtschaftlich-technischer Dynamik wurde, und erst recht mit der Reformation. Gerade sie steht für die Hinwendung zu den später «liberal» genannten Werten – und für die uns bis heute prägende Idee, das Paradies auf Erden mit wirtschaftlich-technischen Mitteln anzustreben.

Der Reformation ging es um die Kritik an einem katholischen Autoritarismus und Traditionalismus, der geradezu bibelfeindlich war. Aus der nachgerade revolutionären Inspiration der frühchristlichen Zeit war eine bürokratisch verwaltete Tradition geworden, die mit amtlicher Autorität und Zwang durchgesetzt wurde und die die Tradition im wesentlichen um ihrer selbst willen bewahrte. Einer Kaste von «Berufsreligiösen» (Priester und Mönche) sprach man gar qua Amt eine größere Nähe zu Gott zu. Die Reformation brach mit alledem; im Kern stellte sie den Menschen stärker auf sich selbst und brach mit dem mittelalterlichen Gemeinschaftsdenken. Das Priestertum aller Gläubigen wurde propagiert und der einzelne direkt auf Gott verwiesen. Ferner wurde die Prädestinationslehre verkündet: Der Mensch könne sich, weil Gott allmächtig ist, weder durch Gebete und Glauben noch durch gute Taten selbst erlösen – Gott allein entscheide, wer das ewige Seelenheil und wer die ewige Verdammnis verdiene. Man könne diese Wahl Gottes lediglich «sichtbar» machen – aber nicht länger wie im Mittelalter durch Gebete oder Beichten oder Klosterleben. Vielmehr müsse man ganz ohne «religiöses Amt» schlicht dort die Erwähltheit zum Seelenheil (das für den «traditionellen» Menschen höchste Gut) sichtbar machen, wo einen Gott im Leben hingestellt hatte – also bei der Arbeit. Dies induzierte eine fortschreitende Systematisierung des gesamten Alltags und ein Streben um immer bessere «Sichtbarmachung der göttlichen Berufung» – und dies wiederum protegierte das moderne Ideal des Wachstums, der technischen Optimierung und gerade der Naturausnutzung. Denn nur eine «perfekte» Welt und ein «perfektes» Arbeiten konnten als heilig gelten. Daher sollte alles prosperieren und dem Paradies auf Erden zustreben. Wobei die Religion die wirtschaftlich-technische Entwicklung natürlich nicht nur ihrerseits stimulierte, sondern z. T. auch unter ihrem Einfluß entstand.

Zudem wurde im Protestantismus eine (von Hobbes später übernommene) negative Handlungstheorie («der Mensch ist eigennützig und böse, weswegen ihm nur Gottes Gnade, aber keine menschliche Kirche helfen kann») gemeinsam mit ihrer Folge, der Prädestinationslehre, wirksam: in Gestalt einer Schwächung von Kirche und Staat als Autoritäten. Und dieser radikale Autoritätsschwund und der so induzierte Pluralismus sind ja wiederum – gemeinsam mit der Idee einer «Befreiung» von allen Fesseln durch Christi Opfertod – Wurzeln jenes *stark auf das einzelne nach Erlösung strebende Wesen verengten* Individualismus, der heute wirtschaftsliberal oder postmodern-selbstverwirklichend überhöht wird. Und genau dies wirkt mit der ins Grenzenlose weisenden ständigen Optimierung des Lebens, die die moderne Naturwissenschaft, Wirtschaft und Technik auf den Weg bringt, zusammen. So ist dann die Natur für den liberalen Hauptdenker Locke einfach nur noch nichtig – sie interessiert nur in der durch das Geisteswesen Mensch *bearbeiteten* und für ihn nützlichen Form. Bloßes *Da-sein* ist für Locke dagegen generell völlig wertlos (was heute im Sinnlosigkeitsgefühl von Arbeitslosen nachwirkt). Wertvoll seien dagegen Prosperität, wirtschaftliche Freiheit und technischer Fortschritt, wenn auch zunächst nicht um ihrer selbst willen, sondern um Gott noch mehr zu verherrlichen und sein Reich auf Erden zu errichten. Mehr und mehr Arbeit, mehr und immer mehr Fortschritt – dies schien der einzige Weg zu einem gottgefälligen Leben zu sein. Und so blieb es, als die Gottesidee verblaßte und protestantische zu liberalen Werten wurden. An alledem ändert es übrigens nichts, wenn sich heute Gläubige für ihren Ökologismus auf gegenläufige Bibelstellen zu berufen versuchen.

Damit sind die großartige moderne Freiheitsidee und die existentielle Bedrohung unserer Lebensgrundlagen in ihrer ideengeschichtlichen Wurzel verwandt. Beide führen uns zu den protestantischen Urgründen der modernen Welt zurück. Heute aber bedroht die Gefährdung der Lebensgrundlagen unsere Freiheit, einerseits durch Zerstörung ihrer unverzichtbaren vitalen Grundlagen. Denn ohne Atemluft, Nahrung, Trinkwasser und ein stabiles globales Klima wird man mit der liberalismustypischen Meinungs-, Versammlungs- oder Eigentumsfreiheit nichts mehr anfangen können. Andererseits könnte die Lebensgrundlagengefährdung eines Tages eine freiheitsbeseitigende Ökodiktatur provozieren, weil die nötigen schnellen und klaren Lösungen in demokratischen Gesellschaften u. U. schwer durchsetzbar sind. Eine ökodiktatorische Freiheitsbedrohung – worunter ich nicht etwa «viele Gesetze und viel Bürokratie» verstehe, sondern die fundamentale Abschaffung von Freiheit und Demokratie – hat dabei historische Vorbilder seit der

Antike (Kap. II A.); und Kriege um Öl, Trinkwasser usw. drohen heute diesen Vorbildern zu folgen. *Somit untergraben liberale (protestantische) Ideen ihre eigene Freiheitlichkeit direkt, indem sie Gewalt und Diktatur heraufbeschwören – oder indirekt durch Zerstörung der Bedingungen unserer Existenz. Unsere freiheitliche Ordnung steht damit vor einer fundamentalen, doppelten Freiheitsgefährdung.* Und die passenden Lehren z. B. eines Hans Jonas stehen schon bereit, die ein Waterloo der Freiheit geradezu fordern – wie es die katholischen Gegner der Reformierten, die konservativen Gegner der Aufklärung, die Totalitarismen des 20. Jahrhunderts und viele kluge Denker seit Platon und Thomas von Aquin auf je ihre Weise immer schon forderten.

Klassisch-liberale (vormals protestantische) Ideen beeinflussen uns nach dem Gesagten *faktisch* sehr stark – als Lebensgefühl, als falsche Überzeugungen, als Motor unserer Eigennutzen-Erwägungen, als Gegenstand von Konformität. Und sie wirken in eine Richtung, die eine freie globale Zukunft zerstört. Aber was heißt all das *normativ*? Ist der Liberalismus also eine ungerechte Ordnung, die wir nicht länger zum Maßstab unseres Handelns nehmen *sollten*, anstatt sie auch noch mit Feuer und Schwert in den Irak, in den Kosovo und in alle Welt zu exportieren? Die bisherigen Überlegungen sagen dazu nichts aus, ebensowenig wie das Ausmalen der wirtschaftlich-technischen *Möglichkeit* eines anderen Lebens etwas besagen würde, was die wenigen namhaften Nachhaltigkeitspropheten dieser Welt wie Ernst Ulrich von Weizsäcker oder Michail Gorbatschow oder auch die «Erd-Charta» einiger Nichtregierungsorganisationen (NGOs) leider verkennen. Denn das *Bedauern* der doppelten Freiheitsgefahr setzt voraus, *daß* eine freiheitliche und die Belange künftiger und «südlicher» Menschen achtende Lebensweise geboten ist. *Natürlich könnten wir anders leben – aber sollten wir anders leben?*

Meine zentrale These ist, daß wir es sollten – und daß wir dafür ein völlig neues Gerechtigkeitskonzept brauchen. Diese Frage nach den prinzipiellen Maßstäben für eine gerechte Welt ist vorliegend mein Thema. Ich will zeigen, daß Vernunft nicht nur faktisch unser Handeln neben Gefühlen, Konformität und instrumenteller Eigennutzen-Rationalität *mit*beeinflußt, sondern (a) daß wirklich *allein die normative Vernunft* (also die menschliche Befähigung zu begründeten – und zwar womöglich universal begründeten – Wertungen) die

Basis einer gerechten Grundordnung sein muß. Ich möchte also zunächst einmal zeigen, daß diese liberale Grundthese unverändert richtig ist. Dieser Nachweis wird freilich nur gelingen, wenn man eine völlig neue Begründung der liberalen Prinzipien gibt; denn die altliberale Theorie, die sich oft stärker auf die eigennützige instrumentelle als auf die normative Vernunft, die ich vorliegend im Sinn habe, stützt, erweist sich im folgenden als unhaltbar. Erst mit dieser Grundthese wird sich auch das klären, worüber sich Liberale bisher uneins waren: daß Menschenrechte und Demokratie *für alle Völker dieser Welt* gerecht und geboten sind (universale Gerechtigkeit). Ich möchte sodann (b) die in den Menschenrechten garantierte Freiheitsidee neu begreifen – und dabei den alten Liberalismus, der primär ein wirtschaftlicher und oft geradezu chauvinistisch-nationalistischer Liberalismus war (und z. T. noch heute ist), verabschieden. Damit wird unsere Freiheit von Grund auf neu konzipiert; vor allem aber werden erstmals (c) junge und künftige sowie (d) in anderen Erdteilen lebende Menschen zu gleichberechtigten Trägern menschenrechtlicher Freiheit (Generationengerechtigkeit und globale Gerechtigkeit). Die Freiheits- und Autonomieidee fordere ich also nicht nur universal in allen Gesellschaften, sondern auch global zwischen den Menschen verschiedener Gesellschaften und verschiedener Zeiten. Ich will zeigen, daß all dies als Gebot der normativen Vernunft (also der Fähigkeit, über die richtigen Werte mit allgemeingültigen Gründen zu entscheiden) *notwendig* ist, national, europäisch und global – und daß all dies uns (e) auch *faktisch* beeinflussen kann, wenn wir daraus eine Neukonzeption effektiver, durchsetzungsfähiger Politik entwickeln.

Ohne solche Einsichten *ist* nicht zu erwarten, daß Freiheit, Zukunft und globale Gerechtigkeit universal real werden. Denn Gefühle, Religion, Tradition, Konformität, eigennütziges Kosten-Nutzen-Denken (instrumentelle Vernunft) erweisen sich bei näherer Betrachtung als untauglich, irgendwelche Gerechtigkeitsideen zu *begründen*. Und Gefühle, Religion usw. werden sich auch als nur z. T. tauglich erweisen, uns auch nur *rein faktisch* für eine freiheitliche und zukunftsorientierte Gesellschaft zu motivieren. Ohne normative Vernunft also keine Gerechtigkeits- und Nachhaltigkeitsbegründung – und auch keine Gerechtigkeits- und Nachhaltigkeitsdurchsetzung! Die ganz sachte aufkeimenden Nachhaltigkeitsvisionen vom Solarzeitalter, von der Agrarwende oder vom sanften Tourismus zum Schutz der Zukunft und der Einen Welt werden darum ohne rationale Konzepte Science-fiction-Romane ohne Realisierungschance bleiben. Das kann man unschwer daran erkennen, daß wir seit kurzem zwar gern über Nachhaltigkeit reden – daß unser Handeln davon aber bis dato weithin unberührt bleibt. Bei unserer bisherigen wirtschaftsliberalen Wertebasis wäre es letztlich auch einfach unplausibel, ein «nachhaltiges» Leben zu führen.

Die Frage nach der Vernunft brennt schon deshalb unter den Nägeln, weil Liberalismus und Vernunft in einer globalen Welt von den zwei Seiten massiv attackiert werden, die für die doppelte Freiheitsgefahr stehen – und zwar in der Globalisierungs- oder Terrordebatte ebenso wie in innerwestlichen Debatten: Nicht nur von religiöser, u. U. gar fundamentalistischer Seite sowie von den kulturrelativistischen Kontextualisten innerhalb und außerhalb Europas, die die Gerechtigkeit in «kulturellen Grundwerten» und den jeweiligen, z. T. auch autoritären «Traditionen» verkörpert sehen, kommt zunehmend radikale Liberalismus- und Universalismuskritik. Ebenso gewinnen spiegelbildlich skeptizistische (gerade postmoderne) Ansätze eine wachsende Anhängerschaft. Sie bezweifeln ganz generell, daß Gerechtigkeit und Rationalität möglich sind – und reduzieren damit die Gerechtigkeit auf politisch-ökonomische Machtspiele oder beliebige Mehrheitsentscheide, begleitet durch Formen «privater Selbstverwirklichung» der Bürger. Diese skeptische Sicht hat gerade unter westlichen Intellektuellen einen immer stärkeren Zulauf. Hierunter fällt auch die unter Ökonomen dominierende, instrumentell rationale Position: daß genau die Gesellschaft gerecht sei, die sich aus dem punktuellen Konsens rein eigennütziger Individuen ergeben würde.

Weil eine Theorie der Nachhaltigkeit (Kap. III) ergo ohne eine prinzipielle Untersuchung zur gerechten Gesellschaft (Kap. II) nicht zu haben ist, kommt neben deren allgemeiner Begründung auch die Frage nach dem richtigen Freiheitsverständnis auf die Tagesordnung (Kap. IV): Denn der Kern des Liberalismus sind Grundrechte respektive Menschenrechte (ich verwende die Begriffe stets synonym), und diese sind aus bestimmten Gründen stets *Freiheitsrechte*. Wie aber muß eine Freiheit aussehen, die allen Menschen in einer globalisierten Welt Entfaltungschancen bringt – und zwar dauerhaft und ergo *nachhaltig*? Dies ist auch unabhängig von der Zukunfts- und Nord-Süd-Thematik die Kernfrage danach, ob und inwiefern so etwas wie eine gerechte Gesellschaft möglich ist – sei es in supranationalen Gebilden wie der EU, sei es im Nationalstaat, sei es zwischen den Menschen verschiedener Erdteile. Freiheit ist der *Kern* diverser ernster Probleme wie auch zahlloser Feuilletondebatten, der freilich selten als solcher bemerkt wird – ob es nun um Kopftücher in Schulen, um «soziale Gerechtigkeit versus freie Marktwirtschaft», die «Freiheit der Tabakwerbung» oder auch ein «Recht auf Abtreibung» geht. Meine gesamte Gerechtigkeits- und Freiheitstheorie will nun der unguten Alternative entrinnen, die die politische, wissenschaftliche und populäre Diskussion seit langem beherrscht. Diese Alternative ist die allgemeinere Form der doppelten Freiheitsgefahr: Auf der einen Seite stehen wirtschaftsliberale sowie postmoderne Ansätze, die häufig Freiheit mit (wirtschaftlicher/selbstverwirklichender) Wildwestfreiheit gleichsetzen, Zukunft und Globalität mißachten und dabei meist die Entscheidbarkeit von Wertfragen mit Gründen *unter*schätzen. Auf der anderen Seite stehen kontextualistische und religiöse Ansätze, die tendenziell den Wert der Freiheit zu gering schätzen, autoritären Lösungen (auch) für die Nachhaltigkeit nicht abgeneigt sind und die Entscheidbarkeit von Wertfragen *über*schätzen. Man braucht nur die Tageszeitung aufzuschlagen: Dort streiten sich diejenigen, die «der Jugend wieder Werte vermitteln» wollen, mit jenen, die nahezu alles für «okay» und kontingent halten. Oder es streiten sich die Verfechter eines paternalistischen Fürsorgestaates mit den Freunden eines entfesselten globalen Marktes. Oder die Forderung nach «mehr Gemeinwohl» und «mehr Gemeinschaftsdenken» wird mit dem Postulat, der Staat habe seine «mündigen Bürger» in Ruhe zu lassen, kontrastiert. Ob es nun um das neueste Attentat in einer Schule, den Arbeitsmarkt, die EU, die Affären von Oliver Kahn oder die marode Sozialversicherung geht: Die ungute Frontstellung entsteht geradezu reflexartig. Ich möchte sie vorliegend auflösen.

All dies, inklusive einer Lehre von der gerechten *Abwägung* in den zahlreichen Konflikten zwischen Nord- und Süd- bzw. Gegenwarts- und Zukunftsinteressen (Kap. V), zielt auf einen *philosophischen und verfassungsrechtlichen modernen Liberalismus*, der zugleich eine umfassende Kohärenz der Gerechtigkeitstheorie mit der Interpretation liberaler Verfassungen herstellt. Denn ich werde meine Fragen nicht nur als Gerechtigkeitsfragen stellen, sondern auch als Interpretationsfragen an liberale Verfassungen und ihre überall vorhandenen Kernelemente. Verfassung meint dabei stets allgemein die verbindliche Grundordnung des Zusammenlebens. Und zwar auch völkerrechtliche Menschenrechtstexte sowie die längst vorhandene, über mehrere Rechtstexte wie den EG-Vertrag, den EU-Vertrag und die Rechtsprechung des Europäischen Gerichtshofs (EuGH) verstreute *EU-Verfassung*, zu deren Interpretation ich hier einen Basisbeitrag leisten will. Besonders gilt dies für den neuen, demnächst in Geltung tretenden EU-Grundrechtskatalog (EuGRC) – der der Kern der neuen, dann offiziell so heißenden europäischen Verfassung sein wird.

Freilich muß die nachhaltige, freiheitliche Gerechtigkeit nicht nur begründet, interpretiert und abgewogen werden – sie bedarf auch der faktischen Durchsetzung in dieser Welt. Der dafür nötige *steuerungstheoretische Liberalismus* (Kap. VI) versteht sich als Konzept, wie Nachhaltigkeit real werden kann (durch Wettbewerb? Selbstregulierung? Verbote?). Zugleich ist dies ein Versuch darüber, wie politische Steuerung und «Governance» heute noch möglich sind – in einer Welt, in der die Hoffnung, daß wir alle «rein freiwillig» nachhaltig leben, leider illusionär ist.

C. Nachhaltigkeit = intergenerationelle und globale Gerechtigkeit

Aber wovon reden wir überhaupt? In bündiger Kürze kann man sagen: *Nachhaltigkeit bzw. nachhaltige Entwicklung meint das Ziel, daß unsere Kinder und Kindeskinder auch morgen noch etwas auf dem Teller haben – und daß überhaupt erstmals alle Menschen dieser Welt etwas auf den Teller bekommen. Es geht also um eine lebenswerte, freiheitliche und friedliche Erde für alle Menschen.* Verbal ist diese Frage nach globaler und intertemporaler Gerechtigkeit ja durchaus weithin geläufig – trotz weitgehender Ausblendung (Kap. I A.) im Handeln: Geredet wird sehr wohl über Generationengerechtigkeit und zuweilen, etwa im Zusammenhang mit Terrorkrieg und Welthandel, auch über globale Gerechtigkeit. In solchen Debatten hat der Begriff Nachhaltigkeit bzw. *sustainable development* in den letzten 10–15 Jahren eine gewisse Karriere erlebt. Deren wichtigste Stationen markiert die Proklamation als zentrales Politikziel auf der Ebene der UNO 1987 durch ein prominent besetztes, allerdings rein beratendes Expertengremium (die Brundtland-Kommission) – gefolgt von der ebenfalls eher verbal-propagandistischen Rio-Staatenkonferenz über Umwelt und Entwicklung 1992 und deren Folgekonferenz in Johannesburg 2002. Die Intention der Nachhaltigkeit ist nach dem Willen der Wortförderer exakt die Auflösung des beschriebenen international-intertemporalen Dilemmas, also die Herstellung von Gerechtigkeit in der Bedürfnisbefriedigung zwischen heutigen und künftigen Menschen und zwischen Norden und Süden. Der Report der Brundtland-Kommission bringt es auf den Punkt: «Sustainable development is development that meets the needs of the present without compromising the ability of future generations to meet their own needs.» Das meint, so treffend die Enquête-Kommission «Schutz des Menschen und der Umwelt» des deutschen Bundestages in ihrem umfassenden, wenngleich ebenfalls relativ folgenlosen Bericht «Konzept Nachhaltigkeit»: allen Menschen, auch künftigen, die gleichen Lebenschancen zu bewahren.

Nachhaltigkeit zielt dergestalt auf Zukunftsfähigkeit einschließlich einer *global* gleichmäßigen (Grund-)Bedürfnisbefriedigung. Das Problemfeld, daß die einen vor lauter Wohlstand ihre Lebensgrundlagen zerstören, während viele andere gleichzeitig verhungern, soll ineinander vernetzt werden. Beides hängt eben zusammen. Würde man die Grundbedürfnisse auf der Südhalbkugel ohne gleichzeitigen Wandel im Okzident sichern und das westliche Lebensmodell schlicht in den Süden übertragen, ständen, wie bereits erwähnt, das globale Klima und die globale Ressourcenversorgung vor dem Kollaps. Darum soll nach der – unverbindlichen – Agenda 21 der Rio-Konferenz von 1992 der Okzident seinen Ressourcenverbrauch reduzieren und den südlichen Ländern wenigstens eine angemessene Sicherung der Grundbedürfnisse eröffnen. Dies soll der Kern aller Politik und allen Handelns werden. Nachhaltigkeit als Ziel findet sich folgerichtig seit Anfang der 90er Jahre in nahezu sämtlichen Veröffentlichungen der EU sowie nationaler Regierungen und Parlamente – nur eben unbestimmt und eher folgenlos.

D. Der bisherige verfehlte Nachhaltigkeitsdiskurs: Worthülsen ohne Begründung, Konkretisierung und praktische Durchsetzung

Doch warum Nachhaltigkeit, was heißt sie konkret, und wie kommen wir dahin, tatsächlich nachhaltige Lebensformen zu entwickeln? Diese Fragen, die vielleicht entscheidend sind für das Entstehen und Fortbestehen einer gerechten und lebenswerten Welt, beantwortet letztlich keines der eben genannten Dokumente. Anstelle jener Fragen, von denen dieses Buch handelt, sind Wissenschaft und Politik, soweit es einmal um Nachhaltigkeit geht, von Begriffsstreitigkeiten paralysiert. Ein Streit handelt davon, ob Nachhaltigkeit *mehrdimensional* oder *integriert-eindimensional* aufzufassen ist. Nach einer im wissenschaftlichen und noch mehr im populären Schrifttum verbreiteten Ansicht meint nachhaltige «Entwicklung» nämlich schlicht eine ausgewogene Verfolgung (a) ökologischer, (b) ökonomischer und (c) sozialer Belange (= drei Säulen). Doch wer dies denkt, unterschiebt der grundstürzend neuen Idee «globale Gerechtigkeit und Generationengerechtigkeit» Intentionen aus dem altliberalen Wertehaushalt wie etwa «mehr Wirtschaftswachstum» oder «höheres Arbeitnehmereinkommen» – und versucht die neue Idee in einem geschickten Schachzug schon im Ansatz zu neutralisieren. Mit dem Reden von den «drei Säulen» verkörpert Nachhaltigkeit plötzlich nur noch die recht unspektakuläre Botschaft, daß politische Entscheidungen *heutige* verschiedene Belange möglichst in Einklang bringen sollten («mehr Wachstum, mehr Naturschutz, mehr Kindergärten»). Und dies ist ganz sicher *nicht* die neue große Vision, die wir brauchen. Das Thema der Nachhaltigkeit ist eine *dauerhaft* und *global* lebenswerte Welt. Schon rein vom Wortsinn her setzt Nachhaltigkeit immer den Langzeitbezug voraus. Soviel ist also klar. Aber die Drei-Säulen-Scheidung ist auch ansonsten nicht besonders hilfreich. Schon begrifflich ist eine Trennung ökologischer, ökonomischer und sozialer Aspekte kaum möglich: Eine Ressourcennutzung, die künftigen Menschen und Menschen im Süden gleiche Rechte einräumt und das weitere Vorhandensein bestimmter Rohstoffe garantiert, läßt sich sowohl als Bestandteil ökologischer Gerechtigkeit als auch als Funktionsvoraussetzung der Volkswirtschaft lesen. Und wäre z. B. bessere Luftqualität nur ein ökologisches Ziel, weshalb nicht ein soziales oder ökonomisches? Oder ist z. B. die

Gesundheit ein soziales Ziel oder ein ökologisches? Oder vielleicht ein ökonomisches, weil sie Kosten sparen hülfe?

Wir brauchen also keine Säulendiskussion – auch wenn solche Nebenkriegsschauplätze recht gut unser aller Interesse am Status quo bedienen, indem sie unsere Gegenwartsinteressen mit einem schönen neuen Wort adeln, gleichzeitig aber einen womöglich ungemütlichen Paradigmenwechsel von uns fernhalten. Indem ich all dies sage, propagiere ich übrigens *nicht* die häufig beschworene «Vereinbarkeit von Ökonomie und Ökologie». Diese drückt eher die zweifelhafte Annahme aus, der Lebensgrundlagenschutz sei nicht ohne Wirtschaftswachstum machbar. Hinter jener pauschalen Vereinbarkeitsthese steht leider ein falsches Verständnis von Umweltschutz als reines Schadstoffproblem. Sie verkennt, daß ein wirksamer Lebensgrundlagenschutz heute nicht so sehr «Geld für Schadstoffilter» braucht als vielmehr andere, weniger ressourcenintensive Lebensstile – und diese werden womöglich durch die Forderung nach ständigem und grenzenlosem Wirtschaftswachstum (gar noch global) eher behindert als gefördert.

Wenn nun unsere Welt «nachhaltig entwickelt» werden soll, meint dies also einen Weg, der uns Menschen eine dauerhafte Existenz auf diesem Planeten eröffnet. Es geht bei Nachhaltigkeit ergo nicht um alles und jedes, sondern um Fragen mit Globalitäts- und Zeitbezug. Daraus folgt zugleich, daß Nachhaltigkeit – wobei ich betone, daß all dies rein begriffliche Überlegungen sind, die noch nichts über die Gerechtigkeitsgebotenheit und Durchsetzbarkeit von Nachhaltigkeit aussagen – primär von *Grund*bedürfnissen handelt. Denn zumindest *zeit*übergreifende Konflikte können per se nur Belange betreffen, bei denen heutige Menschen überhaupt die Macht haben, die Lebensbedingungen künftiger (oder junger) Menschen erheblich und vielleicht gar irreversibel zu beeinflussen. Und dies sind eben die Grundbedürfnisse wie Nahrung, Wasser, Holz, fruchtbare Böden – die auch künftige Menschen und Menschen weltweit definitiv haben. Damit wird die Reduktion von Stoffverbrauch, Klimainanspruchnahme, Ozonschichtschädigung etc. für den Westen als Form der nachhaltigen *Entwicklung* impliziert. Denn in einer Welt mit endlichen Ressourcen, einem gefährdeten Globalklima und Milliarden Armer kann nur so etwas für künftige Menschen übrigbleiben – und zugleich ein Spielraum für den Süden für wirtschaftlichen Aufschwung geschaffen werden, der notgedrungen einen gewissen Mehrverbrauch von Ressourcen einschließen dürfte. Dagegen kann nach «mehr Wohlstand durch mehr Ressourcenverbrauch» im reichen Westen kaum ein «Grundbedürfnis» bestehen. Nicht zur Nachhaltigkeit zählen ferner Ziele ohne den typischen Zeitbezug, mögen sie auch aus anderen Gründen gutzuheißen sein (z. B. Frauenförderung). Ebensowenig Bezug zur *Nachhaltigkeit* haben rein egoistische Ansinnen, die zudem womöglich auf mehr Ressourcenverbrauch basieren (z. B. «dauerhafte Durchsetzung unseres Unternehmens»). Dies alles immer noch ungeachtet der Frage, ob «wir Reichen» wirklich verpflichtet sind, uns auf einen Umsturz gegenwärtiger Verhältnisse einzulassen – und wie er überhaupt realisierbar wäre (z. B. durch mehr Ressourceneffizienz oder eher durch «Verzicht»).*

Begrifflich wird das eben Gesagte meist durch die in der politischen und fachlichen Diskussion (nicht im Handeln!) recht bekannten *vier Nachhaltigkeitsregeln* konkretisiert. Sie als am ehesten greifbares Resultat bisheriger Debatten führen zu einer Idee, was konkret nachhaltig sein *könnte*. Sie bezeichnen als Konkretisierung der intertemporalen und internationalen Gerechtigkeit, daß (1) erneuerbare Rohstoffe nur unter Beachtung der Nachwachsrate genutzt («Regenerativen-Regel»), (2) nicht-erneuerbare Rohstoffe sparsam bzw. unter Berücksichtigung ihrer Substituierbarkeit verwendet («Sparsamkeits-Regel»), (3) die Assimilationsgrenzen des Naturhaushalts beachtet und Schädigungen des Klimas sowie der Ozonschicht vermieden («Assimilations-Regel») und (4) Gefahren und Risiken z. B. durch schädliche Stoffeinträge weitgehend vermieden werden sollen («Gefahren- und Risiken-Regel»). Die Regeln überschneiden sich und bilden in der Ressourcenfrage eine integrierte («einsäulige») Perspektive, wie ich sie aus Gründen der Unterscheidungsunmöglichkeit und aus Gründen begrifflicher Klarheit ja selbst favorisiere. Hinzutreten könnte im Sinne physischer Grundbedürfnissicherung eine elementare Existenzsicherung für alle einschließlich Rente und elementarer Bildung (weltweit) ebenso wie

* Bei Themen wie «langzeitorientierter Bildungspolitik» oder «dauerhafter wirtschaftlicher Stabilität» kann man vielleicht von *Nachhaltigkeit im weiteren Sinne* sprechen. Denn einerseits liegt hier ein Generationenkonflikt vor – andererseits geht es dabei doch eher um einen normalen Verteilungskonflikt unter lebenden Menschen.

Fragen des Staatshaushaltes. «Ganz allgemein Bildung» hat dagegen nicht direkt mit Nachhaltigkeit zu tun. Denn bei ihr wäre wiederum nicht klar, wie heutige Menschen sie über lange Zeiträume ermöglichen oder verhindern könnten. Sehr wohl relevant sein kann dagegen der Zugang zu sauberem Trinkwasser und medizinischer Behandlung – und die Abwesenheit von Krieg und Bürgerkrieg. All dies ist *begrifflich* die Idee von Nachhaltigkeit. Ob genau dies auch geboten ist, wie es mit anderen Zielen (z. B. Wirtschaftsfreiheit der Lebenden) abzuwägen und wie es durchzusetzen ist – das ist das Thema dieses Buches.

Daneben hat z. B. die erwähnte deutsche Enquête-Kommission zusätzliche «ökonomische» Konkretisierungen des Nachhaltigkeitsparadigmas vorgeschlagen. Sie lauten: «(1) Das ökonomische System soll individuelle und gesellschaftliche Bedürfnisse effizient befriedigen ... (2) Preise ... sollen ... die Knappheit der Ressourcen, Senken, Produktionsfaktoren, Güter und Dienstleistungen wiedergeben. (3) Die Rahmenbedingungen des Wettbewerbs sind so zu gestalten, daß funktionsfähige Märkte entstehen und aufrechterhalten bleiben, Innovationen angeregt werden, daß langfristige Orientierung sich lohnt ... (4) Die ökonomische Leistungsfähigkeit einer Gesellschaft und ihr Produktiv-, Sozial- und Humankapital ... sollten nicht bloß quantitativ vermehrt, sondern auch qualitativ ständig verbessert werden.» Was jene Konkretisierungsvorschläge indes mit intertemporaler und internationaler Gerechtigkeit und ergo mit *Nachhaltigkeit* zu tun haben, ist freilich nicht erkennbar. Und was haben sie mit Grundbedürfnissen zu tun? Wie verhalten sie sich ferner zur Ununterscheidbarkeit ökonomisch/ökologischer Belange? Zudem schwingt in den Regeln ein eben gerade nicht nachhaltiges Wachstumspathos mit. Nachhaltigkeit handelt eben von einer dauerhaft lebenswerten Welt – und wohl kaum davon, wie wir ohnehin schon Reichen noch reicher werden könnten. Durchaus im weiteren Sinne(!) ein Nachhaltigkeitsproblem markiert dagegen die Frage, wie man so etwas wie dauerhafte wirtschaftliche Stabilität (und zwar bei wesentlich reduziertem Ressourcenverbrauch) erreichen kann.

Dagegen ist die Vorstellung, Nachhaltigkeit meine, daß das einmal akkumulierte «Wirtschafts-, Sozial- und Humankapital» zu erhalten sei, inkompatibel damit, daß der Okzident seinen Ressourcenverbrauch eher *reduzieren* muß, wenn sich die Nachhaltigkeit denn als zwingend begründete und durchzusetzende Idee erweisen sollte: Denn der im Westen akkumulierte Reichtum basiert gerade zentral auf unserem hohen Ressourcenverbrauch, und unser Lebensstil ist als solcher eben nicht global und intergenerationell verallgemeinerbar. Eine pauschale Erhaltung von Besitzständen ist darum das letzte, was das revolutionär neue Konzept Nachhaltigkeit im Sinne hat. Soll etwa auch jedes kaputte Auto durch ein neues ersetzt werden? Soll gar dazu aufgefordert werden, den bisherigen nicht-nachhaltigen Stoffverbrauch an künftige Generationen «weiterzugeben»? Und was sollen Begriffe wie «Sozialkapital» und «Humankapital» überhaupt bedeuten, zumal die Bezeichnung von Menschen als «Kapital» ein wirtschaftsliberales und daher gerade zweifelhaftes Konzept verraten dürfte? Erst recht neben der Sache ist es, wenn die Bundesregierung im Rahmen ihrer Arbeit an einer – leider fast nur verbalen – «Nationalen Nachhaltigkeitsstrategie» etwa die «Anzahl der Wohnungseinbrüche» u. ä. als Indikator für Nachhaltigkeit ansehen will. Die damit angesprochene Strategie, die übrigens eine Schwester auf EU-Ebene hat, werde ich wegen solcher Fehlgriffe, vor allem aber deshalb, weil sie fast nur unverbindliche Ankündigungen enthält, im weiteren nur am Rande erwähnen.

Wenn sich nun im folgenden erweisen sollte, daß der Paradigmenwechsel hin zur Nachhaltigkeit ein Gebot der Gerechtigkeit ist, würde dies aber auch *eine* Frage aufwerfen, die bereits heute intensiv diskutiert wird und eben zu Recht diskutiert wird. Sie lautet: Zielen die «vier Nachhaltigkeitsregeln», wenn sie sich denn als geboten erweisen, auf eine «starke» oder nur «schwache» Nachhaltigkeit in dem Sinne, daß z. B. monetäre Wohlstandszuwächse oder gewachsenes technisches Wissen einen Naturverbrauch «über die Nachwachsrate hinaus» ausgleichen dürfen? Wäre dies zulässig, wäre u. U. auch die völlige Vernichtung der Lebensgrundlagen «nachhaltig», wenn man damit nur ausreichend finanziellen Gewinn macht. Tut man für den Moment einmal so, als sei internationale Gerechtigkeit begründet und geboten, liegt die «schwache» Nachhaltigkeit für südliche Länder vielleicht noch relativ nahe. Denn im Süden soll ja gerade das Armutsproblem gelöst werden. Doch der Gedanke von Nachhaltigkeit ist nicht nur «weniger Armut heute» – sondern auch die Sicherung *dauerhafter* Existenzbedingungen für die gesamte Menschheit. Das impliziert zum einen, daß auch im Süden, sobald dort der Wohlstand zugenommen hätte, eine Grenze im Interesse der globalen *Zukunftsfähigkeit* zu ziehen wäre. Zum anderen steht ja gerade der Gedanke im Raum, durch Reduktionsleistungen im Norden dem Süden einen größeren Ressourcenverbrauch zwecks Sicherung der Grundbedürfnisse einzuräumen. Daher müssen sich der Süden *und* der Norden ändern. Ohne solche Reduktionen, etwa auch beim Klimagasausstoß, wäre ein Gleichziehen z. B. von China, Brasilien oder Indien mit dem okzidentalen Lebensstandard auch mit katastrophalen Folgen verbunden.

Für den Okzident würde daher – unter Berücksichtigung der Zukunfts- wie der Südinteressen, soweit man deren Beachtlichkeit hier immer noch voraussetzt – ein differenziertes Konzept naheliegen. Dies auch deshalb, weil sich Ressourcen zur Befriedigung elementarer Bedürfnisse sowie die meisten Naturfunktionen (z. B. Filtereigenschaft der Bäume, Bodenreinigungskapazität für das Trinkwasser) nicht ersetzen lassen, auch nicht z. B. durch ein gewachsenes Wissen oder vermehrten Reichtum: Zumindest für *nachwachsende, also erneuerbare Ressourcen* dürfte Nachhaltigkeit also wirklich meinen, daß eine Nutzung nur im Rahmen der Nachwachsrate erfolgt. Ähnliches dürfte für den Klimaschutz gelten. In diesem Sinne wird in Kap. III ein Grundrecht junger, künftiger und weit entfernt lebender Menschen auf «starke» Nachhaltigkeit im Sinne einer Stabilität der natürlichen Ressourcen begründet inklusive Trinkwasser, aber auch inklusive Kriegs- und Bürgerkriegsabwesenheit, medizinischer Versorgung usw. Dies wird folgen aus dem Würde-, Unparteilichkeits- und Freiheitsprinzip, welches die genannten Erwägungen bindend macht (und zudem zeigt, daß eine gerechte Ordnung auch vor «nur möglichen» Gefährdungen, also Risiken, schützt – was wichtig ist, da künftige Gefahren wie der Klimawandel letztlich immer unsicher sind).

Dagegen mag eine Substitution (vor allem durch Wissen über alternative Wege der Bedürfnisbefriedigung) bei *nicht-erneuerbaren Ressourcen* denkbar sein, was letztlich seit dem Brundtland-Report zu einem Kompromiß zwischen starker und schwacher Nachhaltigkeit in der Formulierung der vier Regeln führt, indem, wie oben schon formuliert, für nicht-regenerative Rohstoffe nur ein «sparsamer» Verbrauch gefordert wird. Denn nicht-erneuerbare Substanzen sind ohnehin endlich, so daß man sie schlecht «im Rahmen der Nachwachsrate» nutzen kann. Und es ergäbe auch wenig Sinn, sie immer und überall in alle Ewigkeit aufzuheben; dann hätte ja am Ende niemand etwas vom Gas, vom Öl usw. Zudem sind solche

Stoffe fürs menschliche Leben nicht ganz so elementar wie die erneuerbaren Ressourcen Wasser, Nahrung, Holz etc. Gleichwohl wirft auch hier das Substituieren gewisse Anwendungsprobleme auf. Zudem: Vielleicht lassen sich viele nicht-erneuerbare Ressourcen für sich genommen ersetzen – alle gemeinsam werden jedoch schwer ersetzbar sein, weil etwaige Substitute wiederum häufig auf andere nicht-erneuerbare Substanzen angewiesen sein werden. Selbst Solarkollektoren, die man z. B. als Substituierung verbrannter Braunkohle erwägen könnte, verbrauchen zumindest in ihrer Herstellung endliche Ressourcen. Auch ansonsten kann eine Substitution nicht-nachhaltige Nebenfolgen haben. Wird z. B. der Braunkohleverbrauch durch Forschung zur Sonnenenergie kompensiert, ändert dies nichts daran, daß die Braunkohleverfeuerung den Klimawandel befördert.

E. Einige wichtige Unterscheidungen: Philosophie, Verfassung, Steuerung

Wir müssen vor aller weiteren Untersuchung jetzt noch einige wichtige Begriffe festhalten. *Gerechtigkeit meint die normative Richtigkeit der Grundordnung einer Gesellschaft bzw. einzelner Entscheidungen darin.* Sie meint also die *Richtigkeit* einer bestimmten Sorte von Wertungsaussagen, so wie *Wahrheit* etwas über das Zutreffen von Tatsachenaussagen besagt (wobei natürlich gerade zu klären ist, ob Wertungen jemals so «zutreffen» können wie Faktenaussagen). Und *Vernunft meint unsere Befähigung, Fragen mit Gründen zu entscheiden.* Normative Vernunft ist also die Befähigung, über die Richtigkeit von Ordnungen/Normen/Zielen/Präferenzen/Wertungen und ihre Abwägung untereinander mit Gründen zu entscheiden. Sie bildet das Gegenstück zur wertungsfreien instrumentellen Vernunft, die nach effektiven Mitteln zur Verwirklichung ihrerseits nicht weiter hinterfragter Ziele sucht (und zur ebenfalls wertungsfreien theoretischen = nicht handlungsbezogenen Vernunft z. B. des Naturwissenschaftlers – wobei jene Scheidung übrigens keineswegs exakt so von Kant stammt). Die normative Vernunft ist abstrakt betrachtet eine denkbare Quelle, von der aus man überlegen könnte, ob sich bestimmte Normen/Wertungen etc. fundieren lassen, die angeben, ob eine gesellschaftliche Grundordnung (bzw. einzelne Entscheidung innerhalb der Grundordnung) gerecht ist.

Wenn es freilich um die Durchsetzung des Gerechten, oftmals nach Vornahme einer Abwägung zwischen widerstreitenden Zielen/Normen, geht, verläßt man das Feld der normativen und kommt zur instrumentellen Vernunft: Diese betrifft die Effektivität bestimmter Maßnahmen. *Effektivität bezeichnet die Wirksamkeit z. B. von politisch-rechtlichen Steuerungsinstrumenten im Hinblick auf ein als richtig vorausgesetztes Ziel* wie etwa die Nachhaltigkeit. Hierher gehört z. B. die Frage, inwieweit Ökosteuern, Verbraucherinformationen, Auflagen für Fabriken, Verbote bestimmter Produkte usw. geeignet sind, das denkbare Nachhaltigkeitsziel «Halbierung unserer Klimagasemissionen» zu erreichen. Dies ist eine instrumentell rationale Frage, und es ist ersichtlich eine dem Tatsachenbeweis zugängliche Frage (wogegen die Wertungsfrage, ob Nachhaltigkeit/Klimagasreduktion überhaupt geboten ist, nicht wie ein Faktum ermittelbar ist). Dagegen meint *Effizienz das relative Verhältnis des Grades der Zielerreichung durch ein Mittel X zu den dabei entstehenden monetären Kosten*. Dies ist nicht das gleiche wie «technische Energieeffizienz», also die möglichst optimale Ausnutzung einer Energiequelle (und sie ist auch verschieden von «Effizienz» als Synonym für «Abwägung» oder als Synonym für «möglichst großen Wohlstand»). Bereits gehört haben wir ferner, daß z. B. Ökonomen die instrumentelle Rationalität nicht nur für eine Durchsetzungshilfe für die Gerechtigkeit und einen Teil faktischer menschlicher Motivationslagen halten – sondern in ihr selbst einen Gerechtigkeitsmaßstab sehen (= dergestalt, daß die Gesellschaft gerecht sei, die sich bei möglichst effektiver Verfolgung der je eigennützigen, als solche unhinterfragten Ziele ergäbe).

Hinter der Vernunftebenenscheidung steht die *Scheidung* von Sein und Sollen bzw. Tatsachen und Wertungen/Normen/Zielen/Zwecken/Präferenzen (ich verwende diese Begriffe synonym). Sie spielt in diesem Buch eine entscheidende Rolle. Wäre auf der Welt «alles Wertung», könnte man z. B. keine empirischen Aussagen über die Steuerungseffektivität einer Maßnahme X zur Erreichung des vorausgesetzten Ziels Y treffen – oder über Naturtatsachen (Klimawandel) oder über Erklärungen für unsere Nicht-Nachhaltigkeit. Die Scheidung ist ferner entscheidend für die (mangels Gründen dafür) bestehende Unmöglichkeit, von Tatsachen direkt auf Normen zu schließen («naturalistischer Fehlschluß»): Aus dem Klimawandel (Fakt) z. B. folgt nicht seine Verbotenheit (Norm). Denn dieser Schluß wäre sinnlos, auch wenn viele öffentliche Diskussionen so laufen und viele Ökonomen und Naturwissenschaftler so denken. Denn es folgt ja auch nicht aus dem Faktum, daß Herr X den Y erschießt, daß diese Tat als «moralisch schlecht» zu bewerten ist. Um diese Bewertung vorzunehmen, genügt das Vorliegen einer Tatsache nicht – man braucht vielmehr ein Bewertungskriterium, also z. B. eine Norm, die sagt, «man soll keine Menschen töten» oder «man soll die menschlichen Lebensgrundlagen und ergo auch ein stabiles Globalklima erhalten». Deshalb sagen auch die faktische Nicht-Nachhaltigkeit und die faktisch hinter ihr stehenden Motive nichts darüber aus, ob unser Leben nachhaltiger werden sollte – ob es also gute Gründe für einen Wandel gibt.

Noch einmal anders: Die Sätze «Ich fliege dreimal im Jahr nach Neuseeland» und «Ich sollte dreimal im Jahr nach Neuseeland fliegen» besagen einfach nicht das gleiche. Sie liegen auf verschiedenen Ebenen – also kann ich auch nicht vom einen Satz auf den anderen schließen (dazu, daß es überhaupt Logik und damit Schlüsse gibt, siehe Kap. II). Den ontologischen Unterschied von Sein und Sollen erkennt man auch daran, daß eben nur Tatsachen durch Experimente beweisbar sind. Für die Nachhaltigkeit bedeutet all dies: Tatsachen allein gebieten uns noch kein Handeln. Es ist eben eine Wertung und keine naturwissenschaftliche Tatsache, intertemporal und global gleiche Lebenschancen zu fordern. Bei alledem ist aber natürlich die große Frage, ob Wertungen, wenn sie «nicht experimentell beweisbar» sind, dann einfach beliebig sind – oder ob man über sie mit Gründen (rational) streiten kann. Es wird im folgenden zentral sein zu zeigen, *daß* man das kann, *daß* Grundordnungen/Normen/Präferenzen (universal) begründbar sind – wogegen sich andere Quellen für Wertungen als die Vernunft (die Tradition, die Religion usw.) als unhaltbar erweisen werden.

Nun wird indes die Sein-Sollen-Scheidung seit langem fundamental attackiert: Jeder sei letztlich ein «Sohn seiner Zeit», so daß soziale Tatsachen – und übrigens auch Normen – unweigerlich den eigenen kulturellen Wertungen verhaftet blieben. Postmoderne Theoretiker gehen noch weiter. Sie erklären z. T. *jegliche* Art von Tatsachen (Erklärungen z. B. für unsere Nicht-Nachhaltigkeit, soziale Zustände wie z. B. die Effektivität eines Steuerungsinstruments, Naturtatsachen wie z. B. den Klimawandel) nicht nur für kultur-, sondern einfach für subjektabhängig. Ist also sozusagen «alles Wertung» (ob nun begründbare oder – wie die Postmoderne meint – irrationale, aber jedenfalls Wertung)? Ich meine, daß weder jene These einer «unweigerlichen Vermischung von Tatsachen und Wertungen» noch die vom «subjektiven Charakter der Tatsachen» besonders einleuchtend ist. Klar ist natürlich, daß Tatsachen natürlich den «Anwendungsbereich» einer Wertung/Norm angeben. Beispiel: Der Satz «Zukünftige Menschen haben ein Grundrecht auf das Existenzminimum» ist ein wertender Satz, ebenso wie die Konkretisierung «Jenes Grundrecht setzt sich in der Abwägung immer durch, wenn es mit dem Grundrecht auf unternehmerische Freiheit der heute Lebenden kollidiert» oder die weitere Konkretisierung «die unternehmerische Freiheit enthält, vorbehaltlich der Abwägung mit gegenläufigen Rechten, die Garantie, Atomkraftwerke betreiben zu dürfen». Angenommen, diese Wertungen lassen sich begründen und man wollte sie dann auf einen realen Konflikt im Leben anwenden, z. B. auf die Beurteilung einer staatlichen Maßnahme: Dann muß natürlich empirisch ermittelt werden, ob die Norm einschlägig ist («*Betreibt* X wirklich ein AKW?»). Dies ist aber gerade keine Vermischung von Sein und Sollen. Deshalb kann man so auch nicht beweisen, daß Tatsachen Wertungen sind (und zwar womöglich irrationale Wertungen).

Ebenfalls keine Vermischung tritt ein, wenn man empirisch-soziologisch das – beispielsweise nicht-nachhaltige – Verhalten von Menschen *erklären* will, und zwar auch dann nicht, wenn das Verhalten jener Menschen (wie stets) von bestimmten Normen/Wertungen geprägt ist. Denn hier untersucht der Soziologe die faktisch beliebten Wertungen und ihre Wirkungen, ohne daß er bewerten muß, ob jene Normen bzw. Werte gerecht sind oder nicht. So kann man die Genese von Werten wie Fortschritt, Wachstum, hypostasiertem Individualismus, Arbeitsethos und rigider Anthropozentrik in der frühen Neuzeit als Tatsache beschreiben, ohne selbst eine bestimmte Ansicht über die normative Richtigkeit dieser Werte zu vertreten: Die damaligen sozialen Akteure haben calvinistische bzw. klassisch-liberale Grundhaltungen gelebt und als verbindlich empfunden. Dies kann ich aber sagen, ohne selbst Calvinist oder Anticalvinist zu werden. Erst die Frage nach der Richtigkeit/Gerechtigkeit z. B. des Calvinismus ist eine normative Frage. Erst dann geht es um die Begründung und nicht mehr nur um die Erklärung bestimmter Lebensweisen. Wirklich eine Vermischung träte dagegen ein, wenn man sagen würde, daß – entgegen dem Gesagten – *tatsächlich* in der Bevölkerung vorfindliche Normen als solche irgendeinen Anhaltspunkt für ihre eigene Richtigkeit bieten, *daß also der jeweilige «kulturelle Kontext» oder auch die eigennützigen faktischen Präferenzen einfach als per se «richtig» anzusehen sind.* Würde dies zutreffen, entstünde die ziemlich ungemütliche Frage, ob ein neues, der Tradition und den eigennützigen Präferenzen fremdes Ideal wie die Ausweitung von Gerechtigkeit und Recht ins Intertemporale und Globale jemals begründet sein kann. Eine solche Sein-Sollen-Verknüpfung scheitert jedoch (Kap. II).

Daß Sein und Sollen sich per se vermischen, will daher nicht einleuchten. Daran ändert auch die postmoderne These von der *Subjektgebundenheit* von Tatsachenerkenntnissen nichts (also die These, z. B. die Gefährlichkeit radioaktiver Strahlung sei nicht als Realität, sondern als subjektive und irrationale «Konstruktion» desjenigen zu begreifen, der sie «beobachte»). Denn daß rein faktisch oft kulturelle, biologische und ökonomische Prägungen in unsere Tatsachenaussagen einfließen mögen, beweist nicht, daß objektive Wahrheit per se unmöglich ist. Wie irreführend der Hinweis auf die Subjektabhängigkeit von Tatsachen ist, erhellt schon daraus, daß kein Mensch leben kann, ohne mit Notwendigkeit zu unterstellen, daß die äußere Welt und das, was wir über sie sagen, zur Deckung gebracht werden können: Wie sollte es kommen, daß unsere Verständigung untereinander und unser Umgang mit der Welt durchaus funktioniert, wenn die Welt «nur subjektiv» wäre? Es wäre dann offenbar «Ansichtssache», daß ich tot bin, nachdem ich aus dem 30. Stockwerk eines Hochhauses gesprungen bin. Davon abgesehen ist der Subjekteinwand in sich widersprüchlich: Denn die Aussage «es gibt kein wahr oder unwahr, sondern nur subjektive Ansichten» ist eine Aussage, die sich selbst offenbar gerade nicht als rein subjektive Meinung versteht (sonst macht sie sich selbst irrelevant), sondern vielmehr eine *wahre* Aussage über die Welt zu sein beansprucht. Damit aber hebt sich die Aussage selbst auf. Dies alles indiziert, daß Tatsachen *nicht* schlicht beobachterabhängig sind – sondern daß unsere Sinneseindrücke sehr wohl ihre Entsprechungen in der Außenwelt haben, ohne daß wir nur unsere «kulturellen Vorurteile» wiedergeben würden. Und auch die *Sprachgebundenheit* von Tatsachen z. B. macht wertungsfreie Aussagen keinesfalls unmöglich. Natürlich kann Sprache auch verwirren; doch kann man das Problem durchaus durch hinreichend präzise und detaillierte Formulierungen lösen. Es bleibt also dabei: Tatsachen sind keine (rationalen oder irrationalen) Wertungen.

Wäre dagegen alles nur Ansichtssache, müßte ein postmoderner Denker, auch wenn jemand vergewaltigt würde, gelten lassen, daß dieser Vorfall «nur Konstruktion» sei (äußere Tatsache), ebenso wie die anschließende Traumatisierung (innere Tatsache) und ihre Verursachung durch das Verbrechen (tatsächlicher Ursachenzusammenhang). Ebenso müßte ein Postmoderner gelten lassen, daß der Schuß aus einer Pistole nicht wirklich die Ursache für den Tod des Angeschossenen war, was das Recht und die Moral vollständig in sich zusammenbrechen lassen würde. Es könnte dann per definitionem keine Fehlurteile mehr geben: Auch die nationalsozialistischen und stalinistischen Todesurteile der 40er und 50er Jahre wären dann bei noch so «konstruierter» Sachlage nicht zu beanstanden. Denn was sollte ein Postmoderner an «Tatsachen» auszusetzen haben, die das Gericht sich eben beliebig einbildet? Daß es auf der Welt kaum jemanden geben dürfte, der das allen Ernstes sinnvoll fände – nicht einmal Stalin selbst, der sich ja sonst nicht die Mühe gemacht hätte, Beweise zu fälschen etc. –, läßt die postmoderne Linie als außerordentlich seltsam erscheinen. War am Ende gar der Holocaust «nur Konstruktion» – also ein «Text», den man «aus der Sicht der Täter ganz anders erzählen könnte» (um es einmal in der eigenartigen Sprache der Konstruktivisten auszudrücken)? Selbstredend ist die Scheidung oder Nichtscheidung von Sein und Sollen selbst eine Wertung und damit eine Norm und keine Tatsache. Doch es ist eine gut begründete Norm. Dies neben den logischen und den Evidenzargumenten aus dem folgenden Grund: Eine Norm («alles nur Einbildung und Konstruktion»), die definitiv niemand zu leben vermag, ist undurchführbar; und wir werden später sehen, daß Normen, denen selbst bei bestem Willen niemand Folge leisten kann und die deshalb undurchführbar sind, *unrichtig* sind (Kap. II C.). Bei alledem zeigt das Beispiel «Traumatisierung nach Vergewaltigung», daß meine gesamte Argumentation nicht nur für äußere Naturtatsachen oder Erklärungszusammenhänge, sondern auch für innere Tatsachen wie z. B. Gefühlszustände gilt. Natürlich lassen sie sich schwerer beweisen und benennen als äußere Tatsachen. *Aber ob etwas eine Tatsache ist und ob sie leicht beweisbar ist, sind zwei verschiedene Fragen*: Auch wenn sich nur schwer *beweisen* läßt, wer der Täter eines Mordes ist, ist es eine Tatsache, daß Herr X es eben *ist*. Zudem: Nicht nur Tatsache/Beweis, sondern auch Schwierigkeit/Unmöglichkeit sind nicht das gleiche.

Für eine Theorie der Nachhaltigkeit bedeutet all dies: Sollten beispielsweise die Malediven wegen eines klimabedingt ansteigenden Meeresspiegels eines Tages im Meer versinken, wäre dies auch dann noch eine Tatsache, wenn 80 Millionen Deutsche sozial konstruieren sollten, daß von einem Versinken keine Rede sein könne. Ebenso wäre es nicht einfach Ansichtssache (für den einzelnen oder auch für eine soziale Gruppe), ob der Klimawandel die Ursache dieses Geschehens ist – oder ob das Versinken eher darauf zurückzuführen ist, daß die Inselbewohner zu oft Gitarre gespielt hätten. Ursachen und innere Tatsachen sind vielleicht schwer zu *beweisen*, ebenso wie ein Mörder mitunter schwer zu finden ist – aber trotzdem *gibt* es die Ursachen, auch wenn wir sie nicht immer beweisen können (wie ja z. T. auch äußere Tatsachen). Und ebensowenig ist es einfach «Meinungssache», ob der Ausstoß von CO_2 z. B. durch ein Sonntagsfahrverbot für Autos oder eher durch das Anbeten eines Wasserglases effektiver gesenkt werden kann. «Soziale Konstruktion» ist allenfalls die positive oder negative *Bewertung* etwa des Inselversinkens im Meer. Dies weist aber nur erneut auf die Notwendigkeit einer Sein-Sollen-Scheidung hin – ohne die Existenz einer beobachterunabhängigen Tatsachenwelt zu widerlegen. Und es erinnert an die Frage, ob solche Bewertungen rational im Sinne von «universal begründet» sein können. Damit gewinnen wir eine wesentliche Weichenstellung für eine Analyse der Nachhaltigkeit, und zwar sowohl für die Theorie effektiver Durchsetzung der Nachhaltigkeit als auch für die Naturdaten, die überhaupt den Ausgangspunkt bilden, wenn wir über Nachhaltigkeit reden – auch wenn ich diese Daten in diesem Buch nur begrenzt erörtere. Sehr wohl bleibt aber zu klären, *wie genau* mit *nachhaltigkeitstypischen* schwer beweisbaren Tatsachen umzugehen ist (Kap. V).

Damit lassen sich Tatsachen von Wertungen/Normen scheiden. Wann aber sind Normen, Wertungen, Grundordnungen gerecht und begründet? In der Gerechtigkeitsphilosophie lassen sich spätestens seit der frühen Neuzeit im wesentlichen *vier Grundansätze* auseinanderhalten. Ich nenne diese vier – natürlich stilisierten – Richtungen (a) *kontextualistisch*, (b) *metaphysisch*, (c) *liberal* und (d) *skeptizistisch*, wobei die Richtungen teilweise auch kombiniert auftreten (etwa im Marxismus oder in der Rede von einem «ewigen Naturrecht»). Sie finden die Gerechtigkeit unter Berufung auf (a) Herkommen und tatsächlich gelebte Kulturtraditionen und Intuitionen («Kontext»); (b) auf jenseitige Instanzen wie Gott oder ewige Ideen; (c) auf die normative Vernunft; (d) unter Bestreiten jeder Normbegründbarkeit einfach «gar nicht». Die letztere, skeptische Sicht heiße *positivistisch*, sofern sie normative Prinzipien für möglich hält und diesen lediglich die Begründbarkeit abspricht; sie heiße *postmodern*, wenn sie nicht nur Normen, sondern konstruktivistisch auch Tatsachen für eine rein subjektive Konstruktion und für unbegründbar hält; und *nihilistisch*, sofern einfach jede Norm (und nicht nur wie bei den Positivisten und Postmodernen deren Begründbarkeit) abgelehnt wird. Eine spezielle Variante des Positivismus sind übrigens die (hobbesianischen) ökonomischen Eigennutzen-Theorien.

Liberalismus nenne ich entgegen verbreiteter Übung (in der Presse sowie der Ökonomie und der Jurisprudenz) nicht den alten, z. T. autoritären Wirtschaftsliberalismus. Liberalismus ist hier einfach die Lehre, die diejenige Grundordnung für gerecht hält, die gut und womöglich universal begründet ist, also der normativen Vernunft entspricht. Diese liberale Vernunft unterscheidet sich dabei von anderen Lehren, die sich z. T. ebenfalls vernünftig nennen, durch ihren kritizistischen Anspruch, also durch ihre Reflexivität: Liberale Normen werden, noch ungeachtet aller Details, nicht religiös oder aus rein faktisch gelebten Sitten deduziert. Vielmehr werden vorfindliche Traditionen kritisch auf rechtfertigende Gründe befragt. Damit werden im Gefolge der Sein-Sollen-Scheidung «normative Begründungen» und «deskriptive Erklärungen» (ergo Gerechtigkeitstheorie und Handlungstheorie) klar getrennt. Faktische Motive bzw. Ursachen hat jede Handlung, wie wir schon bei der Nicht-Nachhaltigkeit sahen; aber gute normative Gründe hat nicht jedes Verhalten.

Ganz wichtig ist nun folgendes: Meine Thesen zu Nachhaltigkeit und Freiheit – abgesehen von der späteren instrumentellen und eben nicht normativen Steuerungsfrage (Kap. VI) – richten sich auf eine allgemeine Gerechtigkeitstheorie. Sie richten sich aber alle auch auf eine Interpretation der nationalen, europäischen und globalen Verfassung. Deren Gegenstand ist ja gerade die richtige Grundordnung des Zusammenlebens oder wenigstens von Entscheidungen, die für «alle» gültig sein sollen. (Die weitere Frage nach der «persönlichen Moral», also danach, wie sich der einzelne verhalten soll, kommt im Liberalismus, der innerhalb des Gerechtigkeitsrahmens gerade breite Freiräume eröffnet, nicht gesondert vor, wie man noch sehen wird, sondern beschränkt sich auf die Pflicht, für die richtige Grundordnung und ihre optimale Verwirklichung einzutreten.) Damit entsteht die Frage nach dem Verhältnis von Gerechtigkeitstheorie und Verfassungsinterpretation. Dabei erübrigt keinesfalls die Existenz einer Verfassung die Frage nach der Gerechtigkeit der Grundordnung (wie einige Juristen meinen). Denn um sagen zu können, ob eine Verfassung gerecht oder ungerecht ist, braucht man ein Kriterium, das nicht selbst wieder aus der Verfassung entnommen sein kann (sonst wird man zirkulär); da sie schlecht ihre eigene Richtigkeit begründen kann, hängt sie gleichsam «in der Luft». Einfache Gesetze – also etwa das BGB oder ein deutsches oder europäisches Umweltschutzgesetz – scheinen zwar ihre Gründe in der Verfassung zu gewinnen, sofern sie deren Vorgaben einhalten. Aber *was begründet die Verfassung selbst* (und damit indirekt auch die einfachen Gesetze, deren Gerechtigkeit ja an der Gerechtigkeit der sie begründenden Verfassung hängt)? Diese Frage muß man stellen, da man andernfalls nicht über eine begründete, gerechte Ordnung verfügt. Und auch rein faktisch wird eine liberale Verfassung dauerhaft nur akzeptiert werden und damit real durchsetzbar sein, wenn sie begründet ist – weswegen eine liberale Ordnung oder gar eine nachhaltige, also gänzlich transformierte Ordnung nur real werden kann, wenn wir gute Gründe für Zukunftsschutz und globale Gerechtigkeit haben (und nicht z. B. Erschießungen ohne Gerichtsverfahren in anderen Ländern als «kulturelle Besonderheit» tolerieren müssen). Andernfalls wäre Nachhaltigkeit weder richtig noch durchsetzbar. Wobei diese Feststellung natürlich an der sogleich in Kap. II und VI zu klärenden These hängt, daß Normen vernünftig sein müssen – und daß auch rein faktisch die Vernunft zumindest einen *Teil*einfluß auf uns hat.

Da die Gerechtigkeitslehre ergo der Grund des Rechts ist, dirigiert sie auch seine Auslegung in den sehr unklaren Basisbegriffen der Verfassung wie z. B. Freiheit, Würde, Demokratie. Denn wie wollte man sonst rationale Kriterien dafür gewinnen, was jene Begriffe, die in jeder okzidentalen Verfassung auftauchen, dort aber nicht näher definiert werden, bedeuten? Durch die Verwendung jener Begriffe der normativ rationalen Philosophie «Liberalismus» in der Verfassung – und weil jeder Rechtssatz stets verfassungskonform auszulegen ist – ist auch die Frage, was die Verfassung dem Gesetzgeber und was das sonstige Recht den Behörden, den Bürgern und Gerichten gebietet (kurz: die Frage nach der richtigen Interpretation des Rechts) eine Frage normativer Vernunft. Und zwar braucht man für die Rechtsinterpretation gerade den Liberalismus. Nicht nur, weil diese Gerechtigkeitstheorie die *unhintergehbar gerechte und zwingende* ist (Kap. II), sondern auch weil unsere Verfassungen *spezielle Anhaltspunkte für eine liberale Affinität* enthalten – z. B. in Gestalt der Verwendung der liberalen Grundbegriffe. Mit einer «Vermischung von Recht und Moral» (im Sinne einer persönlichen Tugendlehre) hat all dies nichts zu tun.

Zuletzt noch folgendes: Verfassung und Recht *sind keinesfalls* einfach «die Interpretation der Verfassung/des Rechts durch das Gericht XY» bzw. «durch die Mehrheit». Denn diese Interpretation kann falsch sein, und sie ist auch bei Richtigkeit für die Behörden nur teilweise und für die Bürger gar nicht bindend. Wenn man also über die Gerechtigkeit oder über die Auslegung des Rechts streitet, mögen Gerichtsurteile z. B. zur Abtreibung, zur Familienförderung oder wozu auch immer ein interessanter Ausgangspunkt sein. Ein Richtigkeitskriterium im echten Sinne stellen sie aber nicht dar, ebensowenig wie Mehrheitsmeinungen. Andernfalls müßte man einen Satz begründen wie «das Gericht XY bzw. die Mehrheit hat immer recht». Damit würde man unversehens aber schon wieder eine Gerechtigkeitsthese aufstellen – und zwar eine, die kaum zu begründen sein dürfte (näher dazu am Beispiel «Mehrheit» sogleich in Kap. II A.). Ich trenne deshalb im folgenden die Frage nach den inhaltlichen Gerechtigkeitskriterien (Kap. II, III, IV) von der Verfahrensfrage, welche Instanzen/Mehrheiten/Gerichte diese Kriterien am ehesten gerecht anwenden können (Kap. IV D., V). Mehrheiten/Gerichte etc. müssen also nach ihnen vorausgehenden inhaltlichen Kriterien entscheiden, wobei sich die Existenz klarer rechtlicher Gerichts- oder Mehrheitsentscheidungen unten als ein wirksamer und gebotener Weg erweisen wird, die inhaltlichen Gerechtigkeitskriterien durchzuführen (dies hängt mit dem schon erwähnten Punkt zusammen, daß das Recht und seine Verfahren dazu dienen, die Gerechtigkeitsinhalte zu präzisieren und durchzusetzen). Daß die Verfassung somit an der stets wertenden philosophischen Argumentation und das einfache Recht an der Verfassung hängt, führt dazu, daß Rechtsinterpretation im Kern *wertend*, aber ebensowenig irrational (Kap. II) ist wie liberale Philosophie. *Denn es ist eben keine Faktenfrage, was man z. B. unter Freiheit zu verstehen hat – und da das gesamte Recht stets im Lichte der Verfassung auszulegen ist, ist die Interpretation aller Gesetze stets normativ.* Die Rechtsfindung durch Gesetzgebung, Verwaltung und Rechtsprechung ist also eine Art Sonderfall der allgemeinen Gerechtigkeits- und Moraldiskussion.

II. Wann sind Gesellschaften gerecht? Eine universalistische Neubestimmung

Wann also ist eine Gesellschaft *gerecht*? Ist Gerechtigkeit schlicht eigennutzenabhängige oder einfach irrationale Ansichtssache, oder ist sie kulturrelativ – oder ist gerade die Gesellschaft gerecht, die bestimmten religiösen Prinzipien folgt? Ist Gerechtigkeit also skeptizistisch, kontextualistisch-kulturrelativistisch oder metaphysisch zu sehen – oder ist sie liberal/normativ rational bestimmbar? Dies ist die Grundfrage einer globalisierten und zerrissenen Welt, die wegen dieser Frage Terror, Kriege und Bürgerkriege führt – und die nach ihrer Zukunftsfähigkeit sucht. Gibt es ein rationales, für *alle* Kulturen zwingendes (universalistisches) Gerechtigkeitsideal, welches von eigennützigen Präferenzen, Kulturtraditionen und religiösen Gedanken unabhängig ist – können wir ein solches Ideal zwingend begründen und damit alle anderen Gerechtigkeits- und Moralideen verwerfen, mögen sie auch faktisch noch so verbreitet sein und mögen die Kulturen und Ansichten auf dieser Welt faktisch noch so verschieden sein (und mögen uns unsere Gene oder unsere materiell-eigennützigen Interessen auch noch so sehr zu einem bestimmten Verhalten drängen)? *Ja, wir können ein solches Ideal begründen* – genau das möchte ich jetzt zeigen. Nur ist dieses Ideal weder der alte okzidentale Liberalismus noch der islamische Gottesstaat – und es ist auch nicht die postmoderne Beliebigkeit, für die alles irgendwie «okay» oder eine bloße Mehrheitsfrage ist. Nur auf diese Frage nach universal einheitlichen Prinzipien der Gerechtigkeit in einer zerrissenen Welt (zunächst *innerhalb jeder Gesellschaft*) aufbauend, kann man sodann überhaupt sinnvoll fragen, was *zwischen den Völkern* dieser Erde – und *zwischen den Generationen* – gerecht ist. Erst kommt also die universale und dann die globale und intertemporale Gerechtigkeit.*

A. Warum Religion, kulturelle Grundwerte, Postmoderne und Wirtschaftsliberalismus kein Problem lösen

Wann sind eine Gesellschaft und ihre Ordnung gerecht? Warum sollte gerade jene Ordnung die allein richtige sein, die Freiheit und Demokratie verheißt, sei es in Europa oder wo auch immer? Die philosophischen Liberalen sind es, die die These von der universalen Richtigkeit der Freiheit für jede einzelne Gesellschaft weltweit vertreten, und sie begründen dies meist mit zwei Kernideen: mit der Würde jedes einzelnen Menschen und mit dem Unparteilichkeitsprinzip. Würde (gleiche Achtung) sei im folgenden – vor aller Detailerfassung – verstanden als der gebotene Respekt vor dem einzelnen Menschen als autonomem Wesen; Unparteilichkeit heiße Nichtidentifikation einer Ordnung mit Sonderinteressen. Der alte Liberalismus, der das abendländische Denken seit langem beherrscht, betrachtet jene zwei Prinzipien als Vernunftgebote. Seine klassische Form, um deren Revision in puncto Gerechtigkeit, Nachhaltigkeit und Freiheit es vorliegend gehen soll, findet sich besonders markant bei Immanuel Kant (und heute z. B. bei Otfried Höffe).

Kants Streben, situiert im zeitlichen Kontext der nordamerikanischen und Französischen Revolution, galt einer zwingenden, unhintergehbaren Fundierung der politischen Freiheit, also des unveräußerlichen Rechts jedes Individuums, selbst über seinen Lebensentwurf zu befinden und möglichst frei zu bleiben von staatlichem Zwang. Für Kant folgt ein solches Recht zwingend aus der menschlichen Vernunftbegabung und der in ihr enthaltenen Willensfreiheit, also der Fähigkeit zum reflexiven Umgang mit Einflüssen, die auf einen einwirken. Jeder Mensch als Mensch habe die Befähigung, Gründe zu geben und Zwecke zu setzen; und dies verleihe ihm eine universale und unverlierbare Würde, gebe ihm also einen intrinsischen Wert und zwinge dazu, seine Autonomie zu achten. Dies aber

* Übrigens sieht man schon bis hierher: Die vier Konzeptionen des «Verhalten-Sollens» (liberal/metaphysisch/kontextualistisch/skeptisch) knüpfen in gewisser Weise jede an besonders einen der vier Faktoren des «faktischen Verhaltens» an (normative Vernunft/Gefühl/Konformität/instrumentelle Vernunft) – die zur Scheidung materiell/genetisch/kulturell bekanntlich querliegt.

gelinge nur, wenn er ein möglichst umfassendes Recht auf politisch-rechtliche Freiheit habe.

Dies klingt nun vielleicht gut und vertraut. Bei näherem Hinsehen ist jedoch so ziemlich alles unklar. Warum genau folgt aus der Vernunft der Respekt vor dem autonomen Individuum und womöglich auch noch der *kategorische Imperativ*, also die Kantsche Version des Unparteilichkeitsprinzips: daß eine Norm und ein Handeln genau dann gerecht sind, wenn sie zum Maßstab einer allgemeinen Gesetzgebung dienen könnten? Kants Vorstellung, universale Prinzipien wie die Unparteilichkeit schlicht als «Faktum» in der Vernunft auffinden zu können, ist nämlich einigermaßen unklar. Das gilt auch für seinen Hinweis auf die Willensfreiheit als Grundlage der liberalen Prinzipien. Die menschliche Willensfreiheit ist zwar eine notwendige (aporetische und nicht wirklich klärbare, daher letztlich aber auch «unproblematische») Voraussetzung jedweder Gerechtigkeitslehre, denn ohne freies menschliches Entscheidenkönnen ist die Frage nach der richtigen Moral witzlos. Sie allein begründet aber keine Rechte, weil sie eine bloße *empirische* Befähigung ist – und aus dieser folgt nicht logisch die Würde, also das Prinzip des Autonom-sein-*Sollens* der Individuen gegenüber anderen (sonst: naturalistischer Fehlschluß). Aus der menschlichen Entscheidungsfähigkeit (Willensfreiheit) folgt also noch nicht die Norm, daß wir einen Anspruch auf freie Entfaltung haben sollen (politisch-rechtliche Freiheit). Wenn Kant demgemäß aber keine wirkliche Begründung der liberalen Prinzipien Würde, Unparteilichkeit, Freiheit anzubieten scheint (wie ich hier, notgedrungen in Übergehung divergierender Literaturansichten, feststelle), setzt er sich dem – z. B. von *Apel* und *Habermas* erhobenen – Verdacht aus, letztlich eine vage und *substantialistische* Theorie zu formulieren: Es wird also einfach irgendein Inhalt in die Vernunft hineingelesen, von dem nicht klar ist, was an ihm denn nun vernünftig sein sollte – und warum die Vernunft überhaupt irgendwelche «inhaltlichen Prinzipien» hervorbringen sollte. Dies ist um so problematischer, als sich *Kant* selbst immer kritisch über substantialistische Denker geäußert hat.

Auch wenn jenes kurze Schlaglicht natürlich einen Titan wie Kant kaum angemessen würdigen kann, möchte ich somit festhalten, daß Kant im Kern *keine* haltbare Basistheorie der Gerechtigkeit anbietet (ganz abgesehen davon, daß er, siehe unten, über kein bzw.

kein näher *konkretisiertes* Konzept von Freiheit, Demokratie, Nachhaltigkeit usw. verfügte). Dies betonen auch die Vertreter der Denkweise, zu deren Analyse ich jetzt übergehe und die ich *Kontextualismus* nenne (bzw. Kommunitarismus/Kohärentismus) und die man vielleicht mit Hegel oder Aristoteles assoziieren kann. Sie reicht aber viel weiter zurück und ist der eigentliche historische Ausgangspunkt aller menschlichen Moral und die altehrwürdige Basis allen Nachdenkens über Gerechtigkeit – lange vor dem erstmaligen Auftauchen liberaler Ideen. Heute kann diese traditionelle Lehre als westlich-kulturrelative, islamische, chinesische usw. auftreten; historisch ist sie meist konservativ gewesen, sie ist aber auch die Basis des Marxismus und damit vieler heutiger Globalisierungskritiker. Der Kontextualismus kann sogar liberal erscheinen, wenn er Freiheit und Würde als «Kultur allein für den Westen» akzeptiert; eine universale Theorie, wie ich sie vorliegend als Nachhaltigkeitsbasis suche, ist dies dann freilich nicht.

Überwiegend leugnen Kontextualisten ohnehin ganz oder teilweise die Richtigkeit der liberalen Prinzipien oder zumindest ihre Begründbarkeit aus der Vernunft und ihre Universalität. Gerecht sei vielmehr das, was sich aus der tatsächlich vorfindlichen Sittlichkeit, also aus «kulturellen Grundwerten», «unseren Moralintuitionen» und «wertvollen kulturellen Traditionen» einer Gemeinschaft ergebe. So begann es vor unvordenklicher Zeit mit der Moral: Als richtig galt schlicht das, was man von der eigenen Familie, der eigenen Horde, dem eigenen Dorf gelernt hatte. Und auch heute ist ein solches Denken in unseren Köpfen rein faktisch irgendwie präsent («Konformität»). Es führt uns zu Fragen, die uns aus den Kantschen Wirren scheinbar auf festen Grund führen – die uns aber auch von vornherein an der Möglichkeit einer universalen Gerechtigkeitstheorie und einer Theorie der Nachhaltigkeit zweifeln lassen. Muß es vielleicht einfach «jeder Kultur» überlassen bleiben, ob Kopftücher in Schulen verboten werden sollten? Ob wir künftige Generationen stärker beachten sollten – und ob das Kollektiv wichtiger ist als das Individuum? Erst recht meinen dies z. B. islamische oder chinesische Kontextualisten. Ihnen erscheint der Liberalismus nicht als gute und gar zu globalisierende Idee, sondern als bekämpfungswürdiges Übel. Man kann ja mit großer Suggestionskraft auch für Terroristen fragen: Drückt der Liberalismus nicht der Welt kulturimperialistisch einen westlichen Stempel auf, einmal abgesehen davon, daß der alte Liberalismus wesentliche Bedingungen unserer nicht-nachhaltigen Welt (Kap. I A.) generiert hat? Oder, mehr marxistisch gewendet: Muß nicht alles vom jeweiligen «Klassenstandpunkt» abhängen, auch die Frage nach globaler Gerechtigkeit? Und, eher «chinesisch» formuliert: Sind nicht auch autoritäre Herrschaftsformen eine bestimmte achtenswerte, nur eben nicht liberale Kultur?

Der Kontextualismus erscheint beruhigend und vertraut. Gleichwohl ist eine kontextualistische Position unhaltbar, und zwar schon als Grundlagentheorie – von bestimmten Folgeproblemen für Nachhaltigkeit und Freiheit noch ganz abgesehen. Zunächst einmal: *Warum sollten die tatsächlichen Moraltraditionen per se als richtig gelten*? Oder wenn unsere Intuitionen am jeweils geltenden Recht festgemacht werden: Warum sollten die gerade geltenden Gesetze immer und in jedem Fall als gerecht anzusehen sein? Wenn man antwortet: Weil den Gesetzen per se ein göttlicher Wille oder eine gewisse Rationalität innewohnt, müßte man dies begründen. Sagt man jetzt, daß z. B. das demokratische Verfahren einen rationalen Diskurs über Gerechtigkeitsfragen garantiere, müßte man dies weiter begründen – und endet im *infiniten Regreß*, also im unendlichen Rückgriff auf immer neue Behauptungen (Warum X? Weil Y. Warum Y? Weil Z. Warum Z? ...) und damit in der Unbegründbarkeit. Ferner ist der Schluß von der faktisch vorherrschenden Moral bzw. Rechtslage auf ihre eigene Richtigkeit aber auch ein *naturalistischer Fehlschluß*. Auch deshalb ist die kontextualistische Basis unhaltbar.

Dazu kommt noch folgendes unlösbare Problem: *Wessen Intuitionen* sollen überhaupt die maßgebliche «kulturelle Tradition» sein: die der Mehrheit, der Allgemeinheit, der Zwei-Drittel-Mehrheit, der Arbeiterklasse, der Linksintellektuellen? Und warum gerade die Zwei-Drittel-Mehrheit, die Arbeiterklasse usw.? Wer jetzt antwortet «Na, wer die Tradition festlegt, das wird natürlich von der Tradition selbst bestimmt», verlagert das Problem nur. Denn dann frage ich wieder, *wer* denn sagt, daß gerade jede Tradition selbst willkürlich festlegen darf, wer in ihr die maßgeblichen Entscheidungen trifft? Ferner: Wenn es denn schon auf die tatsächlich vorhandenen Sitten ankommen soll, warum erhebt kein Kontextualist diese Sitten dann empirisch? Man sieht hier, daß kontextualistische Ansätze letztlich in die Beliebigkeit führen – denn ohne klare Empirie kann ein Kontextualist einfach beliebige Thesen über «unsere Intuitionen» aufstellen und damit die *Gerechtigkeit manipulieren*. Zumindest zeigt sich hier, daß Kontextualisten *keine Argumente gegen einen mehrheitlich gewollten Fundamentalismus*, Faschismus oder Kommunismus haben – und daß sie noch aus einem anderen Grund autoritär sind: Kontextualisten unterschieben «uns» gerne irgendwelche Intuitionen, ohne überhaupt empirisch zu überprüfen, ob dies wirklich unsere Intuitionen sind. Das Beispiel «China», wo von der Regierung gern eine bestimmten Kulturtradition unter Übergehung der Unterdrückten behauptet wird, macht dies deutlich. Womit ich indes vorerst voraussetze, daß Gesellschaften nicht autoritär sein sollten (näher Kap. II C.).

All dies kann man für die Nachhaltigkeit veranschaulichen: Bedeutet die heute verbreitete Begeisterung z. B. für einen radikalisierten Individualismus, eine hypostasierte Anthropozentrik und ein überhöhtes Fortschritts-, Wachstums- und Arbeitsethos, daß jene Ideale gerecht sind? Warum sollte unsere rein faktische Ignoranz gegenüber der Nachhaltigkeit ihre eigene normative Richtigkeit belegen? Hier zeigt sich das größte Problem: Wenn eine Theorie jeweils nur das Vorfindliche rekonstruiert und damit die *Zeitgebundenheit alles Normativen* betont, gerät das Zukunfts- und Nord-Süd-Problem, das weite Entfernungen und Zeiträume überspannt, niemals in den Blick. Auf neuartige Probleme kann ein Kontextualist daher kaum reagieren. Letztlich kann er eben nur schwer über den eigenen Gartenzaun schauen, weil er mit seiner Orientierung an faktischen Wertschätzungen ebendem verhaftet bleibt, was unsere Kultur und wohl auch unsere Gene uns suggerieren: nämlich der Orientierung an «meiner kleinen Welt», der wir im Zweifel allemal Priorität geben gegenüber abstrakten Forderungen verhungernder Bangladeshis oder gar künftiger Generationen. Doch diese Grundstimmung ist gerade der größte Feind der Nachhaltigkeit in einer globalisierten Welt. Bleiben wir dabei stehen, werden wir womöglich ein böses Erwachen erleben. Jedenfalls aber sieht man: Kontextualisten können aufgrund interner Unstimmigkeiten die universale Gerechtigkeit und damit die Nachhaltigkeit zumindest nicht widerlegen – ihre Basistheorie ist vielmehr unhaltbar.

Noch deutlicher wird dies durch den folgenden, m.E. entscheidenden Umstand: Ein Kontextualist verstrickt sich mit seiner Kernidee, daß alle normativen Richtigkeitsaussagen vom kulturellen Kontext abhängig seien, in einen Widerspruch, da er *notwendig* das als Hintergrundannahme machen muß, was er gleichzeitig verbal bestreitet. Denn *die Aussage selbst*, daß das aus dem kulturellen Kontext Gewonnene normativ richtig ist, wird wohl kaum selbst kontextabhängig gemeint sein im Sinne von: «Wir hier in unserer Kultur meinen faktisch, daß das faktisch Vorfindliche das Richtige ist.» Denn das wäre empirisch falsch. Denn viele Europäer oder Deutsche fundieren ihre Gerechtigkeitsurteile rein faktisch *nicht* kontextualistisch, sondern beispielsweise religiös oder liberal. Wer sagt: «Alles ist kontextabhängig», meint daher wohl eher, daß wenigstens diese Aussage selbst kontext- und damit kultur*un*abhängig ist. Damit beruft sich der Kontextualist aber auf genau das, was er den Liberalen gegenüber für unmöglich erklärt hat: Er beruft sich auf eine universale Ebene, auf der Menschen kulturübergreifend zutreffende Einsichten gewinnen können, ergo auf die Vernunft. Es gibt eben doch eine universale Richtigkeit von Aussagen jenseits aller Kulturrelativität. Die Vernunft ist damit die letzte und universale Instanz, von der aus wir über Gerechtigkeit reden können (und *nicht* der soziale Kontext).

Ebenso wie kontextualistische Positionen scheitert auch der Versuch, die Gerechtigkeit religiös zu finden. Auch religiöse Ideen haben nicht nur faktisch einen unvorteilhaften Einfluß auf die Genese unserer heutigen übermäßigen Ressourceninanspruchnahme gehabt (sie liefern eher eine *Erklärung* für die Nicht-Nachhaltigkeit als für die vermeintliche Nachhaltigkeit von Gesellschaften: I B.). Sie können vielmehr auch normativ keine *Rechtfertigung* der Nachhaltigkeit leisten, das heißt: Sie sind nicht in der Lage, allgemein überzeugende gute Gründe für eine Ethik der Ressourcenschonung, des Klimaschutzes usw. anzubieten. Der *faktisch* ungünstige Einfluß protestantischer Ideen in der Umwelthistorie sagt zwar nichts darüber aus, ob nicht ein «richtiges, nachhaltiges» Religionsverständnis möglich wäre. Jedoch könnte Religion nur helfen, wenn der Basissatz religiöser Theorien stimmt: Richtig/gerecht ist genau das, was Gott gebietet. Doch ist Gott, wie wir seit Kant wissen, eine Frage des Glaubens – er ist weder belegbar noch widerlegbar. Alle Beweisversuche münden in den infiniten Regreß oder in dogmatische Behauptungen ohne Begründung (z. B. «die Bibel/der Koran sagt die Wahrheit, also gibt es Gott, und ergo gibt es auch eine Pflicht zum heiligen Krieg» o. ä.). In diesem Sinne kann eine religiöse Lehre per se keine der drängenden Fragen moderner Gesellschaften beantworten, auch nicht die nach intertemporaler (und globaler) Gerechtigkeit. Das gilt nicht nur für christliche Ansätze, sondern z. B. auch für Hans Jonas («Prinzip Verantwortung»), der von vielen als wichtigster Beitrag zum bisherigen Nachhaltigkeitsdiskurs wahrgenommen wird. Am Beispiel Jonas werden wir noch sehen, daß religiöse und quasi-religiöse Theorien weitere Defekte aufweisen (womit ich nicht bestreite, daß Religion manche Menschen zur Nachhaltigkeit motiviert und damit deren faktische Durchsetzung befördert – doch Motivation ist nicht Begründung!).

Ein gerechtigkeitstheoretischer *Skeptiker* würde nun einwerfen: «Da sieht man es! Alle Fundierungsversuche einer Konzeption gerechter Gesellschaften scheitern. Folglich ist Gerechtigkeit etwas rein Subjektives. Befreiungskriege, Gerechtigkeit im Welthandel, Zukunftsschutz usw. sind eben einfach Ansichtssache.» Damit nähme man die – konservative oder linke – Position ein, die in westlichen Ländern seit rund drei Jahrzehnten zunehmend in Mode kommt, die aber schon bei den Sophisten Vorläufer hat. Sind die liberalen Freiheits- bzw. Menschenrechte nicht eine eher beliebige, rein subjektive Ideologie unter vielen, unbegründbar wie jede andere Lehre oder jede andere normative Präferenz auch – mit der Folge, daß sie um keinen Deut besser ist als jede andere und folglich auch keine Basis für eine globale Konzeption der Nachhaltigkeit abgeben kann? Ist nicht Nachhaltigkeit überhaupt «Ansichtssache»? In diesem Sinne halten Skeptiker das Begründen von Normen/Zielen/Präferenzen für undenkbar (mitunter freilich mit *utilitaristischen* Zügen, indem zumindest die wertende Abwägung zwischen den «unhinterfragbaren» faktischen Präferenzen der Bürger für rational machbar erachtet wird – sofern jene Abwägung nicht, was eher *positivistisch* wäre, für eine mathematische Tatsachenfeststellung anhand verrechenbarer Präferenzen gehalten wird). Und solche Positionen bilden unter Intellektuellen und besonders unter Politologen, Soziologen, Ökonomen, Natur- und Literaturwissenschaftlern immer mehr die «Standardtheorie» – mit einer womöglich tödlichen Relativierung der Basis liberaler Ordnungen.

Anders als ihre *nihilistischen* Ahnherren Friedrich Nietzsche und Martin Heidegger leugnen *postmoderne* Skeptiker indes «nur» die *Begründbarkeit* von Normen, ohne in jedem Fall die liberalen Prinzipien als solche abzulehnen. Freiheit sei vielleicht «schön», aber sie ist nicht begründbar und damit auch nicht universalisierbar. Träfe die Begründungsskepsis zu, würde eine Kritik selbst an schwersten

Menschenrechtsverletzungen in anderen Ländern unmöglich. Vor allem aber würde jede Basis für eine Theorie der Nachhaltigkeit fehlen; diese Theorie könnte man dann nur «glauben». Oder in Politologendiktion: Richtig wäre jede beliebige politische Setzung bzw. jede Mehrheitsentscheidung – also das, was sich politisch real durchsetzt (wobei manche eher auf die Parlamentsmehrheit abstellen, andere dagegen Plebiszite oder Bürgerpartizipation fordern). Angesichts unseres faktischen Unwillens wäre die Nachhaltigkeit als neue Herausforderung damit gescheitert. Denn weder unsere Kulturtradition noch unsere Religion, noch unsere (Bevölkerungs- bzw. Parlaments-)Mehrheiten tragen ohne weiteres die Nachhaltigkeitsidee.

Doch verwickeln sich skeptische Positionen in schwere Unstimmigkeiten und sind darum trotz ihrer bemerkenswerten Beliebtheit *falsch* und unhaltbar – was nicht nur den Weg freimacht für eine universale liberale Theorie der Gerechtigkeit, sondern auch die Grundfesten der Theoriebildung in Fächern wie Politologie oder Soziologie stark erschüttern dürfte. Wenn die Aussage, daß *alles* kontingent und rein subjektiv und «beobachterabhängig» ist, richtig sein soll, muß eine postmoderne Position selbiges gegen sich selbst gelten lassen. Denn wenn jede Norm nur eine unbegründbare und nicht weiter rationalisierbare «subjektive Konstruktion» ist, ist natürlich auch die nihilistische oder postmoderne Kritik selbst nur subjektive Konstruktion der Welt. Dann aber kann sie Objektivität/Universalität nicht ausschließen. Will die postmoderne These dagegen einen allgemeinen Richtigkeitsanspruch erheben, dann widerspricht sie sich selbst und hebt sich damit selbst auf – weil es dann ja offenbar doch nicht nur «subjektive Meinungen» gibt, sondern auch universell richtige Sätze. Dann aber ist die liberale Konzeption, die Gerechtigkeitsfragen als Wertungsfragen für rational entscheidbar hält, gerade nicht widerlegt. Gleiches passiert, wenn der Skeptiker Wertungen unbegründbar nennt, die darin liegende Wertung aber sodann selbst begründet (z. B. so: «Normen sind unbegründbar, *denn* es gibt ja auf der Welt offenbar ganz verschiedene Normsysteme»).

Damit zeigt sich bereits hier: *Man kann der Vernunft in Wertungs- und damit in Gerechtigkeitsfragen offenbar nicht entgehen.* Das aber heißt: Es gibt also eine universale Grundlage für unsere Frage nach der Gerechtigkeit, die wir argumentativ nicht leugnen können. Der Skeptiker kann sich hier auch nicht so retten, daß er sagt: «Ich bestreite die Möglichkeit universaler Sätze nicht, sondern ich *zweifle* nur an dieser Möglichkeit.» Denn zum einen hat er die Möglichkeit universaler Sätze mit einem solchen Statement dann eben gerade *nicht* geleugnet oder gar widerlegt. Und zum anderen macht der Satz «ich bezweifle XY» es zumindest unmöglich, nun auch noch das Zweifeln selbst zu bezweifeln. Zumindest das Zweifeln ist dann aber in einem objektiven, universalen Sinne als «sicher» aufgewiesen und ergo unhintergehbar. Damit ist es dem Skeptiker aber erneut nicht gelungen, die Möglichkeit objektiver Sätze zu bestreiten.

Selbst wenn man davon absähe, daß eine skeptizistische Position sich selbst aufhebt, wäre sie zumindest sehr seltsam. Denn sie macht uns schwach gegenüber autoritären und totalitären Lehren, die doch offenbar auch postmoderne Denker ablehnen (etwa Foucault und Rorty, aber auch Luhmann). Wenn letztlich alles unbegründbar ist, warum sollte man die Freiheit dann z. B. gegen fundamentalistische Angriffe verteidigen – oder gegen ständig neue Freiheitseinschränkungen zwecks «mehr Sicherheit gegen den Terror» sein? Hätten dann die Fundamentalisten nicht recht, daß der Westen mit dem «Kampf gegen den Terror» nur plumpe Machtinteressen durchsetzt und keine moralischen Prinzipien? Mit dieser «Einsicht» dürften auch bisher Unentschiedene in Scharen dem Terrorismus zugetrieben werden. Auch jede Kritik an gesellschaftlichen Zuständen würde sich so per se erledigen. Rassistische Diskriminierung wäre nicht verwerflicher als irgendeine beliebige andere Handlung. Mutter Teresa und Heinrich Himmler hätten dann sozusagen den gleichen moralischen Status. Man werfe mir nun nicht vor, daß ich bestimmte Positionen «zu schematisch» wiedergebe. Wer bezweifelt, ob meine Argumente wirklich «alle Denker» treffen, suche sich lieber einen beliebigen Theoretiker aus – und probiere sodann, ob jener Denker den hier formulierten Einwänden zu entgehen vermag. Wenn nicht, dann ist dessen Position widerlegt.

Am Widerspruchs-Argument, das die normative Vernunft als unhintergehbar ausweist, scheitern auch wirtschaftsliberale und utilitaristische Präferenztheorien, welche die unter Ökonomen und z. T. auch Soziologen und Politologen gängigen Varianten eines positivistischen Skeptizismus sind. Sie basieren im Anschluß an die frühliberalen Klassiker Thomas Hobbes und z. T. John Locke auf der instrumentell rationalen These, daß diejenige Ordnung richtig sei, die sich ergäbe, wenn man allein den Eigennutzen der Bürger zugrundeläge. Wäre dieser Ausgangspunkt richtig, könnte es keine intertemporale und globale Gerechtigkeit geben. Denn die gegenwärtige Ignoranz gegenüber der Zukunft und gegenüber dem Interesse der Südländer an Armutsbeseitigung, gleicher Teilhabe am Welthandel usw. ist ja gerade durch Eigennutzenerwägungen westlicher Staaten und ihrer Bewohner verursacht. Für die Präferenztheoretiker – auf der Grenze von Skepsis, Kontext und liberalem Denken – sind dennoch die faktischen Wünsche der Bürger per se richtig. Unter Eigennutzen versteht der Utilitarist die möglichst hohe Summe der faktischen Nutzenvorstellungen der Bürger («größtes Glück der größten Zahl»). Der Wirtschaftsliberale («Hobbes») versteht darunter dagegen das, worauf sich Egoisten im Konsens einigen könnten. Und bei politologischen Mehrheitstheorien ist es das, was die Mehrheit der Bürger rein faktisch beschließt. Mit alledem wird nur die instrumentelle Rationalität bemüht, also die möglichst effektive Verfolgung für unhinterfragbar erklärter (meist eigennütziger) Ziele, wogegen Präferenzen/Ziele/Wertungen für nicht rational klärbar erachtet werden. Immerhin halten Utilitaristen und Wirtschaftsliberale die rationale Abwägung zwischen diesen Präferenzen für möglich (nur wird diese Abwägung oft nicht als normativer Akt, sondern eher als rein empirische Verrechnung divergierender Präferenzen gesehen). Diese Abwägungsthese und die Vorstellung, daß der gesamte Ansatz sehr wohl eine «Begründung» der Gerechtigkeit liefere, markieren die kleine Differenz zur Postmoderne.*

Doch *alle Präferenztheoretiker* halsen sich mit ihrer Orientierung allein am Instrumentellen, wie es für die historischen Anfänge der liberalen Freiheitsidee typisch war, die unlösbare Frage auf: *Warum* sollten faktische Präferenzen per se richtig sein? Warum soll das Eigennützige per se das Gerechte sein? Da schon hierauf keine Antwort möglich sein dürfte, enden die Präferenztheorien im infiniten Regreß und sind ergo unbegründet (der Einwurf «na, es gibt mangels Begründbarkeit von Wertungen eben keinen anderen Weg als den über die Präferenzen» rettet hier nichts – denn diese These hebt sich selbst auf, wie wir bei den Postmodernen sahen, und wir sehen

* Wobei das Präferenzdenken von einigen Ökonomen freilich gar nicht als Gerechtigkeitstheorie begriffen wird – sondern als bloße empirische Aussage darüber, wie man den Wohlstand einer Gesellschaft am besten maximieren könnte. In meinen Worten wäre dies dann eine (u. U. falsche) Steuerungstheorie.

gleich noch, wie gut Werte begründbar sind). Im übrigen ist der Schluß von Präferenzen auf deren Richtigkeit ein naturalistischer Fehlschluß. All dies spricht gegen *alle* Präferenztheorien – auch wenn Wirtschaftsliberale in einem wichtigen Punkt vielleicht das Richtige *meinen*, nämlich daß jeder Mensch ein Recht auf seinen eigenen, autonomen Weg zum Glück hat, den ihm keine Religion, keine Kulturtradition, keine Mehrheit und keine Autorität verbauen darf (Kap. IV). Dies ist auch der (einzige) richtige Teilaspekt der im Nachhaltigkeitsdiskurs üblichen Pauschalforderung, man solle doch bitte nicht so moralisch sein und «die Konsumenten frei entscheiden lassen». Schon bis hierher haben wir freilich gesehen, daß es völlig freie Konsumenten-Präferenzen nicht geben darf (näher Kap. IV C.).

B. Warum die modernen Klassiker Rawls und Habermas wie Kant wichtige Stichworte geben, aber entscheidende Fragen nicht beantworten

Die Vernunft ist also unbestreitbar. Warum aber soll gerade die freie und demokratische Grundordnung die allein gerechte sein, sei es in Europa oder wo auch immer, und was genau ist daran rational? Die hinter der Freiheit stehende Idee gleicher Achtung und Unparteilichkeit bringt der bekannteste heutige Liberale, John Rawls, mit seinem *Urzustand* in ein berühmtes Gedankenexperiment. In jenem fiktiven Urzustand sollen sich *gleichwertige Entscheider* (= Würde) gegenüberstehen, und zwar unter der Bedingung des *Nichtwissens darüber, wer sie im realen Leben sein werden* (= Unparteilichkeit). Für *Rawls* ist dann die Ordnung gerecht, auf die sich jene Entscheider einigen würden, nämlich eine freiheitliche und demokratische. Nur läßt dies immer noch die Frage des Skeptikers und des Kontextualisten unbeantwortet: Warum Würde und Unparteilichkeit – warum sollten also die Konstruktionsbedingungen des Urzustandes richtig sein? Warum genau ist es nicht «Ansichtssache» oder «kulturabhängig», was gerecht ist und ob wir nachhaltig leben sollten? Warum «müssen» wir im Bild des Urzustands denken?

Rawls *versucht* immerhin, irgendeine Antwort auf die Frage nach der Begründung seiner zwei liberalen Prinzipien zu geben – durch ein Überlegungsgleichgewicht: Dieses eruiert unsere zwei angeblich zentralen moralischen Intuitionen, nämlich Achtung und Unparteilichkeit. Diese rechtfertigt er daraus, daß sie wenigstens im Okzident tatsächlich akzeptiert werden. Man kann diese Rawlssche Linie «minimalkontextualistisch» nennen, weil sie im Gegensatz zu Kontextualisten nicht einfach «unsere moralischen Alltagsintuitionen» pauschal für richtig erklärt. Vielmehr beschränkt er dieses rekonstruktive Vorgehen unserer faktischen Moral auf zwei Prinzipien, anhand deren sie sodann jede Gerechtigkeitsfrage deduktiv beantwortet. Trotzdem dürfte Rawls an den Fragen scheitern, an denen auch echte Kontextualisten scheitern: *Warum* soll es auf «unsere Intuitionen» ankommen? Und auf wessen Intuitionen überhaupt: die der Mehrheit, die der Allgemeinheit, die einer Zwei-Drittel-Mehrheit? Ferner: Wie soll bei alledem ein naturalistischer Fehlschluß vermieden werden? Abgesehen davon wirft Rawls mit alledem den alten liberalen und Kantschen Anspruch einer universalen Gerechtigkeit über den Haufen – denn die Basisintuitionen sind eben nicht weltweit die gleichen. Die Frage im Angesicht der Jahrhundertherausforderung «Nachhaltigkeit» ist aber gerade, ob wir den alten Kantschen Anspruch («Gerecht ist, und zwar universal, genau die Ordnung, die der normativen Vernunft entspringt») wirklich aufgeben dürfen. Kant selbst konnte aber eben auch nicht zeigen, ob Würde und Unparteilichkeit wirklich zwingende Vernunftgebote sind – und ob die Vernunft, noch dazu universal, wirklich unhintergehbar ist, wie wir eben zu zeigen versuchten, was aber noch gegen Einwände zu verteidigen bleibt. (Zudem scheidet Kant nicht klar genug danach, nach welchen Prinzipien wir unsere Grundordnung bauen sollen – normative Vernunft – und nach welchen wir sie faktisch bauen – normative und instrumentelle Vernunft, Gefühl, Konformität. Man muß auch scheiden, ob ich vernünftige = normativ gut *begründbare* Ordnungen/Handlungen auch aus vernünftigen *faktischen inneren Motiven* vornehmen muß; anders als Kant werde ich das verneinen.)

Die schlichte Reaktion auf die Frage nach der gerechten Grundordnung: «Wir haben doch Kant und unsere kantianisch geprägten Verfassungen mit Würde, Freiheit, Demokratie» – diese Antwort ist also jedenfalls mangelhaft. Und da sie mangelhaft ist, ist auch jeder Versuch, durch einen schlichten Rekurs auf diese Basis unsere drängenden Fragen nach dem Zukunftsschutz, nach globaler Gerechtigkeit, nach sozialer Gerechtigkeit oder auch nach dem Embryonenschutz zu klären, zum Scheitern verurteilt. Ich möchte daher insgesamt neu ansetzen. Lassen sich denn nun die Grundprinzipien Achtung und Unparteilichkeit – und mit ihnen die Freiheitsrechte – aus der normativen Vernunft zwingend und universal rechtfertigen? Erst mit einer solchen Rechtfertigung stünde fest, daß eine liberale Grundordnung die allein gerechte ist (wobei ich den negativen Ergänzungsschritt, die Widerlegung von Gegentheorien, bereits vollzogen habe). Erst von einer genauen Rechtfertigung aus könnte auch der Inhalt von Würde und Unparteilichkeit genauer eruiert werden. Damit wäre dann auch der Weg zur Suche nach intertemporaler und internationaler Gerechtigkeit sowie einer neu konzipierten Freiheit offen – ohne die man, wie ich zeigen will, die okzidentalen Ordnungen vielleicht «nicht schlecht», in wesentlichen Punkten aber eben doch ungerecht nennen müßte. Gibt es also eine universale, zwingende und rationale Gerechtigkeit?

Der neueste und interessanteste Versuch, die liberalen Prinzipien aufzunehmen und erstmals zu einer solchen unhintergehbaren und universalen Theorie zusammenzusetzen, stammt von den sogenannten Diskursethikern (Jürgen Habermas, Karl-Otto Apel, Konrad Ott, Robert Alexy u. a.). Sie fassen die normative Vernunft nicht länger als etwas Substanzhaftes auf, sondern begreifen sie eben schlicht und abschließend als die Befähigung, Wertungsfragen mit Gründen zu entscheiden. Habermas z. B. postuliert sodann das Unparteilichkeitsprinzip – also das Prinzip, daß die gesellschaftliche Ordnung unabhängig von Sonderinteressen allgemein zustimmungsfähig sein muß – als zentrales Prinzip der Gerechtigkeit. Dies wird aber nicht wie bei Kant mehr oder weniger bloß behauptet, sondern im Verein mit der in Kap. II gezeigten Widersprüchlichkeit eines Leugnens der universalen Ebene so begründet: Wertungen und überhaupt Erkenntnisse seien stets an das Medium Sprache gebunden. Sprache käme aber immer nur unter mehreren Menschen zustande; darum wohne ihr der Zweck «Verständigung» inne, die aber nur argumentativ, also mit Gründen, sicherbar sei. Sobald wir, wie Menschen dies gewöhnlich tun, Behauptungen aufstellten, müßten wir darum den begründeten Konsens suchen. Daraus aber ergebe sich das Prinzip, daß genau jene Norm und jene Ordnung richtig seien, der alle möglichen Beteiligten an unseren Diskursen zwanglos zustimmen könnten. Ferner müsse jeder seine Gesprächspartner als Gleiche achten. Das volle Prinzip gegenseitiger Achtung *gerade für das autonome Individuum*, aus dem er sodann Freiheit und Demokratie rechtfertigt, faßt Habermas aber anders als Kant wohl als kulturrelativ auf. Er sieht es als eine bloße «Formeigenschaft eines modernen Rechts», die lediglich im Okzident strikte Gültigkeit beanspruche. Die Autonomieidee soll damit letztlich nur für den Westen verbindlich sein.

Allein, auch hier bleibt vieles unklar. *Erstens* entstehen mit dieser kulturrelativistisch-kontextualistischen Zutat zur Gerechtigkeitskonzeption wieder die Fragen, die ich Rawls eben stellte. Das Petitum einer universalen Theorie der Gerechtigkeit und der Nachhaltigkeit wird ergo wieder nicht eingelöst. Aber kann man nicht vielleicht doch rein normativ rational und universal die Gerechtigkeit fundieren? Ist Habermas hier womöglich an der für eine globalisierte Welt entscheidenden Stelle zu defensiv? Gleiches kann man Robert Alexy fragen, der zudem eine ergänzende – instrumentell rationale (an Hobbes erinnernde) – Begründung des Liberalismus aus dem Eigennutzen für jeden Bürger für nötig hält, ohne zu sehen, daß wir dies vielleicht gar nicht brauchen – und daß solche Versuche (Kap. II A.) unhaltbar sind. *Zweitens* liefern die Diskursethiker bisher eher Bruchstücke als eine vollständige Konzeption der Gerechtigkeit. Nicht nur fehlen eine vollständige Theorie der Freiheit und eine Konzeption der Nachhaltigkeit – und damit eine Antwort auf die Kernfragen unserer Zeit. Es fehlt auch die im «Kampf der Kulturen» wohl entscheidende Weichenstellung, ob die menschliche Vernunft gerade das *autonome Individuum* zum Maßstab macht. *Drittens* verwenden sämtliche diskursethischen Autoren auch in ihren «nicht-kulturrelativen» Theorieteilen wie der Unparteilichkeitsbegründung zweifelhafte Hintergrundannahmen (jede Behauptung enthalte notwendig Richtigkeitsansprüche; Notwendigkeit der Konsenssuche als Eigenschaft der Sprache; «Diskurspflicht» und Pflicht zur Rationalität, womit die Vernunft und nicht der Mensch plötzlich unser Ziel wird), die fraglich sind. Damit ist nach wie vor unklar, warum aus der Vernunftfähigkeit überhaupt irgend etwas für die Gerechtigkeit folgen sollte. Meine universalistische Gerechtigkeitskonzeption knüpft darum im folgenden nicht so sehr an «Sprache an sich» an – als vielmehr direkt an die menschliche *Praxis des Begründens* (und damit an die Rationalität) in Fragen der Gerechtigkeit.

Viertens verunklaren Habermas und Alexy (auch darauf komme ich zurück) den entscheidenden Punkt: daß sich aus der normativen

Vernunft womöglich nicht nur Regeln für das Gespräch über Gerechtigkeit, sondern vielmehr für das gesamte menschliche Handeln herleiten lassen. Und das ist es ja, was wir hier suchen: Regeln nicht dafür, wie wir uns unterhalten sollen. Wir suchen vielmehr Regeln unseres Zusammenlebens und der gerechten Lösung unserer Konflikte (zu jenen kommen die bisherigen Diskursethiker nur auf zweifelhaften Umwegen), und zwar universale Regeln und damit eine Nachhaltigkeitsbasis. *Fünftens* unterschätzen die Diskursethiker (auch dazu s. u.), daß sich rational ein *abschließendes* Konzept einer gerechten Grundordnung herleiten läßt, welches keiner Auffüllung mit weiteren Prinzipien – die dann womöglich die Freiheit relativieren oder gar aufheben – zugänglich ist. Damit hat es – unbeschadet weiterer Detailanalysen einzelner klassisch-diskursethischer Thesen – den Anschein, als wäre die Frage nach der universalen gerechten Ordnung menschlicher Existenz bisher nicht befriedigend beantwortet. Mit alledem kann man folglich auch die Nachhaltigkeit nicht begründen.

C. Ein universalistischer Neuansatz: Vernunft, Würde, Unparteilichkeit, Freiheit als unbestreitbarer und alleiniger Kern von Gerechtigkeit

Aus all diesen Gründen möchte ich nunmehr einen eigenen liberalen Ansatz einführen, der die eben aufgeführten und andere Probleme vermeiden und einen modernen rationalen Universalismus für die Kritiker Kants, der Diskursethik und der Nachhaltigkeit unangreifbar machen will. Ich behaupte also: *(I) Gerecht ist eine politische Grundordnung nur dann, wenn sie dem Achtungs- und dem Unparteilichkeitsprinzip genügt, dies neu begründet und daraus Freiheitsrechte und Demokratie herleitet. Freilich ist die Richtigkeit, so meine weitere These, nur gegeben, wenn die Ordnung (II) die Freiheitsrechte zeitneutral und auch (III) global-zwischenstaatlich anerkennt (sich also der Nachhaltigkeit öffnet) und (IV) den Freiheitsbegriff neu interpretiert.* Dies wäre der prinzipielle Bruch mit der altliberalen Tradition. Ich strebe ihn an, indem ich transzendental argumentiere. Transzendentale Argumente zeigen, daß ein bestimmter Satz (z. B. eine bestimmte Norm) nicht bestritten werden kann, ohne daß der Bestreitende die Norm gleichzeitig wieder voraussetzt. Sie sind also ein «negativer Beweis», ein Argument der Unbestreitbarkeit. Dies macht im Gegensatz zum positiv-deduktiven Beweis, der X aus einem Grund Y folgert und sodann Y aus Z usw., ihre Kraft aus, dem infiniten Regreß als dem unendlichen Rückgriff auf immer neue Gründe, die ihrerseits wieder bestritten werden können, und damit dem Scheitern zu entgehen. Denn es können eben nur transzendentale Argumente einer Theorie eine feste Basis geben, da nur sie dem «warum warum warum» eines Skeptikers, der jeden positiven Grund z. B. für universale Gerechtigkeit erneut bestreiten kann, entkommen. Wie also kommt man von einer Vernunft, die sich nicht die Vorwürfe gegen Kant aufhalst, zu Würde und Unparteilichkeit, und macht man damit die liberalen Prinzipien universal unbestreitbar? Diese Frage gehe ich als erste an. Dann folgt die Frage nach der Richtigkeit dieser Prinzipien nicht nur im Diskurs, sondern auch im Handeln. Zuletzt frage ich, warum die Vernunft als solche unhintergehbar bleibt, auch wenn man einige Einwände gegen das eben dazu schon Gesagte berücksichtigt. Gelingen all diese Schritte, hätte man eine zwingende Basistheorie der Gerechtigkeit auf dem Weg zur Nachhaltigkeit.

Richtig ist zunächst die diskursethische These, daß kein inhaltlicher Maßstab ersichtlich ist, der gewissermaßen vom Himmel oder aus unserer Tradition herabsteigt und uns die richtige Ordnung verrät. Man kann ferner ergänzen, daß das Abstellen auf eine Religion oder auf eine konkrete kulturrelative Gemeinschaft oder eine zweifelhafte substanzialistische Vernunft gescheitert ist. Es bleibt uns darum wenig anderes übrig, als darüber nachzudenken und darüber zu reden, was gerecht ist. Dabei steht nicht im vorhinein fest, wer recht haben wird. Die inneren Unstimmigkeiten dieses Abstellens habe ich soeben dargelegt; dies ist das eine wesentliche Argument für ein liberales Gerechtigkeitskonzept. Das andere Argument ist ein zweistufiges Argument. Das Zusammenbrechen «anderer», etwa kulturgrundwertorientierter oder religiöser Gerechtigkeitskonzepte führt nämlich, so ist zu zeigen, keinesfalls zum Sieg des postmodernen (oder positivistischen) Skeptikers, der jubiliert: «Es gibt kein Richtig und kein Falsch – und wenn es so etwas gibt, dann ist einfach das richtig, was die Mehrheit will» usw. Vielmehr läßt sich durch *zwei* transzendentale und zwei Alternativlosigkeits-Argumente die Unbestreitbarkeit von (a) Achtung und Unparteilichkeit als Ausfluß unserer Vernunft *und* (b) der Vernunftbasis selbst zwingend demonstrieren. Im folgenden wird also weder die Vernunft noch das aus ihr gefolgerte liberale Prinzipienset auf die Schwäche von Gegenansätzen allein bauen müssen, auch wenn in der Tat jede andere Gerechtigkeitsidee an infiniten Regressen und naturalistischen Fehlschlüssen etc. leidet.

Meine liberale These ist ja: (a) Universal gerecht ist eine Grundordnung, die auf Würde, Unparteilichkeit und Freiheit aufbaut (auch wenn dies u. U. westlichen Machtpolitikern ebenso mißfällt wie chinesischen oder islamischen Autokraten). Und: (b) Gerechtigkeit als Vernünftigkeit ist alternativlos. Der Schritt b wurde schon oben angesetzt; ich werde ihn aber gleich noch viel ausführlicher vortragen. Der Schritt a, also die Herleitung der liberalen Basisprinzipien aus der Vernunft, beginnt mit der Frage: Wenn denn die *Grundordnung vernünftig* sein kann und aus Alternativlosigkeit vielleicht sogar muß, wie wir eben schon schlaglichtartig ahnten und noch genauer sehen werden: wann genau ist sie dann «vernünftig»? Es ist zwar begrifflich klar, daß Vernunft das menschliche Vermögen meint, Wertungsfragen mit Gründen zu entscheiden. Vernünftig heißt also «begründet». Aber welche Ordnung darf sich als begründet bezeichnen? Eine konkrete Methode, um zu bestimmen, welche Normen «vernünftig» sind, scheinen wir nicht zu besitzen (auch wenn Kant dies noch nicht sah). «Objektive Normen», die als ein «objektiver Geist» wie der Geist Gottes in der Schöpfungsgeschichte über den Wassern schweben, auch wenn kein Mensch da ist, der nach ihnen fragen könnte, gibt es nicht. Die Vernunft ist also «offen». Nur irrt der Skeptiker, wenn er daraus die Subjektivität und Irrationalität aller Werte und Ordnungen folgert. Denn die Einsicht in die *Möglichkeit* (II A., gegen die Skeptiker) und *Offenheit* (II A., gegen Kant) der Vernunft legt einen anderen Schluß nahe: Wenn keiner weiß, wer im Streit über Gerechtigkeit die besten Gründe hat, wenn aber gleichzeitig Vernunft möglich ist und alternativlos zu sein scheint, dann muß man für jeden Vernunftträger, also für jeden Menschen, annehmen: Er könnte es sein. Und wir müssen darum die Ordnung wählen, die diesen Streit mit Gründen *ermöglicht*. Deswegen müssen wir auf allgemeine Zustimmungsfähigkeit hinarbeiten und unsere Partner als Gleiche achten – ja, sogar alle *potentiellen* Gesprächspartner und damit *alle* Menschen über alle Grenzen und Kulturen hinweg (zu diesem für unser Thema zentralen Punkt sogleich).

Dieses Argument für Achtung und Unparteilichkeit aus der Alternativlosigkeit kann durch ein weiteres Argument, das eigentliche transzendentale Argument, wesentlich verstärkt werden, indem man ein Beispiel von Robert Alexy aufgreift. Das Beispiel macht die logischen Implikationen des *auch nur gelegentlichen* Gebrauchs unserer Vernunft noch deutlicher, und es lautet so: Niemand könnte sagen «Meine These X und ihre Begründung Y würde zwar von Herrn P leicht widerlegt werden können, du, lieber Q, solltest sie als Dummkopf aber glauben.» Und es würde auch niemand sagen können: «Nachdem wir P zum Schweigen gebracht hatten, konnten wir uns endlich überzeugen, daß Y ein guter Grund für X ist.» Es widerspricht mithin gerade dem Sinn von «Gründen», das Begründen als hierarchisch bzw. als relativ zur Person des Adressaten zu verstehen – ein Grund *überzeugt* und kann *von jedem eingesehen* werden. Jemand, der in einem Gespräch Gründe gibt, dann aber dem Gesprächspartner die Achtung streitig macht, widerspräche sich ergo selbst, weil er das leugnet, was sein Reden in Gründen als Diskursregel *logisch impliziert*. Und genau dieser Nachweis des Selbstwiderspruchs macht transzendentale Argumente aus (u. U. liegt hier aber sogar ein normales positives Argument vor). Darum muß der, der sich einmal auf den Streit über Gerechtigkeit mit Gründen *und damit auf die Vernunft* einläßt, den Partner als Gleichen achten – einerlei, ob er sich der Implikationen seines Be-Gründens bewußt ist oder ob er z. B. zu bloßen Überredungszwecken zu diskutieren meint, denn es geht ja um streng *logische Implikationen* unseres Sprechens (nicht dagegen um unsere rein faktischen Absichten, aus denen – bei Strafe eines naturalistischen Fehlschlusses – für sich genommen gar nichts folgt). Und diese Achtung – und jetzt kommt etwas Zentrales – muß gerade dem *Individuum* gelten: Denn es sind nicht Kollektive, die rationale Diskurse führen, sondern es ist der einzelne Mensch. Mehr noch: Die Achtung muß gerade der individuellen *Autonomie* gelten, denn es geht ja gerade um ein freies Sich-Überzeugen von Gründen. Darin liegt die bei Kant unklare Fundierung der Achtung als Respekt vor dem autonomen Individuum. Und sofern ein Gerechtigkeitsdiskurs geführt wird, muß, wieder mangels substantialistischer Maßstäbe und wegen der auf gleiche freie Überzeugung gerichteten Kategorie «Grund», sowohl der Ablauf als auch das Ergebnis allgemein zustimmungsfähig, also *unparteiisch*, sein. Dies ist die Begründung der liberalen Basis –

und sie ist *universal*, weil sie an die humane Praxis des Sprechens in Gründen anknüpft und damit alle Kulturgrenzen übersteigt.

Nun spreche ich aber mit den meisten Menschen dieser Welt nie persönlich. Deshalb ist der jetzt folgende Schritt für uns zentral: Es kann nicht nur mein aktueller Diskurspartner Achtung und Unparteilichkeit beanspruchen. Sofern man überhaupt jemals im Leben in Gründen spricht, bringt dies das Achtungs- und Unparteilichkeitsprinzip mitsamt der daraus abgeleiteten Freiheitsrechte vielmehr auch für nur *potentielle* Gesprächspartner hervor. Niemand könnte sagen: «Der abwesende Herr P könnte meine Thesen zwar jederzeit widerlegen – du solltest sie aber wegen deiner Dummheit glauben.» Wer dies sagte, hätte gerade *nichts* begründet. Gründe richten sich ergo offenkundig an jeden, der sie potentiell widerlegen könnte – womit ich *alle* Menschen als zu Achtende anerkennen muß, sobald ich einmal den Diskurs in Gründen eröffnet habe. Und dies eben selbst dann, und das ist wesentlich, wenn ich *jetzt gerade* gar nicht in Gründen spreche. Dies öffnet das Tor weit hin zur Nachhaltigkeit, wie wir noch sehen werden. Offenbar ist nicht nur jeder kulturübergreifend verpflichtet, in je seiner Gesellschaft universal die liberalen Prinzipien zu achten (was allein schon alle Diktaturen als ungerecht entlarvt) – womöglich ist dies auch über Landes- und womöglich gar Zeitgrenzen hinweg geboten (s. u.).

Wirklich schlagend werden Achtung und Unparteilichkeit als zentrale *Diskurs*prinzipien durch den nächsten Schritt: daß sie zugleich *Handlungs*prinzipien sein müssen. Denn der Diskurs über eine Frage (oder ein neuer Diskurs über eine andere Frage) könnte ja jederzeit wieder weitergehen. Wer, auch außerhalb eines Diskurses, das Würdeprinzip verletzt, würde die Möglichkeit zu weiteren Diskursen einschränken, wie sie angesichts der offenen Vernunft unausweichlich ist, sobald man sich überhaupt einmal im Leben auf die Vernunft eingelassen hat. Also müssen die liberalen Prinzipien auch für das (ggf. wortlose) Handeln gelten. Wiederum lebt diese Unausweichlichkeit nicht nur von der Inexistenz einer substanziellen (=inhaltliche Prinzipien enthaltenden) Vernunft und von der Inkonsistenz antiliberaler Modelle, sondern auch vom Wortsinn von «Grund». Kein Mensch könnte im Ernst sagen: «Ich weiß zwar, daß dich meine Gründe, wenn du eine Woche darüber nachdenken würdest, nicht mehr überzeugen würden. Trotzdem solltest du sie heute glauben.» *Grund* ist also etwas, das auch wieder in Frage gestellt werden kann, sobald ich mich überhaupt erst einmal auf den Vorgang des Begründens eingelassen habe. Darum muß stets (a) prinzipiell die Möglichkeit eines neuen Diskurses offenstehen – (b) und sie wäre obsolet, wenn Würde und Unparteilichkeit «dazwischen» im Handeln nicht gelten und ich meinen aktuellen oder potentiellen Mitdiskutanten dann eben massakrieren dürfte. *Würde und Unparteilichkeit als universale Basis eines gerechten Zusammenlebens müssen demgemäß für Diskurse als Prozeduren u n d für ihre Ergebnisse gelten.* Denn ein Diskursergebnis, z. B. ein Gesetz oder ein sonstiges Handeln, setzt ja mit den Rahmen für weitere Gespräche. Und ich weiß ja nicht, ob mein Mitdiskutant das Gespräch wieder aufnimmt und erst dann den zündenden Grund bringt. *Diese Handlungs- plus die Potentialitätsseite von «Grund» errichten einen Raum der Liberalität, der eben auch die Momente abdeckt, wo ich aktuell gar nicht diskutiere.* Übrigens zeigt sich hier, daß der verbreitete Vorwurf, daß Diskurstheorien Kleinkinder und geistig Schwerstbehinderte rechtlos stellen, falsch ist: Bei Kleinkindern reicht die *künftige* Diskursteilnahme als Grund ihrer Rechte – und bei Behinderten genügt die immer bestehende theoretische Möglichkeit, sie vielleicht eines Tages zu heilen.

Aus der somit umfassend gebotenen Autonomie und Unparteilichkeit folgt logisch ein umfassendes Recht auf Freiheit im Sinne von «Abwesenheit von Zwang aller Art». Denn nur mit einem solchen Recht kann ich *autonom* über meine Lebenspläne – von denen wir *unabhängig von Sonderperspektiven* keinen besonders bevorzugen dürfen – entscheiden. Dieser Zusammenhang leuchtet auch Liberalismuskritikern ein. Ihre Zweifel richten sich neben der Ableitung von Achtung und Unparteilichkeit aus der Vernunft – die soeben ohne kulturrelative oder instrumentell rationale Zusätze als möglich erwiesen wurde – eher darauf, daß die Vernunft als solche unhintergehbar ist. Gerade Skeptiker sagen gern: «Es mag ja sein, daß, wenn die normative Vernunft möglich wäre, Gerechtigkeitsaussagen vernünftig sein müßten (mit der Folge Achtung usw.). Nur wir bestreiten eben gerade das.» Doch dieses Bestreiten hebt sich eben selbst auf – ganz abgesehen von den anderen Fehlern skeptischer oder kontextualistischer Gerechtigkeitslehren. Denn wer das Begründen unmöglich nennt (weil in dogmatischen Setzungen endend), dabei aber selbst die Kategorie «Grund» gebraucht, indem er die Unbegründbarkeit begründet – und zudem auch sonst im Leben selbst die Kategorie Grund verwendet –, widerspricht sich ja selbst. Gleiches gilt bekanntlich für den, der leugnet, daß es universal richtige Wertungen gebe. Denn entweder meint er dies nur subjektiv (und dann widerlegt es nichts), oder er meint es objektiv – und dann setzt er richtige Wertungen auf einmal selbst als möglich voraus. Denn ob es Wertungen gibt, ist selbst eine Wertung und keine beobachtbare Naturtatsache (sagt der Skeptiker nun, diese Frage läge auf einer «Metaebene» und sei daher doch eine Tatsache, wäre dies eine beliebige dogmatische Behauptung, die folglich nicht zu überzeugen vermag). *Damit sind Vernunft und universale Richtigkeit* möglich. *Und vernünftige Ordnungen sind auch* notwendig, *weil (a) die ihrerseits alternativlose Unparteilichkeit dies impliziert. Denn nur mit Gründen können wir klären, was allseits zustimmungsfähig ist, und nur in einer vernünftigen Ordnung können Gründe sinnvoll geprüft werden. Ferner ist (b) die Rationalität dadurch impliziert, daß eine universale Ebene der Richtigkeit unleugbar ist, gleichzeitig aber jede andere Gerechtigkeitsidee scheitert.* Kurz: Die liberalen Prinzipien folgen ja bereits aus unserem gelegentlichen Vernunftgebrauch durch die Implikationen von Grund. Gleichzeitig fordern diese Prinzipien dann aber eben den ständigen Vernunftgebrauch. Die Vernunft muß dabei nur in Gerechtigkeitsfragen herrschen, wo ja unsere einmal geäußerten Gründe die liberalen *Gerechtigkeits*prinzipien generieren, die dann ihrerseits Vernünftigkeit in *Gerechtigkeits*fragen einfordern, nicht dagegen in Fragen des guten Lebens – denn «Grund» impliziert keine allgemeinverbindliche Ästhetik oder Glücksform. Diese bleibt in unserer Freiheit (und umgekehrt implizieren ästhetische Diskurse auch ihrerseits nichts Allgemeines oder die Gerechtigkeit Verdrängendes). Selbst für die Gerechtigkeit bedeutet all dies keine Diskurspflicht. Denn unsere Freiheit, unsere Autonomie und selbst unsere Diskurse würden unter einem solchen Diktat zur Vernunft eher leiden.

Auf all dies könnte der Skeptiker jetzt aber antworten, daß er dann eben das Gebot der Widerspruchsfreiheit mitbestreite, das ja die logische Grundlage aller transzendentalen Argumente ist. Jedoch ist es erneut ein Widerspruch, die Widerspruchsfreiheit und damit die Logik – also die Möglichkeit des Schließens von A auf B, die ja darauf beruht, daß innerhalb eines Aussagesystems keine Widersprüche zulässig sind – zu leugnen und dann selbst aus dieser Leugnung zu schließen: «Wenn ich das Gebot der Widerspruchsfreiheit bestreite, *dann* bin ich auch nicht an den Liberalismus gebunden.» Denn dann setzt der Skeptiker die Logik sofort wieder voraus, denn er zieht selbst einen Schluß (hier sieht man übrigens, daß der Kernbestand der Logik selbst ebenfalls nicht wirklich angreifbar sein dürfte). Daran ändert es nichts, wenn z. B. Richard Rorty einwendet, man dränge ihm hier die liberale Sprache auf, die er doch gerade überwinden wolle. Denn er nimmt diese Sprache ja vielmehr selbst in Anspruch. Um die Logik kommt ein Mensch, der sich nicht lebenslang auf Schweigen und Ausrufe beschränkt, eben nicht herum. Und sobald jemand meinen Thesen mit Gründen widerspricht, bestätigt er ihre Alternativlosigkeit von Neuem, indem er sich der Vernunft und ihrer Implikationen bedient.

Daher sind die normative Vernunft und die Folgerungen Achtung, Unparteilichkeit, Freiheit *für alle Menschen* die universale Basis. Weder die Vernunftbasis der Grundordnung noch die liberalen Prinzipien selbst können wir noch zurückweisen, sobald wir auch nur einmal im Leben mit Gründen gestritten haben. Dann sind wir, selbst wenn wir jetzt plötzlich nur noch schweigen, im Universalismus gefangen. Warum? Weil alle potentiellen Gesprächspartner Adressat unserer einmal geäußerten Gründe sind und uns so fortwährend binden – und weil auch die unauflösliche Verflechtung von Diskurs und Handeln ein Netz normativer Bindungen über uns wirft. Selbst wenn wir ab sofort aufhörten, in Gründen zu sprechen, würde dies ergo nichts ändern. Zudem ist dieses das «Ab heute Schweigen» dem Menschen als Menschen praktisch *unmöglich*, so daß wir unsere Bindung an die Vernunft, Achtung, Unparteilichkeit und Freiheit täglich erneuern, sobald wir sprechen. Erst recht unmöglich ist es, sich dem Medium «Grund» *lebenslänglich* zu verweigern. Und selbst durch lebenslange Abstinenz von Gründen könnte man den Liberalismus nur zurückweisen, wenn *ich* die Beweislast für die Gerechtigkeit habe und nicht der Skeptiker (was durchaus unklar ist). Nach alledem müssen ein gerechtes Handeln und eine gerechte Ordnung liberal sein.

Entgegen Alexy sind mit dem Gesagten nicht nur einzelne, besonders offenkundig diskursrelevante Freiheiten wie die Meinungs-, Versammlungs- oder Vereinsfreiheit universal geboten. Allen Menschen ist vielmehr eine umfassende Freiheit versprochen, ihr Leben nach eigenen Vorstellungen einzurichten. Dazu gehören dann aber *sämtliche denkbaren Freiheiten*, wie wir sie aus dem Kanon der menschenrechtlichen Tradition kennen. Nur dies respektiert die Autonomie voll – im Sinne von möglichster Abwesenheit von Fremdbestimmung. Wer z. B. in seiner Berufsfreiheit, seinem Briefgeheimnis, seiner Eigentumsfreiheit, seiner Pressefreiheit oder seiner räumlichen Freizügigkeit behindert würde, hätte damit weniger Optionen, sich zu bilden, seine Persönlichkeit zu entwickeln, andere Leute kennenzulernen – und damit wäre er letztlich auch weniger in der Lage, sich in freier Überzeugung unseren Gründen zu stellen. Wer dem Mitmenschen *nicht maximale* Freiheit einräumte, würde ihn darum zugleich in seiner Autonomie nicht voll achten, weil er ihn stärker beschränken würde, als dies zur Sicherung der Autonomie aller anderen nötig ist. Zudem wäre man dann nicht unparteiisch, weil man so bestimmte Lebenspläne mehr befördern würde als andere.

Dies ist also der Raum für unsere Diskurse über das Gerechte. Achtung, Unparteilichkeit, Freiheit sind aber nicht nur *normativ*, sondern *auch instrumentell* rational einleuchtend, das heißt, sie wären auch für einen puren Egoisten nützlich – soweit man annimmt, was für religiöse Fundamentalisten freilich nicht gilt, daß Abwesenheit von Bürgerkrieg etc. für fast alle Menschen äußerst wichtig ist. Diese instrumentelle Rationalität läßt sich, wenn man die Friktionen solcher (letztlich skeptizistischen) Präferenztheorien einmal einklammert, zeigen, wenn man betrachtet, welche Zustände historisch eintraten, sobald Würde, Freiheit usw. nicht beachtet wurden. Denn dann erkennt man die «Eigennützigkeit» des liberalen Staates für den Frieden der Bürger. Verfassungshistorisch entstanden ist die Vorstellung, daß ein distanziert-unparteiliches Urteil ein gutes Urteil ist, im Kontext des protestantischen Rationalisierungsstrebens sowie im Gefolge der kriegerischen Auseinandersetzungen zwischen Katholiken und Protestanten im 16. und 17. Jahrhundert (die namentlich Hobbes und Locke stark beeindruckt haben). Der britische Bürgerkrieg, der Dreißigjährige Krieg und der niederländische Unabhängigkeitskrieg waren nicht nur durch Grausamkeit, sondern auch durch mangelnde Distanz der Akteure zu ihrer je eigenen Religion (und damit durch mangelnde Unparteilichkeit) geprägt. Ähnliches ließe sich von der Ketzer- und Hexenverfolgung sagen, die in beiden Konfessionen im 16. Jahrhundert ihren Höhepunkt erreichte. Jene historischen Abläufe weckten Zweifel daran, ob eine metaphysisch-religiöse oder auch eine kontextualistisch-traditionsorientierte Konzeption der Gerechtigkeit wirklich geeignet wäre, die schlimmsten Auswüchse menschlicher Launen einzudämmen. Vielmehr hatte es gerade den Anschein, daß die Gebote, die von den jenseitigen oder gemeinschaftsbezogenen Instanzen als «objektiv» gesetzt wurden, eine Ideologie lieferten, die höchst ungute menschliche Neigungen gerade förderte. Daraus ergibt sich zwanglos eine starke Position des einzelnen mit Freiheitsrechten – die der Staat (siehe Kap. IV C.) auch gegen die Mitbürger schützt und die mich durch gewaltenteilige Demokratie auch vor dem Staat selbst schützt. Dazu kommt, daß der wohlstandsschaffende Kapitalismus rechtssichere Freiheit braucht. All dies ist auch für rein eigennützig Denkende einleuchtend.

Instrumentell rational erscheinen Achtung und Unparteilichkeit ferner insoweit, als sie die einmal geschaffene Friedensordnung stabilisieren, indem sie Akzeptanz für staatliche Streitentscheidungen durch Gesetz, Verwaltungshandeln und Gerichtsurteil ermöglichen: Auf Befolgung können faktisch am ehesten Entscheidungen von Instanzen rechnen, die unparteiisch, unvoreingenommen und allgemeinverbindlich entscheiden. Auch bei der Nachhaltigkeit wäre ein «Verzicht» für uns im Zweifel am ehesten erträglich, wenn alle anderen den gleichen Verzicht leisten müßten. Doch benötigt die Gerechtigkeits*begründung* die instrumentelle Vernunft bekanntlich nicht wirklich, da sie auch ohne den Eigennutzenrekurs gelingt. Die *faktische Durchsetzung* der Nachhaltigkeit wird sich dagegen als auf instrumentelle Rationalität dringend angewiesen erweisen. Doch das ist eine andere Frage: Denn die Durchsetzbarkeit einer Norm tangiert die Begründung nicht, weil man sonst den allgemeinen Satz begründen müßte: «Eine Norm, der faktisch zuwidergehandelt wird, ist deshalb unrichtig.» Ich denke nicht, daß sich dieser Satz irgendwie begründen läßt. Zudem läge ein naturalistischer Fehlschluß vor – weil man von etwas Faktischem (geringer Durchsetzbarkeit) auf die (Un-)Richtigkeit schlösse. Also benötige ich entgegen z. B. Alexy zur Begründung *keine* instrumentelle Vernunft.

Es gibt sie also, die universale Gerechtigkeit! Die liberalen Prinzipien sind universal alternativlos – und zwar rein normativ rational, ohne kulturrelativen Zusatz, ohne dogmatische Setzung, ohne «Sonderstatus des Handelns», ohne Beschränkung auf nur einzelne Aspekte der Freiheit, ohne «Pflicht zum Diskurs» und mit einer Betonung der maximalen Autonomie der Menschen. Die von mir gesuchte «Alternativlosigkeit» sowie die transzendentale Unbestreitbarkeit sollten gleichwohl nicht als echte «Letztbegründung» bezeichnet werden (so aber Apel). Denn jede menschliche Einsicht ist fallibel: Ihre Basis oder weitere Ableitungen *könnten* falsch sein; und ich erreiche den nicht, der nicht wenigstens einmal im Leben diskutiert. Zudem sind liberale Prinzipien nicht einfach als Verkörperung einer objektiven Vernunft, die im Raum schwebt, schlicht «da». Vielmehr sind wir es, die sie erzeugen!

Menschen sind endliche Subjekte – doch wir bringen durch unser Reden ein intersubjektives Universum normativer Prinzipien zum Entstehen, welches uns lebenslang bindet. Und das doppelte transzendentale und Alternativlosigkeitsargument für Vernunft und liberale Prinzipien (ganz abgesehen vom weiteren Argument «Widerlegung der Gegentheorien») hält auch dem Ansturm kritischer Nachfragen stand, denen es sich in einer globalisierten, kulturell pluralistischen Welt stellen muß. Unschädlich ist etwa – wie ich auf eine gängige Kritik an einem diskursiven Liberalismus erwidern möchte –, daß sich auch bei Sicherstellung maximaler gleicher Freiheiten nie völlig ideale, von jeglichem Zwang, materiellen Nöten, psychischen Belastungen, begrenzter Intelligenz oder Zeit freie Diskurse über Gerechtigkeit unter Menschen ergeben werden. Denn da Menschenunmögliches nicht verlangt werden kann, *können* Normen nur das regeln, was eben regelbar ist. Die Grundordnung muß darum nicht absolut ideale, sondern mit den Freiheiten nur möglichst ideale Diskurse ermöglichen. Sie muß also das menschenmögliche Maß an Gerechtigkeit realisieren. Denn Normen sollen Konflikte lösen – und eine definitiv irreale Ordnung löst kein Problem. Diese einfache Überlegung verdeutlicht zugleich, warum die vernunftgebotene Gerechtigkeit (entgegen einer etwas angestaubten Unterscheidung) deontologisch *und* konsequentialistisch zugleich sein muß: Es werden universale Prinzipien hergeleitet – diese aber müssen dann so angewandt werden, daß jene Prinzipien auch wirklich möglichst weitgehend real werden können. Keinesfalls ist Konsequentialismus gleich Utilitarismus (zu dessen Fragwürdigkeit in Kap. II A.).*

Ein weiterer Punkt: Keinesfalls lege ich mit alledem schlicht eine auf den Westen begrenzte «sprachliche Besonderheit» des Wortes

* Einen «guten Willen» allein halte ich also für moralisch uninteressant. Er ist nur insoweit relevant, als man sagen kann, daß er regelmäßig die nötigen Diskurse und Handlungen wahrscheinlicher macht.

«Grund» zugrunde: Auch ein Angehöriger einer völlig «unwestlichen» Kultur wie etwa ein Trobriander verwendet, sobald er Sätze mit «weil, da, deshalb» oder sinnverwandten Ausdrücken spricht, die Kategorie Grund – auch er darf darum an den Implikationen dieser Kategorie, die er ja selbst zustandegebracht hat, festgehalten werden. Ich versteckte also nicht etwa (wie es Alexy und Apel nachgesagt werden könnte, da sie an den Charakter von «Sprache» und menschlichen «Behauptungen» anknüpfen) meine Folgerungen in einer widersinnigen Verwendung oder beliebigen Setzung des Begriffs «Grund»! Der hier vertretene Ansatz ist vielmehr eine schlichte Rekonstruktion dessen, was jeder Mensch unweigerlich voraussetzen muß, wenn er als menschliches Wesen lebt. Natürlich kann es passieren, daß ein Trobriander transzendentale Argumente faktisch seltsam findet. Dies ändert, da auch der Trobriander sich mit der Verwendung der Kategorie «Grund» angesichts ihrer logischen Implikationen bindet, aber nichts an der Begründetheit des Universalismus* – es erschwert «nur» die faktische Durchsetzung,

* Freilich scheiden wegen der Orientierung auf äußere Konfliktlösung und Autonomie «Rechte auf (diskursförderliche) innere Einstellungen» der Diskurspartner aus. Diese sind nicht nur unmöglich; Gerechtigkeitssätze über innere Einstellungen sind auch mit der Freiheitlichkeit eines liberalen Staates, der nur das äußere Verhalten zu regeln hat, schwer vereinbar – und dürften zudem auf eine Art Vernunftdiktatur hinauslaufen. Auf die «innere Einstellung» darf man daher in liberalen Ordnungen nur insoweit einwirken, wie dies nötig ist, um ein äußeres Handeln zu verhindern, welches die liberalen Grundprinzipien verletzen würde. Darum ist z. B. eine schulische Erziehung hin zu Achtung, Unparteilichkeit und Freiheit zulässig – nicht indes die Forderung, die Bürger mögen sich mehr lieben. Fehl geht bei alledem der an Platon erinnernde Einwand von Vittorio Hösle, das Achtungsprinzip könne allenfalls eine «objektive Idee» sein, aber nicht diskursethisch begründet werden, daß eben nicht jeder etwas zu Diskursen beitragen könne. Denn erstens gibt es (siehe schon zu Kant Kap. II A. und II C.) keine «objektiven Gerechtigkeitsideen», die sich positiv aus der Vernunft beweisen ließen. Wo sollten diese herkommen? Vielmehr entsteht die universale Normativität erst dadurch, daß Vernunftwesen mit Gründen über sie zu streiten beginnen. Zweitens bräuchte Hösle eine «Liste guter Gründe» und eine komplexe Theorie der Intelligenz, anhand deren man feststellen könnte, welche Menschen intellektuell in der Lage sind, Argumente zu bringen oder auch nicht. Und eine solche Theorie wird es wohl nie geben – auch wenn konservative Denker wie Platon dies stets geglaubt haben (und konsequenterweise auch keine Demokraten waren). Drittens folgt die gleiche Achtung daraus, daß ich die Kategorie «Grund» gebrauche – und diese impliziert, daß sich jeder, der ein potentieller Adressat meiner Gründe sein könnte, frei von dem Gesagten überzeugen kann (was unabhängig von der jeweiligen Intelligenz ist). Überdies kann auch ein «Dummer» im konkreten Einzelfall den entscheidenden Punkt bringen;

weil der Universalismus manchen Menschen u. U. faktisch nicht gefällt.** Völlig unverständlich werden die logischen Voraussetzungen unseres moralischen Redens jedenfalls für *keinen* Menschen sein – auch nicht für einen Trobriander.

Man kann auch nicht sagen, daß ein liberaler Universalismus hier fremden Kulturen minutiöse, «kulturimperialistische» Vorgaben machen würde: Zum einen kollidieren Freiheiten (die allerdings in der Tat gemeinsam mit den zahlreichen aus ihnen ableitbaren Prinzipien und mit den liberalen Basisprinzipien den Umfang gerechter Politik *abschließend* bestimmen: Kap. IV) sehr häufig untereinander. Schon das erzeugt große Spielräume für Gesellschaften und Staaten, die wir in Kap. IV–V ausloten werden, da die damit nötigen Abwägungen ganz unterschiedliche Lösungen erlauben. Zum anderen und vor allem, das macht z. B. Taiwan vor, erlaubt die Freiheit – indem sie den Bereich, in dem nicht die Freiheit mehrerer Bürger betroffen ist, ganz dem privaten Belieben überläßt – es den Bürgern gerade, beliebige kulturelle und auch kollektive Lebensformen zu pflegen. Wenn z. B. taiwanesische Frauen gern «dem Manne untertan» sein möchten, verbietet ihnen das eine liberale Ordnung nicht – es wird nur dem Mann die Befugnis genommen, seine Frau gegen ihren Willen an einer Erwerbsarbeit zu hindern. Fest vorgeschrieben werden von einem liberalen Universalismus also nur bestimmte Grundprinzipien (wobei diese aber auch die nötigen Abwägungen vorstrukturieren: Kap. V). Ihre Konkretisierung obliegt dem vorstrukturierten Diskurs. Neben der Sache läge hier die ganz pauschale Forderung, «mehr Toleranz mit nicht-liberalen Kulturen» zu

jedenfalls kann man dies nie ausschließen (man erkennt hier den diskursethischen Mittelweg: «platonisch-fester» Diskursrahmen und Mehrheitsspielräume innerhalb dessen). Ins Leere geht dabei Hösles Kritik an der von Apel behaupteten Unmöglichkeit einer «*Privat*sprache». Denn mein Ansatz knüpft nicht an «Sprache als *Verständigung*» und «Diskurspflicht», sondern schlicht am Begründen an – es kommt also nicht darauf an, ob die menschliche Sprache per se die gleiche Achtung impliziert (woran man zweifeln kann), sondern ob die Kategorie «Grund» dies impliziert.

** Unbeachtlich wäre übrigens der Hinweis, daß Autonomie auch kollektivistisch verstehbar sei, daß sich z. B. ein Japaner regelmäßig im Gespräch verbeugt und sich u. U. einem Kollektiv unterordnet. Nur besteht ein solches Verbeugungsgebot eben nicht: Denn die offene Vernunft führt ja dazu, daß der Kategorie «Grund» nur das entnommen werden kann, was wirklich *jedem* Menschen zugeschrieben werden kann. Dazu gehört die Achtung für das Individuum, das ja als Individuum Gesprächspartner ist – was sicher bedeutet, daß man den Gesprächspartner nicht anspucken darf, nicht aber eine Verbeugungspflicht impliziert.

üben. Soll man etwa die Folterung Oppositioneller oder die unfreiwillige Witwenverbrennung in Indien als «kulturelle Besonderheit» akzeptieren? Warum sollte z. B. ein Gottesstaat, der sich nur gewaltsam halten kann, eine Art Biotopschutz genießen, wo doch der Respekt vor dem Individuum transzendental geboten, der Kontextualismus dagegen unhaltbar ist? Dieser Punkt ist für eine zerstrittene Welt so wichtig, daß er uns noch wiederholt beschäftigen wird.

Freilich könnte man einen weiteren Einwand erheben und sagen, meiner Theorie unterlaufe ein naturalistischer Fehlschluß (wie schon Rawls), weil sie von einer rein faktischen Verwendung der Kategorie «Grund» aus – mag sie auch universal allen Menschen gemeinsam sein – eine normative Theorie baue. Zutreffend an dem Einwand ist, daß die Verwendung der Kategorie «Grund» (anders als ihre Implikationen Achtung und Unparteilichkeit, die *logisch* und nicht empirisch durch Erfragen der faktischen Ansichten des Sprechers gewonnen werden) in der Tat etwas Faktisches ist. Gleichwohl scheitert der Einwand. *Erstens* ist ein bloßes Faktum für normative Theorien dann *sehr wohl* relevant, wenn es eine *Unmöglichkeit* signalisiert. So ist es z. B. nicht nur ein Problem der Durchsetzbarkeit, sondern schon der Begründung, daß die Norm «Ihr sollt alle jeden Morgen zum Mars joggen» nicht lebbar ist. Denn Normen sollen Konflikte lösen; und Normen, die nicht nur schwer, sondern schlicht *gar nicht* durchführbar sind, lösen keinen Konflikt (selbst wenn es abstrakt irgend etwas für sich haben sollte, wenn wir alle regelmäßig zum Mars joggen würden). Darum sind unmögliche Normen nicht nur undurchsetzbar, sondern auch falsch (weswegen auch die Norm falsch sein dürfte, daß wir *keine* Konflikte lösen sollen). Und es ist eben nicht einfach nur ein beliebiges Faktum, daß Menschen in Gründen sprechen. Es kommt faktisch *nicht* vor, daß ein Mensch nie in Gründen spricht – und es dürfte für Menschen auch existentiell *unmöglich* sein, dies nie zu tun. Ergo begehe ich keinen naturalistischen Fehlschluß – denn meine Basis bildet eben eine Unmöglichkeitsthese. *Zweitens* könnte ich sagen: Jede andere Gerechtigkeitstheorie zieht zumindest *weitergehende* naturalistische Fehlschlüsse und leidet zudem an noch weiteren Defekten, so daß eine diskursrationale Theorie in jedem Fall das «kleinere Übel» ist. Denn ihre «Faktenbasis» ist zumindest minimal. Und jenseits dessen argumentiere ich gerade nicht empirisch.

Nun könnte man aber weiter fragen, ob man die liberalen Prinzipien als logische Implikationen des Begründens und damit des Menschseins aus den Angeln heben kann, indem man sie mit einem endlosen Diskurs des Zweifelns überzieht. Kann man nicht fortwährend verlangen, die Begründung der liberalen Prinzipien noch einmal zu erörtern, bevor man sich an sie zu halten bereit ist? Doch dies gelingt nicht. *Erstens* ist ja auch der an Achtung usw. gebunden, der die Richtigkeit der diskursrationalen Ableitung «nicht einsieht», weil diese nicht auf faktischer Akzeptanz und Durchsetzbarkeit, sondern auf einer Rekonstruktion menschlicher Redevoraussetzungen (Kategorie «Grund») beruht. Insbesondere ist die hiesige Diskurstheorie keine Theorie der faktischen konsensualen Zustimmung (wie es viele Habermas unterstellen), sondern eine Theorie der Zustimmungs*fähigkeit* im Sinne von Unabhängigkeit von Sonderperspektiven. *Zweitens* wäre die nötige Konfliktlösung zwischen Menschen, die der Sinn von Normen ist, aufgehoben, wenn man jemandem, der schlicht «auf stur schaltet», ein Vetorecht gegen die Gerechtigkeit einräumen würde (wie er es auch bei der Idee «faktischer Zustimmung» hätte). Und dann würde einfach *jeder* Gerechtigkeitsansatz scheitern. *Drittens* mißdeutet der fiktive Einwand die Fallibilität von Theorien: Natürlich muß immer wieder überlegt werden, ob eine liberale Theorie wirklich die richtige Grundordnung angibt, und unsere Entscheidungen müssen veränderungsoffen bleiben. Das heißt aber nicht, daß in der Zwischenzeit das vorläufig als richtig Erkannte unbeachtlich wäre. Andernfalls könnten Normen *nie* Konflikte lösen, da wir unendlich lang «abwarten» müßten.

Übrigens heißt Fallibilität nicht Subjektivität oder Beliebigkeit, und es heißt auch nicht, daß Gerechtigkeit immer durch irgend jemanden «*definiert*» werde. Es geht hier nicht um (in der Tat beliebige) Definitionen von *Begriffen*: Es geht vielmehr um (begründbare und damit nicht beliebige) *Inhalte*. Diese Unterscheidung ist vielen konstruktivistisch beeinflußten Zeitgenossen leider völlig unklar. Um es bildlich auszudrücken: Natürlich kann ich dieses Ding zum Sitzen hier auch «Eichhörnchen» nennen anstatt Stuhl (= Definition), wenn ich das unbedingt möchte. Letztlich ist das in der Tat beliebig. Nicht beliebig ist dagegen, ob hier vor mir gerade tatsächlich ein Stuhl steht oder eben nicht (= Inhalt). Ebenso ist es mit der Gerechtigkeit: Natürlich könnte ich statt «Gerechtigkeit» in diesem gesamten Buch auch stets «Eichhörnchenheit» oder gar «Gnampfigkeit» schreiben. Nur würde dies an meinen inhaltlichen

Argumenten nicht das geringste ändern. Wenn jemand möchte, darf er auch gern das Wort «(Un-)Gerechtigkeit» für seinen innerlichen, in Tränen aufgelösten Zustand reservieren, in dem er sich befindet, wenn er z. B. ein Asylbewerber aus Deutschland abgeschoben wird. Nur entledigt sich dieser Jemand durch diese *Begriffs*definition nicht der unangenehmen *inhaltlichen* Nachfrage: Wann ist denn nun aber die Grundordnung einer Gesellschaft richtig bzw. «gnampfig»? Und: Was ist an Abschiebungen genau auszusetzen und warum? Damit langen wir wieder bei meiner inhaltlichen Argumentation an. Und für sie sahen wir gerade, daß sie zu rationalen und nicht zu «beliebigen» Ergebnissen führt.

Unberechtigt wäre auch ein weiterer denkbarer Vorwurf: daß eine diskursrationale Gerechtigkeit auf dem Weg zur Nachhaltigkeit eine Vernunftdiktatur erzeuge, indem sie sich statt an eine Mehrheit an abstrakte Kriterien wie allgemeine Zustimmungsfähigkeit, Autonomie und Freiheit binde. Schon durch die vorliegend vollzogene strikte Trennung zwischen Begründbarkeit einerseits und faktischen inneren Motiven und Durchsetzbarkeit andererseits sowie zwischen Gerechtigkeit und gutem Leben (die ich freilich bisher nur andeutete und im Freiheitskapitel vertiefen muß, da sie aus der Freiheitsidee folgt) kann dieser typische Skeptikervorwurf gegenüber Rationalisten, der vielleicht Kant noch z. T. berechtigt getroffen hätte, zurückgewiesen werden. Denn *erstens* bleibt es (darin widerspreche ich Kant und Habermas) den Bürgern unbenommen, den normativ rationalen Gerechtigkeitsprinzipien (denen sie normativ rational gehorchen müssen, weil jeder Mensch als Mensch an sie gebunden ist) aus *anderen* Motiven zu folgen – sofern ihr Verhalten auch normativ rational gerechtfertigt werden *könnte*! Beispiel: Das Diebstahlsverbot ist unparteiisch und daher gerecht. Ein Bürger, der sich daran hält, handelt gerecht – auch dann, wenn er z. B. aus bloßer Konformität oder aus eigennutzenorientierter Furcht vor Sanktionen so handelt. *Daß* eine Leugnung irgendwelcher Gerechtigkeitspflichten in puncto «innere Einstellung» (und die Herabstufung der Einstellung zur bloßen Durchsetzbarkeitsfrage) richtig ist, folgt m.E. daraus, daß Gerechtigkeitsnormen Konflikte lösen sollen und daß dazu ihre allgemeingültige Festsetzung möglich sein muß. Zumindest letzteres scheitert für innere Einstellungen. Zudem wäre es eine valide Gefährdung des freiheitlichen Staates, wenn man eine «allgemeine», womöglich gar rechtlich durchzusetzende Tugendlehre behauptet, die den einzelnen zwingt, innerlich soundso zu denken. Denn ohne Gesinnungsschnüffelei wäre eine solche «Pflicht zu einer bestimmten Einstellung» nicht implementierbar. Soviel zur Frage der inneren Motive.

Zweitens wird die Freiheitstheorie endgültig zeigen, daß man in dem großen persönlichen Bereich, der nur einen selbst betrifft, auch im äußeren Verhalten so «irrational» *handeln* darf, wie man will: Private Handlungen, Einstellungen und private Diskurse dürfen also z. B. rein an Gefühl, Kosten/Nutzen oder Konformität (bzw. Metaphysik, Tradition, Skepsis) orientiert sein. Diese Fragen des «guten Lebens» bleiben den Bürgern überlassen. *Drittens* erlegt eine liberale Theorie den Bürgern nichts diktatorisch von außen auf. Vielmehr rekonstruiert die diskursrationale Gerechtigkeitstheorie eben genau die Bedingungen, die sich der Mensch als Mensch selbst auferlegt, wenn er in Gründen spricht (und dieses Sprechen ist für Menschen eben unvermeidbar). Anders als klassische Diskursethiken wird bei alledem die Autonomie als Eigenwert nicht unterbelichtet; ja, sie wird allererst *begründet* (ebenso wie eine genaue Konturierung politischer Spielräume möglich werden wird: Kap. IV–V). Man sieht hier auch, daß ich keineswegs einen bloßen *Glauben* an die Vernunft propagiere. Sicher ist das Denken und Werten im Geiste von Unparteilichkeit und Rationalität nicht immer einfach. Unmöglich ist es aber keinesfalls.*

* Eine anarchistische Position, die den Staat abschaffen möchte, scheitert ebenfalls, und zwar an der Empirie: «Von selbst» stellt sich eben kein konfliktfreies Zusammenleben ein. Eine anarchistische Position ist daher nur konsistent, wenn sie die Aufgabe der Zivilisation anstrebt. Trotzdem ist der Staat richtigerweise bloß die Selbstorganisation der Gesellschaft und ein seinerseits freiheitsgefährdendes Phänomen (daher die Grundrechte). Jede Staatsmetaphysik verbietet sich daher von selbst. Auch deshalb nenne ich mein Thema «Rechtfertigung/Gerechtigkeit der Grundordnung» und nicht «Legitimation des Staates» (wie dies Hobbes, Hegel und Schmitt tun). Die Frage ist, wie in gerechter Weise zusammengelebt werden kann – und nicht wie ein «vorrechtliches Phänomen Staat» zu legitimieren ist (zumal der Staat, siehe soeben, nicht selbstverständlich, sondern zu begründen ist). Noch etwas: Vielleicht mag eine religiöse oder traditionelle Ordnung weniger «kühl» wirken. Doch wer die emotionale «Hitze» zur Basis wählte, könnte mit jener Hitze die des Scheiterhaufens für geistige Abweichler wählen. Denn emotional liegt noch heute vielen ein Verhalten nicht völlig fern, welches auf einen Rückfall in barbarische Formen des Umgangs miteinander hinausliefe (z. B. Lynchen von Sexualstraftätern). Doch damit würde echte *Konfliktlösung* umfassend in Frage gestellt – zugunsten eines Rückfalls in die Anarchie der freien Wildbahn.

Des weiteren kann man auch nicht im Geiste vieler Ökonomen und Systemtheoretiker einwenden, meine Konzeption scheitere daran, daß es in Wirklichkeit «viele verschiedene Rationalitäten» gebe, etwa so: «Na, für den multinationalen Konzern X ist es eben rational, indonesische Arbeiter schlecht zu bezahlen, weil er Gewinn machen möchte – für die indonesische Volkswirtschaft insgesamt ist das dagegen nicht rational, weil dann die allgemeine Armut zunimmt. Also läßt sich gerade nicht allgemein sagen, was rational ist.» Hier liegt jedoch ein Mißverständnis vor; denn die eben genannten Beispiele beziehen sich auf die instrumentelle und nicht auf die normative Rationalität. *Natürlich* kann die *instrumentelle* Rationalität einer Maßnahme, die ja die Wahl möglichst effektiver Mittel zur Realisierung eines als richtig vorausgesetzten Ziels meint, sehr unterschiedlich beurteilt werden, je nachdem welches (häufig, aber nicht immer eigennützige) Ziel man zugrunde legt (und im Beispiel haben der Staat und das Unternehmen eben nicht das gleiche Ziel). Doch kommt es hier nur dann zu «vielen verschiedenen Rationalitäten», wenn man annimmt, daß die Ziele/Präferenzen/Werte als solche beliebig und nicht rational klärbar sind – und genau dies ist bekanntlich *falsch*. Mehr noch: Auch dort, wo bei der *normativen* Rationalität wirklich (Abwägungs-)Spielräume entstehen, geht es nicht um «viele Rationalitäten»; es geht immer nur um die eine menschliche Fähigkeit, Fragen mit Gründen zu entscheiden.

Daß die hier entwickelte, nachhaltigkeitsvorbereitende Konzeption universal und eher empiriefrei ist, heißt nun auch nicht, daß sie «kontextblind» wäre. Natürlich sagt die Theorie nicht: «Im Iran dient die Frau eben faktisch dem Mann, also ist das auch gut so.» Doch *erstens* verpflichtet mich die Freiheit ja zu nichts. Unter anderem erlaubt die Freiheit den Bürgern jegliche private «Gemeinschaftsbildung», wie sie etwa für die taiwanesische oder japanische liberale Demokratie typisch ist; der Staat darf lediglich die Individuen nicht *zwingen*, sich Kollektiven wie Familien, Sekten o. ä. unterzuordnen. Damit werden «kulturelle Besonderheiten» keinesfalls völlig ausgeblendet, ganz im Gegenteil: Die Menschen – vielleicht ja auch künftige und weit entfernte – erhalten einen nie gekannten Garantieraum für die Entfaltung ihrer persönlichen Lebenspläne. *Zweitens* gestehe ich Tatsachen – neben sozialen werden auch Naturtatsachen oft unscharf unter den «Kontextbegriff» gefaßt – zwar keinen begründenden Status zu. Doch Tatsachen bleiben ja für die

Norm*subsumtion* relevant. Beispiel: Je nach Wasserreichtum eines Landes (Tatsache!) könnte die Norm «der Staat soll das Existenzminimum der Bürger sichern» im einen Land den Bau von Bewässerungsanlagen erfordern, in einem anderen Land dagegen nicht. Die Norm «Existenzminimum» als solche bleibt aber davon unberührt.

Die liberalen Prinzipien können auch nicht durch ihre faktisch westliche Herkunft desavouriert werden. Natürlich wird der Liberalismus, *handlungstheoretisch-wissenssoziologisch* betrachtet, *auch* durch kulturelle Identifikation (Konformität) und Gefühle weitergegeben – und nicht nur durch reflexive, normativ rationale Neuvergewisserung. Rein faktisch hat er in der Tat eine «westliche» Herkunft. Doch selbst faktisch stimmt dies nicht ganz, da es z. B. Demokratietraditionen bis zurück zu archaischen Völkern gibt. Vor allem aber beweist der wissenssoziologische Herkunftsnachweis nicht, daß liberale Ideen nicht auch rational richtig sind. Denn was sollte (ohne naturalistischen Fehlschluß) eine Aussage über die rein faktische Erklärung einer Normherkunft mit der Frage nach der Richtigkeit jener Norm zu tun haben? Beispiel: Auch wenn ich den Rentner im Stadtpark faktisch nur deshalb nicht ausgeraubt habe, weil ich (instrumentell rational) nicht ins Gefängnis wollte, bleibt das Raubverbot trotzdem ein normativ rationales, in der Unparteilichkeit und Freiheit wurzelndes Gebot. Also: Die faktische Kontextgebundenheit eines Prinzips beweist nicht seine eigene Richtigkeit – aber sie widerlegt sie auch nicht! Die Ideologiekritik (= der Versuch, unredliche Motive wie Kosten-Nutzen-Erwägungen oder «historisch-okzidentale Zufälle» hinter den liberalen Gründen nachzuweisen) kann also nie etwas widerlegen. Sie kann aber stets eine nützliche Denkanregung sein.

Allein: Sind trotz alledem die Menschen in autoritären, gemeinschaftsorientierten Ordnungen – im Dritten Reich, in der DDR, in Afrika – nicht letztlich *glücklicher*? Diese Frage drängt sich auf, wenn doch Nachhaltigkeit und damit eine Konzeption für das Zusammenleben in dieser Welt angezielt ist. Wollen wir wirklich in einer kalten, rationalen Welt leben? Vielen scheint der liberale Universalismus hier zu straucheln. Nun ist die nur empirische Glücksfrage zwar kein Gerechtigkeitskriterium. Doch zumindest rein faktisch werden Menschen einen Staat, der ihnen Unglück bereitet, auf Dauer abschaffen. Deswegen ist es wichtig zu zeigen, daß die nachhaltige Gerechtigkeit keineswegs unglücklich macht, sondern gerade ein neuer Weg *zum Glück sein könnte*. Welches System macht also «glücklich»? Empirisch mag zutreffen, daß viele (nicht alle!) noch heute von ihrer goldenen Jugend in Nazi-Deutschland, von der schönen Zeit bei der Wehrmacht oder vom Gemeinschaftsgefühl in der Freien Deutschen Jugend der DDR schwärmen. Vielleicht kann man sogar allgemeiner sagen, daß sich viele Menschen mit der Möglichkeit, eine autonome Existenz zu führen, überfordert fühlen. Auch deswegen entstanden wohl der Marxismus und der Faschismus als antiliberale Bewegungen, welche «die Ideen von 1789 aus der Geschichte tilgen» wollten (Goebbels), just zu dem Zeitpunkt, als der Rationalismus weltweit tradierte Gewißheiten mit sich fortzureißen drohte. Ebensowenig dürfte das heutige Entstehen von Terrorismus ein Zufall sein – parallel zu entwurzelnden, als fremdbestimmt empfundenen Modernisierungsprozessen in der arabischen Welt. Ein Korsett starrer Regeln, wie es traditionalistischen Staaten eigen ist, zwängt nicht nur ein – es *hält* auch.

Trotzdem widerlegt dies den Liberalismus nicht, und zwar – abgesehen vom *naturalistischen Fehlschluß* (vom faktischen Glück auf die normative Gerechtigkeit) – aus vier weiteren Gründen: *Erstens* sollte man erst einmal zeigen, warum der Staat die Bürger zu beglücken hat. Ich meine, dies ist unbegründbar; zudem widerspricht es der transzendental unhintergehbaren Freiheitsidee (Kap. IV C.). *Zweitens* wird das Glück in autoritären Staaten fast stets über das Unglück (oder sogar den Tod) zahlloser anderer erkauft; Auschwitz ist sozusagen der besonders extreme «Preis» für die «schöne Kameradschaft bei der Wehrmacht», von der mancher Großvater schwärmt – ebenso denke ich an die zahllosen durch Angst und Einschüchterung psychisch Deformierten, die bitter dafür bezahlen mußten, daß andere gleichzeitig eine «schöne Zeit bei der FDJ» hatten. Wenn jemand diese äußerst negativen Zusammenhänge (oder gar die Deformationen, Konzentrationslager usw.) gar als solche leugnet, hat er offenbar nicht begriffen, daß die Konzentrationslager nur möglich waren, weil Hitlerdeutschland durch eine zumindest zeitweise sehr schlagkräftige Wehrmacht abgesichert wurde. Und wer sich jetzt gar das gemütliche Mittelalter «ohne Technik und Leistungsdruck» zurückwünscht, zeigt nur, daß er offenbar nicht weiß, was Hungersnöte und Pestepidemien sind – und welchen Erfolg es darstellt, daß der liberale Staat, dessen menschenrechtliche Rechtssicherheit die Basis kapitalistischer Entwicklungen darstellt, einen historisch nie gekannten Wohlstand ermöglicht hat.

Drittens ermöglicht es ein liberaler Staat seinen Bürgern ja gerade, das Glück auf je eigene Weise zu suchen und zu finden: Wenn ich will, kann ich auch in eine Sekte eintreten (nur darf ich andere nicht zu meinem Glauben zwingen). All diese Freiräume läßt mir ein autoritärer Staat nicht. Sehr «glücksfördernd» ist außerdem, daß der Liberalismus auch noch wirtschaftlich-technische Innovationen begünstigt – die, wenn man den Mangel an Nachhaltigkeit noch beseitigt, das Los aller Menschen in vielerlei Hinsicht erleichtern. Man denke nur an die moderne Medizin. Auch Islamisten können dies kaum bestreiten. *Viertens* ist der Liberalismus im Okzident und angesichts des Rationalisierungstrends bald wohl auch weltweit «unvermeidbar»: Denn wenn die Menschen zunehmend lernen, autonom über ihr Leben zu entscheiden, kann man dies kaum nach Belieben wieder vergessen. Darum gibt es zur liberalen Grundordnung, die eine je eigene Wahl der Lebensform ermöglicht, dauerhaft auf dieser Welt schlicht keine Glücks-Alternative mehr. Schon heute bilden sich global ähnliche Vorstellungen von einem gelungenen Leben heraus: Ähnliche Kleidung, gleiche Kinofilme, die gleichen Kirchen, die gleiche Literatur und das gleiche Internet zeigen dies.

Zu guter Letzt kann man auch nicht sagen, daß eine diskursrationale Theorie entgegen ihrem eigenen freiheitlichen Ansinnen platonisch-autoritär ende, weil ihre Prinzipien unabhängig von der faktischen Zustimmung der Bürger begründet und daher von oben herab kämen (wie Platons – die Autokraten aller Zeiten inspirierende – metaphysische Gerechtigkeit, die nur einige Erwählte durch eine diffuse Wesensschau «erkennen» konnten). In der Tat gelten liberale Ideen auch dann, wenn die Mehrheit sie ausdrücklich abschaffen oder ignorieren und z. B. lieber einen Gottesstaat errichten möchte. Doch müßte jemand, der dies kritisiert, schlüssig zeigen, warum statt dessen die Ordnung, der «wir faktisch zustimmen», die gerechte sein sollte. War etwa das Dritte Reich durch mehrheitliche Zustimmung der Bürger gerecht? (Ich erinnere an die Argumente gegen Kontextualisten und Präferenztheoretiker.) Eine Diskursethik kommt auch nicht anhand einer obskuren Erkenntnismethode «von oben herab», sondern ist mit *Gründen* ausgestattet, die für jeden einsehbar sind. Und diese Gründe sind eben schlicht die Rekonstruktion dessen, was jeder Mensch als Mensch notwendig voraussetzt, wenn er lebt. Außerdem bleibt die Theorie ja fallibel, kritisierbar und offen für neuere Einsichten und ist auch deshalb nicht autoritär. Vor allem aber kompensiert sie den minimalen «Restplatonismus» ihres relativ (!) festen Rahmens durch die angedeuteten Spielräume innerhalb des Rahmens. Damit ist sie als einzige Gerechtigkeitslehre weder autoritär noch mehrheitsgläubig – und entkommt damit dieser Alternative, welche seit Platon Theorie und Praxis beherrscht.

Zuletzt kann sich auch ein religiöser Fundamentalist der universalen liberalen Gerechtigkeit nicht widersetzen. Rein faktisch wird zwar ein gewalttätiger Islamist sich weigern, die Richtigkeit liberaler Ideen einzusehen. Doch auch der Islamist, der in seinem Leben wenigstens vereinzelt mit Gründen streitet (man lese dazu die Internetseiten einschlägiger Organisationen!), ist normativ-logisch an die Implikationen der Kategorie «Grund» gebunden. Und diese Implikationen kann er nicht durch eine dogmatische Verweisung auf Gottes Wort, dessen Geltung doch eben von der Existenz Gottes abhängt, außer Kraft setzen. Religion ist also mitnichten «genauso sicher» wie der liberale Universalismus. Gleiches gilt auch für eine pathozentrische Ethik, die die Leidensfähigkeit als unhintergehbare Basis normativer Theorien behauptet. Denn die Leidensfähigkeit ist anders als Vernunft und Würde *eben gerade keine* logisch zwingende Voraussetzung menschlicher Argumentation! Damit ist das «Leiden» als Basis normativer Theoriebildung eine unbegründete dogmatische Setzung und zudem ein naturalistischer Fehlschluß.

Die liberale Menschenrechtstheorie ist also keinesfalls ein «Hexenglauben» (so der Rechtskontextualist Alasdair MacIntyre), ein «heuchlerischer moralischer Überbau der Bourgeoisie» (so der Linkskontextualist Karl Marx) oder gar «Unsinn auf Stelzen» (so der Utilitarist Jeremy Bentham). *Die liberale Theorie und die Kritik an ihren Gegnern sind auch nicht «zu allgemein» oder «keine in der Philosophie übliche Moraltheorie»*, weil die Theorie z. B. keine inneren Pflichten mehr kennt. Denn derartige Anwürfe heben nicht die *konkreten Argumente* für den Universalismus und gegen die Gegentheorien auf. Denn wir streiten hier über Richtigkeit und nicht über disziplinäre Üblichkeiten. Übrigens benötigt der hier entwickelte Universalismus durch den Rekurs auf «Grund» statt auf «Sprache» nicht die vielkritisierte Annahme eines Apel und Habermas, daß der menschlichen Sprache eine Suche nach Konsens eingeschrieben sei (weswegen sie jedem von uns eben doch eine Diskurspflicht zuschreiben). Denn auf den Charakter von Sprache «an sich» kommt es mir nicht an, sondern ausschließlich auf den Charakter von «Gründen». Vielleicht sollte man ferner entgegen den anderen Diskursethikern nicht von einer «prozeduralen» Theorie sprechen. Denn durch die *Einheit* von Diskurs und Handeln ergeben sich ja *inhaltliche* Prinzipien wie Achtung, Freiheit usw. (wenngleich nur «schwach substantialistische» im Gegensatz zu Kant) und nicht nur Verfahrensrechte. Damit erhält man ein Konzept, welches die Friktionen bei Rawls und den alten Diskursethikern zu umgehen sucht und ihre ganz erheblichen Lücken zu füllen versucht hat. Wir werden im weiteren sehen, daß dieser moderne Universalismus sich auf den bloßen «liberalen Rahmen» beschränken darf und muß – und trotzdem nicht «inhaltsleer» (Hegel) ist. Zwar wird es auch im weiteren dabei bleiben, daß – da andere Gerechtigkeitsideen ja eben gescheitert sind – die liberalen Prinzipien inklusive ihrer zahlreichen weiteren Implikationen ganz allein den Rahmen für das Gerechte setzen. Nur wird man eben sehen, daß man damit sehr gut arbeiten kann – sofern man nicht den (nicht begründbaren) Anspruch erhebt, eine Konzeption müsse auf jede denkbare Gerechtigkeitsfrage nur ganz genau eine Antwort als «richtig» ausweisen.

Dagegen verstärken die antiliberalen Theorien die doppelte Freiheitsgefahr in beiden Richtungen. Denn die zunehmende postmoderne Ironie gegenüber der liberalen Ordnung untergräbt letztlich die Bereitschaft, die Freiheit überhaupt noch ernstlich zu verteidigen. Wenn alles ohnehin nur ein großer Witz ist, ist es letztlich auch «egal», ob wir z. B. die Freiheitsrechte abschaffen, um uns anschließend «noch effektiver» gegen Terroristen schützen zu können. Folgerichtig ist es dann natürlich auch egal, was mit jungen, künftigen und weit entfernt lebenden Menschen geschieht. Mehr noch: Die wachsende Popularität postmoderner Einstellungen könnte gerade dazu führen, die unguten Einflüsse klassisch-liberaler Ideen wie Fortschritt, Wachstum oder hypostasierter Individualismus noch zu verstärken. Das existenzialistische unmittelbare Empfinden des Hier und Jetzt, die tragische Kürze des menschlichen Seins und die scheinbaren Imperative des Augenblicks können die Suche der intertemporalen und internationalen Gerechtigkeit im Ansatz torpedieren. Wenn alles ohnehin nur noch Geschmackssache ist, warum sollte man sich dann um junge, künftige oder räumlich abwesende Menschen sorgen, wenn deren Belange womöglich der eigenen Selbstverwirklichung im Wege stehen? Aber auch die andere, die autoritäre Seite der doppelten Freiheitsgefahr rückt näher. So könnte mit einer wachsenden ironischen Einstellung zum liberalen Staat die Bereitschaft schwinden, sich einer kommenden Ökodiktatur zu entziehen. Überdies könnte die «Verurteilung des modernen Menschen zur Freiheit» (Sartre) viele überfordern – und damit im Einzelfall gar Terroristen züchten. Man sieht hier nebenbei: Der Bestand einer liberalen gerechten Grundordnung hängt eben faktisch auch an einem gewissen «Verfassungspatriotismus». Man denke nur an das Negativbeispiel Weimarer Republik. Unsere Ordnung hängt aber natürlich immer *auch* an ökonomischer Stabilität (kaum aber an der strikten «ethnischen Homogenität» oder am «Staat an sich»), die darum nach Möglichkeit auch gewährleistet werden muß. Man wird noch sehen, wie sich jene «rein faktischen» Gegebenheiten in eine normative Freiheitstheorie einfügen.

Doch die wohlfeile Forderung, der Jugend wieder «kulturelle Werte zu vermitteln», wird uns bei alledem nicht helfen: Kontextualistische und religiöse Ansätze sind letztlich untaugliche Versuche, in einer beunruhigend «unsicheren» globalisierten Welt künstliche Anker durch Dogmatisierung umfassender Annahmen zu werfen. Und dem gleichen Dogmatismus huldigt kurioserweise auch der Skeptiker, nur in umgekehrter Form. Der Skeptizismus ist eben auch eine Flucht vor eigenständiger Entscheidung und der Komplexität der Welt, indem er alles «ganz einfach» erscheinen läßt. Mithin läßt sich die Ideologiekritik der Skeptiker, die den Rationalisten gerne eine Flucht vor der Sinnlosigkeit des Seins vorwerfen, umdrehen: Nicht der Rationalist gaukelt sich Sicherheiten vor, sondern der Skeptiker! Deshalb und weil die Wertskepsis ebenso verheerend ist wie eine kontextualistische oder religiöse Sprichwortmoral, für die alles ganz klar ist, ziele ich auf eine mittlere Linie: Ich verzichte auf die Sicherheit vermeintlich unveränderlicher «Wahrheiten» *ebenso wie* auf die (letztlich wiederum ein geschlossenes, nur eben negatives Weltbild schaffende) zynisch-naive Postulation des «Anything goes» – trotz der Zumutung, die damit für uns alle verbunden ist. In dieser Welt ist eben nur wenig sicher. Daran scheitert ein religiöser oder kontextualistischer Paternalismus ebenso wie ein Skeptizismus, der sich gleichfalls der Notwendigkeit entzieht, verantwortlich zu leben und Konflikte mit Gründen zu entscheiden.

III. Generationengerechtigkeit und globale Gerechtigkeit

Die universal gerechte Grundordnung eines humanen Zusammenlebens ist eine liberale Ordnung, die auf den Prinzipien der Vernunft, Würde, Unparteilichkeit und Freiheit aufbaut, die den Rahmen und die Leitidee unserer Diskurse abgeben müssen. Dies ist das Ergebnis von Kap. II, das eine neuformierte diskursrationale Konzeption der Gerechtigkeit entworfen hat. Diese Konzeption wurde als universal unhintergehbar, da an den Menschen als Menschen anknüpfend, erwiesen – verbunden mit der Zurückweisung des Kulturimperialismusvorwurfs. Von dort führt der Weg zu unserem zentralen Punkt: daß eine liberale Ordnung globale und Zukunftsbelange stärker beachten muß, um die Bezeichnung «gerecht» wirklich zu verdienen. Es geht also um eine Begründung der Nachhaltigkeit. Können und müssen wir mit unserer bisherigen weitgehenden Zukunfts- und Nord-Süd-Blindheit brechen, wie ich sie in Kap. I konstatierte? Die These ist: wir müssen – weil junge, künftige und weit entfernt lebende Menschen Rechte haben, die uns dazu verpflichten. Meine Gesamtintention ist dabei ein Versuch, auf grundlegende Herausforderungen wie den Klimawandel, die genetische Manipulation von Embryonen, die Knappheit der Weltressourcen, den «Krieg gegen den Terror» oder die wirtschaftliche Globalisierung hin einen prinzipiellen Lösungsansatz zu finden.

Zukunft meint hier *künftige und junge* Menschen. Nicht nur den Künftigen, sondern auch den Jungen fehlt heute jede Macht, und die Zahl der vor ihnen liegenden Jahre macht sie zu potentiellen Opfern kurzzeitorientierten Handelns. Zumindest die grundsätzliche Grundrechtsträgerschaft der Jungen ist aber philosophisch und auch verfassungsrechtlich evident. Deshalb geht es für sie nur darum, ob ihre Rechte – die sie in jedem Fall haben – auch vor *langfristigen* Gefahren schützen. Damit erinnere ich zugleich daran, daß ich Argumente anziele, die sowohl als Philosophie als auch als Neuinterpretation liberaler Verfassungen durchschlagen. Achtung, Unparteilichkeit und Freiheit sind dafür die gemeinsame Basis. Womit ich mich der intergenerationellen (und erst danach der globalen) Gerechtigkeit zuwende. In diesem Kontext wird auch klar werden, welches der Standort der Güter Leben, Gesundheit und Existenzminimum in einer universalen liberalen Theorie ist. Sie sind für die Nachhaltigkeit von zentraler Bedeutung.

A. Die vorhandenen Ansätze schaffen mehr Probleme, als sie lösen (z. B. Hans Jonas, Edith Brown Weiss, umweltethische Theorien)

In jeder Gerechtigkeitstradition und in jeder liberalen Verfassungslehre war bis vor kurzem klar: Rechte haben allenfalls Lebende, keinesfalls dagegen künftige Generationen. Diese fraglose Selbstgewißheit möchte ich nun in Frage stellen und letztlich mit ihr brechen. Die bisherigen Versuche eines solchen Bruchs sind freilich gescheitert. Der berühmteste Entwurf stammt von Hans Jonas. Er versucht, metaphysisch ein «Prinzip Verantwortung» gegenüber zukünftigen Menschen als zentrale Gerechtigkeitsnorm zu legitimieren. Seine Basis ist ein ontologisches, im Sein verwurzeltes Gebot der Menschheitserhaltung. Denn die Existenz von Menschen belege, daß es auch welche geben solle. Zudem sei Existenz von zwecksetzungsfähigen Entitäten, also von Menschen, eine Art Zweck der Natur – und zudem sei es das Wesen des Menschen zu leben. Menschliches Überleben sei so wichtig, daß es alle anderen Ziele und ggf. auch die Freiheit überwiege. Zudem ergebe sich auch aus der Macht jetziger Generationen über die Lebensmöglichkeiten künftiger eine Fürsorgepflicht. Leitendes Urbild menschlichen Handelns solle das Verhältnis der Eltern zum Kind oder des «Staatsmannes» zu den Untertanen sein.

Doch eine solche Konzeption scheitert. Der Jonassche Ansatz ist schon in seiner Basis dogmatisch, weil er einen unbegründbaren Ausgangssatz enthält, nämlich die angebliche Teleologie des Menschen. Hieran ändert auch der typisch metaphysische Rückgriff auf das «Wesen» des Menschen nichts. Denn dies begründet rein gar nichts. Die Natur und der Mensch haben kein durch irgendeine nachvollziehbare Methode ermittelbares «Wesen»; sie haben allenfalls eine Eignung für etwas, aus der aber normativ nichts folgt. Entgegen einem von Jonas gebildeten Exempel ist es z. B. nicht das «Wesen des Hammers zu hämmern». Der Hammer eignet sich sicher zum Hämmern, und er mag auch dafür konstruiert worden sein – aber man kann mit ihm auch zuschlagen. Also: Der Mensch kann leben, aber er kann sich auch umbringen. Damit bleibt ein einfacher Sein-Sollen-Fehlschluß zurück: Daß es Menschen gibt, begründet eben durchaus nicht, daß es sie geben soll.

Fatal ist auch der mit Jonas und anderen Metaphysikern verbundene Autoritarismus. Nach Jonas' Hauptwerk «Das Prinzip Verantwortung» dürfen «wir um der physischen Rettung willen ... selbst eine Pause der Freiheit ... hinnehmen». Dies ist mit der universalen Autonomieidee aber unvereinbar und läuft in die ökodiktatorische Seite der doppelten Freiheitsgefährdung hinein: Die Freiheit wird um höherer Ziele willen für aufgebbar erklärt. Doch stellten wir bereits in der Einleitung fest: Dies wäre das Ende der liberalen Welt. Ebenso gefährlich für die Freiheit ist freilich die wirtschaftsliberale Zerstörung ihrer physischen Grundlagen: Ohne Leben und physische Existenz keine Freiheit und Autonomie! Doch die damit gegebene große Aufgabe einer Versöhnung von Freiheit und Nachhaltigkeit verfehlt Hans Jonas leider souverän. Und das damit heraufziehende Szenario diktatorischer Nachhaltigkeit ist mitnichten völlig irreal. Es ist leider ebenso vorstellbar wie sein Gegenpart: die wirtschaftsliberal induzierte Vernichtung der Lebensgrundlagen. Wie eine antidemokratische Implementierung der Nachhaltigkeit aussehen könnte, führen uns z. B. die (pseudo-)ökologischen Rechtfertigungsstrategien vor Augen, die die nazistische Blut-und-Boden-Ideologie entwickelte, um eine Rückkehr zur bäuerlich-familiären Traditionswirtschaft zu propagieren und den antiliberalen totalitären Staat zu legitimieren. Mehr noch: Schon die frühen Hochkulturen setzten die «Interessen künftiger Generationen» an der Wald- und Wassernutzung ein, um Vorwände zur Etablierung absoluter Herrschaft zu erhalten. Dem muß, wenn irgend möglich, strikt vorgebeugt werden.

Der Verdacht, daß hier die Theorie für eine autoritäre Nachhaltigkeit wenigstens zwischen den Zeilen bereitgestellt wird, verstärkt sich noch durch Jonas' Vorliebe für kollektivierende Termini wie «Menschheitserhaltung», die offenbar die Autonomie der Individuen überwiegen sollen. Dies ist vor allem vor folgendem Hintergrund problematisch: Stanley Milgram hat in einem berühmten psychologischen Experiment nachgewiesen, daß die Mehrzahl okzidentaler Menschen Autoritäten unabhängig davon gehorcht, ob sie gut legitimiert sind und welche konkreten inhaltlichen Anordnungen sie geben. In dem Experiment verabreichten bis zu 80 % der (demokratisch sozialisierten!) Versuchspersonen einem Opfer, das Fragen falsch beantwortete, auf höfliche Anweisung eines «Naturwissenschaftlers» zunehmende und schließlich «tödliche» Stromstöße – motiviert durch das bewußt unpersönlich und kollektivistisch formulierte Ideal des «wissenschaftlichen Fortschritts». Offenbar wecken Kollektivideen, gegenüber denen «der einzelne unwichtig wird», eine fatale, das Tor zur Diktatur (im Falle ausreichend extremer äußerer Situationen, z. B. Klimakatastrophe) weit aufstoßende Motivationslage – ohne jede Prüfung, ob die unpersönlich formulierten «Ziele» konkreten Menschen Gutes bringen. Diese Einsicht gibt einen mächtigen Impuls für die Suche nach einer *freiheitlichen* Nachhaltigkeit. Dabei bleibt indes zu zeigen, daß ein liberaler Universalismus wirklich *keinesfalls* «unpersönliche Kollektivideale» deckt – daß er aber trotzdem Leben und Existenz der Menschen höchst wirksam schützen kann.

Des weiteren scheitern auch utilitaristische Ansätze an der Begründung intertemporaler Gerechtigkeit: Zwar ließe sich das den Utilitarismus als Kernmaxime beherrschende Grundprinzip des größten Glücks der größten Zahl theoretisch auf künftige Generationen ausdehnen. Wenn faktische Interessen die Begründung der normativen Ordnung abgeben, gleichzeitig aber «alle» gleichmäßig zählen sollen, drängt sich der Gedanke durchaus auf, daß dies nicht nur heute Lebende sein können. Utilitaristische Ansätze, die auf dieser Basis (Birnbacher z. B.) in den letzten Jahren zu vernehmen sind, straucheln jedoch daran, daß Präferenztheorien der Gerechtigkeit eben als Basiskonzeption unhaltbar sind. Sie enden im infiniten Regreß, produzieren naturalistische Fehlschlüsse, erliegen dem transzendentalen Argument usw. (Kap. II A.). Gleiches gilt für politologische und ökonomische Versuche, die Generationengerechtigkeit aus unserem Eigennutzen zu begründen. Denn Eigennutzentheorien haben ja die gleichen Defekte wie utilitaristische Ansätze; und außerdem liegt die Nachhaltigkeit allenfalls *teilweise* im Interesse der Lebenden (Kap. VI). Davon abgesehen, *behaupten* Utilitaristen die Beachtlichkeit der Künftigen auch nur.

Eher Behauptungen und Zirkelschlüsse («künftige Menschen haben Rechte, weil wir diese Rechte verletzen» – was doch die Rechtsexistenz erst voraussetzt) beherrschen auch die sonstige bisherige

Literatur, z.B. bei Edith Brown Weiss. Es nützt hier auch nichts, auf die Agenda 21 und andere völkerrechtliche Dokumente zu verweisen, die die Nachhaltigkeit in der Tat als wünschenswertes Ziel deklarieren. Doch erstens weist die gesamte aktuelle Völkerrechtsordnung schwerwiegende Defekte – insbesondere die oft mangelnde Verbindlichkeit – auf, die es schwierig machen, direkt aufs Völkerrecht eine Argumentation zu stützen (näher dazu einleitend in Kap. III D.). So ist etwa die Agenda 21 gar kein verbindlicher Rechtssatz. Zweitens fehlen bloßen Staatspflichten, wie sie im Völkerrecht der Nachhaltigkeit allenfalls anzutreffen sind, ohne ausdrückliche Zukunfts*grundrechte* die konkrete Einklagbarkeit und Konkretisierung, wie sie Menschenrechte auszeichnen – und ohne die die Nachhaltigkeit irrelevant bleibt. Überdies stellen nichtgrundrechtliche, also «objektiv-rechtliche» Garantien die Nachhaltigkeit dem Gutdünken der jeweiligen Mehrheit anheim – auf die in Nachhaltigkeitsfragen ja alles andere als Verlaß ist, wie unser heutiges Verhalten zeigt. Drittens könnte selbst ein gültiger Völkerrechtssatz nicht die Frage beantworten, ob ebenjener Satz denn *richtig* ist – ob es also gute Gründe für den Zukunftsschutz gibt.

Ebenfalls eher problematisch sind sogenannte Umweltethiken, wie sie seit einiger Zeit kursieren. Ihre sehr weitgehende Intention ist ein neues Verhältnis von Mensch, Tier und Pflanze. Damit meinen sie den eigentlichen Schwachpunkt aller tradierter Philosophie zu treffen. Umweltethiken problematisieren zu Recht die Folgen unserer eingewöhnten Anthropozentrik; sie fordern daher eine radikal neue Moral unter Einbeziehung aller leidensfähigen Kreaturen (Pathozentrik), der Natur insgesamt (Biozentrik) oder auch von Steinen oder Tischen (Holismus). Ich gehe darauf kurz ein, obwohl die Generationengerechtigkeit nicht das direkte Thema jener Theorien ist, weil Umweltethiken mit einigem Widerhall eine Alternative zum in der Tat verheerenden Wirtschaftsliberalismus anzielen. Unbesehen der zum «Kollektivziel Menschheitserhaltung» parallelen Frage, ob «Eigenrechte der Natur» jemals die humane Autonomie einschränken dürfen (jenseits eines *weiten*, den «Umweltschutz» einschließenden *Freiheitsvoraussetzungs*schutzes: Kap. IV) geht jedoch schon der umweltethische Basisansatz fehl:

Das Kernproblem ist, daß Umweltethiken ein haltbares Fundament fehlt. *Warum* sollte denn ein Schutz der Natur um ihrer selbst willen geboten sein? Die meisten Umweltethiken verfallen schlicht den Einwänden gegen Hans Jonas, indem sie metaphysisch z. B. von einer Naturteleologie reden. Kontextualistisch kann demgegenüber eine Umweltethik angesichts des traditionellen verheerenden Umgangs mit den natürlichen Lebensgrundlagen erst recht nicht begründet werden. Und wie sollte sich eine Umweltethik *liberal* begründen lassen? Warum sollte es (jenseits eines sehr weit reichenden Schutzes von Freiheitsvoraussetzungen, der Tieren in liberalen Gesellschaften auch einen Schutz vor Grausamkeit verspricht: Kap. IV) geboten sein, Tiere und Pflanzen als eigenen *Ausgangspunkt* zu sehen? Auch aus der «Leidensfähigkeit» von Tieren kann dies – bei Strafe einer beliebigen dogmatischen Setzung und eines naturalistischen Fehlschlusses – nicht hergeleitet werden. Erst recht geht die schlichte Behauptung, die Ökozentrik müsse nicht bewiesen werden, vielmehr müsse der Kritiker jener These umgekehrt ihr Gegenteil beweisen, ins Leere: Wer eine These vorschlägt, trägt die Argumentationslast. Des weiteren ist unklar, wie überhaupt die Normen einer ökozentrisch/pathozentrischen Ethik ohne menschenzentrierten (also anthropozentrischen) Ausgangspunkt, von dem aus die Richtigkeit einer Maßnahme beurteilt werden könnte, überhaupt aussehen sollten. Beispiel: Aus der Perspektive von Ratten mag ein Atomkrieg sehr günstige Lebensbedingungen schaffen; für Löwen oder auch für Menschen täte er es erkennbar nicht. Wie könnte dann aber über eine gemäßigte Anthropozentrik – die Tieren und Pflanzen zwar keinen Eigenwert zuspricht, aber trotzdem im Ergebnis Nachhaltigkeit und Umweltpolitik rechtfertigt und ihnen damit «nützt» – je hinausgegangen werden? Ein Schutz der Natur um ihrer selbst willen ginge daher nur so, daß der Mensch willkürlich bestimmte Naturteile für «wertvoll» erklärt. Das wäre aber anthropozentrisch. Folgerichtig sollten wir bei aller grundstürzenden Neuerung, die die Nachhaltigkeitsidee mit dem dauerhaften und globalen Schutz unserer Existenz einfordert, bei einem menschenzentrierten Ausgangspunkt bleiben.

Dies auch aus folgendem Grund: Selbst wenn die Umweltethiker recht hätten, würde dies nicht unsere Frage beantworten, warum wir junge und künftige Menschen achten sollten. Ja, ökozentrische Ideen *gefährden* letztlich sogar die Durchsetzung der Nachhaltigkeit und damit der Gerechtigkeit (was fatal ist, weil das Gerechte ja real werden soll): Indem Ökozentriker einer in den Konsequenzen diffusen, aber viele vor den Kopf stoßenden Axiomatik folgen, bestärken sie Vorurteile, der Lebensgrundlagenschutz und die Nachhaltigkeit seien eine Sache von «Spinnern». Dies gilt besonders für Extremforderungen im Stile Albert Schweitzers, jedem Leben inklusive der Stechmücke oder der Giftschlange Ehrfurcht entgegenzubringen, was dem Selbsterhaltungstrieb widerspricht. Darum sind umweltethische Theorien nicht das gesuchte Fundament der Nachhaltigkeit.

B. Gerechtigkeits- und Verfassungsargumente für mehr Generationengerechtigkeit

Das eben geworfene, natürlich sehr unvollständige Schlaglicht im Verein mit den Gerechtigkeitsanalysen des Kap. II zeigt: Wenn es begründete Nachhaltigkeit geben kann, dann nur liberal. Andere Theorien scheitern schon an ihren eigenen Grundlagen und verfehlen außerdem die Nachhaltigkeitsproblematik. Aber läßt sich nun die Ausweitung des modern-liberalen Gerechtigkeitsideals in die Zeit begründen? Kommen wir von der universalen zur dauerhaften Freiheit und Autonomie? Da das Würde- und das Unparteilichkeitsprinzip die Freiheit wenigstens für die heute Lebenden begründen, ist jedenfalls schon einmal festzuhalten, daß die in der Einleitung skizzierte doppelte Freiheitsgefährdung philosophisch als zu vermeidendes Übel anzusehen ist. Denn sowohl die Vernichtung der Freiheit von ihren vitalen Grundlagen her als auch von einer Diktatur her würde ein Leben im Geiste des individualistisch verstandenen Achtungsprinzips verunmöglichen. Aber ist die zu Menschenrechten verdichtete Freiheit nur eine Sache der Lebenden – oder schulden wir sie auch künftigen Menschen? Die bisherige liberale Theorie schweigt dazu meist. John Rawls als berühmtester liberaler Denker des 20. Jahrhunderts bemerkt die Zukunftsfrage immerhin überhaupt; doch behandelt auch er sie nur am Rande und äußerst knapp. Vor allem aber fehlen bei ihm jegliche Gründe, warum die Gerechtigkeit von Grundordnungen davon abhängen sollte, daß sie sich in zeitlicher Hinsicht öffnen. Die Rawlssche Versicherung, man könne sich seinen Urzustand auch als «zeitübergreifend» vorstellen, indem die «Unwissenheit» der hypothetischen Entscheider hinter dem Schleier des Nichtwissens schlicht auf ihren Geburtszeitpunkt ausgedehnt werde (was in der Tat zu zeitlich unparteiischen Entscheidungen führen würde), beantwortet nämlich nicht die Frage, *ob* man sich Derartiges vorstellen sollte. Rawls hat letztlich also nur eine nicht begründete Behauptung pro Generationengerechtigkeit geäußert. Dies würde indes nur genügen, wenn die Beweislast deren *Gegner* träfe und nicht deren Befürworter. Wäre dem so, könnte die Gebotenheit des Zukunftsschutzes wohl als «belegt» gelten. Denn schlagende Gründe *gegen* die Zeitneutralität sind nicht erkennbar. Ich möchte indes zeigen, daß es Gründe *für sie* gibt. Die genaue Frage lautet ja:

Warum also sollte das Verständnis von Achtung und Unparteilichkeit so erweitert werden, daß künftige und junge Menschen (auch wegen ihrer noch langen Lebensspanne) verstärkt beachtlich sind, also gleiche Menschenrechte verdienen und damit eine zeitneutrale Konfliktlösung zwischen Gegenwart und Zukunft gesucht werden muß? Warum sollte dieser grundlegende Bruch mit unserer gesamten Tradition erfolgen? Diese Frage stelle ich jetzt der Theorie der Gerechtigkeit und der Interpretation liberaler Verfassungen gleichermaßen. Der Wortlaut der Europäischen Grundrechtecharta (EuGRC) oder des deutschen Grundgesetzes (GG) beantwortet die Frage nach «nachhaltigen» Grundrechten* weder mit ja noch mit nein. Es ist (z. B. in der EU-Vertrags-Präambel und in Art. 20a GG) lediglich allgemein davon die Rede, daß Nachhaltigkeit ein wünschenswertes Ziel wäre. Damit fehlt aber wie schon beim Völkerrecht nicht nur die Klärung, warum dies so sein sollte. Es fehlt auch die konkrete Einklagbarkeit und Konkretisierung, wie sie Menschenrechte auszeichnet – und ohne die die Nachhaltigkeit das Papier nicht wert ist, auf dem sie steht. Zudem liefern nicht-grundrechtliche, objektiv-rechtliche Garantien die Nachhaltigkeit eben dem Belieben der jeweiligen Mehrheit aus. Auch deshalb ist Rawls' Zukunftstheorie, die einen bloß objektiv-rechtlichen Zukunftsschutz (er nennt ihn «gerechten Spargrundsatz») vorsieht, nicht

* Grundrechte zugunsten künftiger und junger Menschen leisten einen vorverlagerten Schutz – und dies tun scheinbar auch die Grundrechte «nicht-junger» Menschen, soweit sie auch gegen unsichere Schäden wie *vielleicht* kanzerogene Stoffe wirken (und dies tun sie: Kap. III C.). Der Unterschied zwischen beidem ist: Beim Schutz vor Unsicherem liegt die Grundrechtsbeeinträchtigung *schon heute* – sie ist lediglich *unsicher*. In den Zukunftsfällen liegt die Beeinträchtigung erst künftig – dafür ist sie aber sicher. Beides kann auch kombiniert auftreten.

überzeugend. Darum frage ich nunmehr nach Grundrechten junger und künftiger Menschen. Im Falle der Künftigen müßte man ganz korrekt eigentlich sagen: in die Gegenwart *vorwirkende* zukünftige Rechte zukünftiger Menschen. Denn der Satz «der künftige Mensch X, den es vielleicht niemals geben wird, hat das aktuelle Recht Y» wäre sinnlos und unterbestimmt.

Vorab mag man wissen wollen, von welchen Menschenrechten hier überhaupt die Rede sein könnte. So wäre eine Zukunftswirkung des Briefgeheimnisses oder der Religionsfreiheit sinnlos. Denn wie könnten wir von heute aus je das Recht künftiger Menschen verkürzen, ihre Religion auszuüben oder ungestört Briefe zu schreiben? Zu denken ist vielmehr an Rechte auf eine Grundversorgung mit Nahrung, Trinkwasser, Atemluft und einem hinreichend stabilen Klima. Wir sehen später noch, daß man dieses Recht «*Freiheit von* Beeinträchtigungen in Leben, Gesundheit und Existenzminimum» nennen sollte und daß es einen elementaren *Freiheitsvoraussetzungs*schutz betrifft. Im Moment genügt die Einsicht, daß es ein solches Recht jedenfalls unter Lebenden geben muß, weil andernfalls Autonomie unmöglich wäre – und daß liberale Verfassungen es kennen. Vorab noch dies: *Das Folgende hängt nicht zwingend von meiner diskursiven Version des Liberalismus ab. Es wäre, wie ich andernorts gezeigt habe, auch aus einem Rawlsschen Liberalismus ableitbar. Das gilt auch für die spätere Freiheitstheorie – womit das zu Erörternde immun wird gegen eine etwaige Kritik an meiner universal-liberalen Diskursethik.*

Menschenrechte gelten nach liberalen Verfassungen für «jeden», ohne daß aber die zeitliche Reichweite klargestellt wird. Ich entwickle jetzt drei Argumente, warum man sie als zeitneutrale Rechte verstehen muß, so daß sich ein kraftvoller Zukunftsschutz ergibt. Ich meine damit Argumente, die einerseits als Durchführung der entwickelten Gerechtigkeitstheorie gelten können. Sie stellen andererseits aber auch schlicht eine Neuinterpretation der verfassungsrechtlich ja parallel liegenden Grundprinzipien dar: also von Würde, Unparteilichkeit und Freiheit. Speziell die Würde ist nicht nur philosophisch, sondern auch verfassungsrechtlich in Art. 1 EuGRC, 1 Abs. 2 GG als Basis der Menschen- bzw. Freiheitsrechte konzipiert – so daß sie die Auslegung dieser Rechte philosophisch *und* verfassungsrechtlich anleiten muß, wenn ich frage, ob ebenjene Rechte, anders als bisher stets angenommen, zeitneutral gelten (ebenso ist die Unparteilichkeit ein Zentrum liberaler Verfassungen – versteckt im Gerechtigkeits- und im Rechtsstaatsbegriff; vgl. in Deutschland Art. 1 Abs. 2–3, 20 Abs. 3, 3 Abs. 1 GG).

Das erste Argument für die Zukunftsrechte nenne ich *Potentialitätsargument*. Es wendet die universale Basistheorie einfach an, mit weitreichenden Folgen: Es hat sich ja gezeigt, daß Achtung und Unparteilichkeit allen potentiellen Teilnehmern an Gerechtigkeitsdiskursen geschuldet sind. Da nun aber auch junge und künftige Menschen solche potentiellen Teilnehmer sind, verdienen sie schon deshalb gleiche Achtung und ergo gleiche Grundrechte. Eine moderne liberale Menschenrechtstheorie trägt mit der Kategorie «Grund» also schlicht das neue Paradigma der Nachhaltigkeit in sich, auch wenn wir dies bisher nicht sahen. Dies ist ein fundamentaler Neuaufbruch. Mitnichten gelten die Implikationen von «Grund» nur über kleinere Zeitdistanzen hinweg (was der Fall wäre, wenn meine heutigen Diskurse zwar Achtung für gerade verreiste Nachbarn, aber nicht für künftige Generationen involvierten). Man mache wieder zwei Gedankenexperimente, die diesen fiktiven Einwand falsifizieren. Man hätte auch im Jahr 1400 nicht sagen können: «Herr P, natürlich werden wir in 500 Jahren erkannt haben, daß die Erde eine Kugel ist. Trotzdem sollten Sie mir heute glauben, daß sie eine Scheibe ist.» Ebenso hätte im Jahr 1520 kein Spanier sagen können: «Natürlich werden wir in 500 Jahren einsehen, daß es keine guten Gründe gibt, Indianer in der Situation XY zu verbrennen. Trotzdem sollten wir jetzt annehmen, daß es gute Gründe gibt.» Unsere *heutigen* Diskurse, die wir durch den unvermeidlichen Gebrauch unserer Vernunft täglich führen, implizieren somit Rechte für Künftige – und lebenslang wirkende Rechte für Junge.

Das zweite Argument für den Paradigmenwechsel nenne ich das *Ewigkeitsargument*. Es denkt vom *künftigen* Diskurs unter den künftigen Generationen her und läßt sich wie folgt formulieren: Wenigstens für die liberalen Klassiker war selbstverständlich, daß ihre erstrebte normative Ordnung nicht nur sozusagen ein Vorschlag für den heutigen Tag war, sondern vielmehr den Anspruch auf universale und bleibende Gültigkeit enthielt. Die Idee der Aufklärungsdenker ging, ungeachtet aller sonstigen Divergenzen, gerade dahin, jenseits geschichtlicher Kontingenzen «bleibende Wahrheiten» zur Basis des gesellschaftlichen Zusammenlebens in aller Zukunft zu machen. Die Virginia Bill of Rights von 1776 (als erste vollständige Menschenrechtserklärung) bezeichnete sich folgerichtig als Erklärung von Rechten, die den Erklärenden *und ihrer Nachkommenschaft* als Basis und Grundlage der Regierung zukommen. Auch Art. 1 Abs. 2 GG spricht von den Grundrechten als ewigen, unveräußerlichen Grundrechten, ebenso wie andere Verfassungen und die völkerrechtlichen Menschenrechtserklärungen (= also die internationalen Aufforderungen an die Staaten, liberale Standards daheim einzuführen). Wenn aber die liberale, auf Menschenrechten basierende Ordnung dem Anspruch nach als «zeitlos» gedacht werden soll, muß erwartet werden, daß künftige Menschen zumindest in ihrem künftigen Lebenszeitpunkt solche Rechte haben werden. Diskursrational läßt sich nun zeigen, daß dies zwingend ist: Junge und künftige Menschen haben in ihrem (gesamten) Leben ja Vernunft. Wenn aber die Vernunft inhaltlich nicht näher bestimmt ist, können auch sie die Gerechtigkeit nur im Diskurs suchen. Darum werden also auch künftige Menschen sicher zu achten und unparteiisch zu behandeln sein und damit gleiche Rechte haben (und junge werden sie lebenslang haben), spätestens sobald sie zu diskutieren beginnen. Sie werden also künftig Rechte haben. Und sichere künftige Rechte dürfen heute nicht vereitelt werden. Denn wenn ich die Lebensgrundlagen heute in einer Weise schädige, daß dieses Handeln bei jungen und künftigen Menschen später keine Freiheit von Beeinträchtigungen in Existenzminimum, Leben und Gesundheit mehr garantieren kann, dann schade ich ihnen spätestens in diesem künftigen Zeitpunkt. Dann aber ist der Schaden irreversibel, und damit würde das betroffene Freiheitsrecht nicht mehr das leisten, was Freiheiten leisten sollen: einen sicheren Schutz gegen Beeinträchtigungen. Also müssen die Grundrechte künftiger Menschen ebenjene Menschen schon heute schützen. Um so mehr gilt dies für junge Menschen: Sie sind so zu behandeln, als ob sie ihre Rechte noch lebenslang haben werden, und nicht so, als gälten ihre Rechte nur für den jetzigen Moment – was einen Schutz gegen langfristige Gefahren vermittelt. En passant zeigt dies etwas sehr Wesentliches: Die Unsicherheit über bestimmte künftige Zustände, die mitunter als Argument gegen jedes Reden über die Zukunft angeführt wird, ist kein Argument *gegen* intertemporale Gerechtigkeit. Es ist vielmehr ein Argument *für* sie.

Es spricht noch ein drittes Argument für nachhaltige Grundrechte. Man nenne es das *Ungewißheitsargument*. Diskursrational gesprochen, knüpft es an den fiktiven Diskurs *zwischen* heutigen und künftigen Menschen an. Es lautet so: Die offene, nicht-substantialistische Vernunft ist zunächst einmal auch im Generationenverhältnis alternativlos. Jene Vernunft läßt uns nun aber nicht nur im Ungewissen über das, was heute inhaltlich gerecht ist. Sie macht es auch unmöglich, substanzialistisch ein bestimmtes intertemporales Gerechtigkeitskonzept zu deduzieren. Auch das Generationenverhältnis müßte also idealiter im rationalen Diskurs geklärt werden, weil vorab erst einmal ungewiß ist, wer die besten Argumente haben wird. Zwar kann ein intertemporaler Diskurs real nie stattfinden, weil künftige Menschen heute noch nicht diskutieren können. Aber jener Diskurs könnte durch *Vertreter* der Zukunftsinteressen geführt werden. Das demokratische Gesetzgebungsverfahren und die Gewaltenteilung ist innerhalb einer liberalen Ordnung nun der Modus, in dem Gerechtigkeitsdiskurse loziert sind (näher Kap. IV). Künftige bzw. ihre Vertreter können darum wegen der offenen Vernunft die gegenseitige Achtung und Freiheit im Diskurs, also Beteiligungsrechte, verlangen, soweit heutige Entscheidungen ernstlich in die Zukunft hineinreichen. Das garantiert dann z. B. das Recht auf Leben während des Diskurses – also daß niemand angegriffen oder umgebracht wird, um ihn am Diskutieren zu hindern. Solche bloßen *Verfahrens*positionen (also Rechte, an einem Entscheidungsprozeß X beteiligt zu werden) genügen aber nicht. Dies ergibt sich ohne weiteres aus der in Kap. II gezeigten notwendigen Verknüpfung von Diskursverfahren und Diskursergebnis bzw. Diskurs und Handeln: Die Diskursprinzipien dirigieren eben nicht nur das *Verfahren Gerechtigkeitsdiskurs*. Sondern sie dirigieren auch die *Gerechtigkeit seiner Ergebnisse*, die ja die Vorbedingung aller künftigen Diskurse setzen. Besonders intertemporal wären Verfahrensrechte ohne ergebnisregulierende Prinzipien (also Rechte, daß meine inhaltlichen Belange, z. B. ein Recht auf ein stabiles Klima, in der Entscheidung berücksichtigt werden und daß ich dazu als Zukunftsvertreter nicht nur «meine Meinung sagen» darf) katastrophal, weil eben nur *Vertreter* die Zukunftsinteressen vortragen. Und solche Vertreter werden sich stets weniger vehement einbringen als reale künftige Menschen, wenn man an unseren latenten Hang zum Egoismus denkt.

Deshalb und weil das Ergebnis des – hier: hypothetischen intertemporalen – Diskurses stets die Möglichkeit weiterer Diskurse beeinflußt, fordert die offene Vernunft, die ja Achtung und Unparteilichkeit als alternativlose und transzendental gesicherte Prinzipien erst hervorbringt, eben eine *inhaltliche* Beachtung der liberalen Prinzipien durch die Diskurs*ergebnisse*. Nicht nur im Verfahren, sondern auch im Ergebnis muß darum die Freiheit aller hypothetischen Diskutanten gewahrt werden. Diese inhaltliche Anforderung an «Gesetze als Diskursergebnisse» können Lebende gerichtlich einklagen. Z. B. könnten sie den klimaschützenden Versuch eines Sonntagsfahrverbotes durch Berufung auf ihre Freiheit vors Verfassungsgericht bringen – und damit ihre Rechte als Schranke der Gesetzgebung durchsetzen. Sie können so eine Ergebniskontrolle und zugleich eine zweite Diskursstufe, nämlich einen Diskurs vor dem Verfassungsgericht, einfordern (die *nicht triviale*, entscheidende Notwendigkeit einer solchen Gewaltenteilung zur gerechten, rationalen und unparteiischen Lösung menschlicher Konflikte vorerst vorausgesetzt; näher Kap. V). Genössen Zukunftsbelange keinen Grundrechtsschutz, hätten sie jene zweite Chance nicht – oder nur insoweit, als das Verfassungsgericht überprüfen würde, ob sie real am Gesetzgebungsverfahren *beteiligt* wurden –, ohne die dortige Entscheidung *inhaltlich* auf Einhaltung der Rechte auf Leben, Gesundheit und Existenzminimum zu überprüfen. Damit wären die Gegenwartsinteressen gegenüber den Zukunftsinteressen im intertemporalen Gerechtigkeitsdiskurs strukturell bevorteilt. Dies aber wäre nicht mit einer inhaltlich *offenen* Vernunft im hypothetischen Diskurs zwischen heutigen und künftigen Generationen vereinbar.

Zukünftige Menschen verdienen also gerechtigkeitstheoretisch und bei richtiger Interpretation der Grundbegriffe liberaler Verfassungen Grundrechtsschutz. Und junge Menschen verdienen einen Schutz über ihren ganzen Lebenszeitraum, also auch gegenüber ferneren Gefahren. Da Grundrechte aus schon angeklungenen organisatorischen Gründen stets den Staat verpflichten, auch dort, wo es in der Sache um einen Schutz vor meinen Mitbürgern, vor denen mich dann eben der Staat zu schützen hat, geht, bedeutet das: Die EU und die Bundesrepublik – und überhaupt Grundordnungen weltweit, wenn sie die Zuschreibung «gerecht» verdienen wollen – müssen sich so einrichten und ihre Verfassung so lesen, daß die heutigen Bürger gehindert werden, die Rechte zukünftiger Menschen durch ihr heutiges Handeln zu verunmöglichen. Gerecht ist eine politische Grundordnung, wenn sie dem Achtungs- und dem Unparteilichkeitsprinzip genügt, daraus Freiheitsrechte herleitet und damit normativ vernünftig ist. Doch hängt die Vernünftigkeit – und damit breche ich mit dem klassischen Liberalismus – auch von *zeitunparteiischen* Menschenrechten ab. Dies alles sind Aussagen über die gerechte Grundordnung und unsere Pflicht, eine solche Ordnung zu etablieren und zu verteidigen. Da freilich die Rechte der politischen Grundordnung diskursethisch ihre Wurzel in der direkten dialogischen Beziehung zwischen den Menschen haben, können die so begründeten zeitneutralen Grundprinzipien einer gerechten Grundordnung auch als Prüfstein für die Beantwortung alltäglicher Fragen des privaten Verhaltens gelten. Dies kann z. B. nahelegen, eine individuelle Entscheidung über regelmäßige Fernurlaubsreisen unter dem Gesichtspunkt zu reflektieren, ob man die eigene Präferenz auch dann noch gutheißen würde, wenn man voraussichtlich nicht noch 20 oder 30, sondern noch 70 oder 80 Jahre zu leben hätte. Dies ist der gebotene Leitrahmen unserer Diskurse und unseres autonomen Handelns.

Niemals aber ergibt eine diskursrationale Konzeption ein von Hans Jonas erhofftes, von uns konkreten Menschen abstrahierendes «Gebot der Menschheitserhaltung» – etwa in dem Sinne, daß der Diskurs über Gerechtigkeitsfragen als Selbstzweck in alle Zukunft fortgeschrieben werden müsse *und darum* die Menschheit erhalten werden müsse, damit es nicht an Diskutanten mangele. Eine solche Überlegung, wie sie offenbar gar Karl-Otto Apel teilt, würde einen diskursrationalen Liberalismus auf den Kopf stellen: Die Menschen sind doch nicht für den Diskurs da, sondern der Diskurs ist für die Lösung von Konflikten unter den Menschen da! Wir selbst erzeugen die Vernunft und die Gerechtigkeit als ihre Implikation. Die Vernunft und ihre Gebote schweben doch nicht von selbst im Raum wie der Geist Gottes in der Schöpfungsgeschichte. Wäre dies anders, wären wir auch bei einer Pflicht zum Diskurs zwecks «Mehrung der Vernunft» und damit wohl bei der zu meidenden «Vernunftdiktatur».

Zwar erheben wir, sobald wir mit Gründen streiten, Richtigkeitsansprüche gegenüber allen potentiellen Vernunftwesen, aus denen dann wiederum ein Achtungs- und Unparteilichkeitsanspruch jener Wesen erwächst. Jedoch sind künftige Ansprüche ja nur als Vorwirkungen denkbar. Sie schützen also die Menschen, die real sein werden – nicht aber die Produktion von Menschen. Sobald es mir gelingt, die Geburt künftiger Vernunftwesen (Menschen) vollständig zu vermeiden, besteht ergo auch keine Bindung aus künftigen Rechten, weil solche Rechte dann eben gar nicht entstehen. *Wenn alle* Lebenden dies wollten, dürften wir uns ergo sogar selbst ausrotten (denn dann gäbe es keine geschädigten Nachkommen). Wobei ein solcher Beschluß selbstredend nie gefaßt werden wird – aber er läge eben prinzipiell in unserer Freiheit. Übrigens entgeht auch nur diese Leugnung «menschenunabhängiger Vernunft» einem Recht potentieller Menschen auf Geborenwerden. Denn wäre die Diskursvernunft ein Selbstzweck, müßten wir so viele Menschen wie nur möglich zeugen, da wir so ja immer mehr Diskutanten und immer mehr Argumente hätten. Und das wäre das Ende der Freiheit. All diese Einsichten führen z. B. dazu, daß sich die herkömmliche politische und verfassungsgerichtliche Ansicht in Deutschland, daß Familienpolitik primär «Geburten produzieren» müsse, als verheerend falsch erweist (näher Kap. V). Geboten ist es vielmehr, denen, *die real leben werden*, möglichst gute Lebensbedingungen zu schaffen.

C. Testfall Klimaschutz: Rechte auf Leben, Gesundheit und Existenzminimum auch für junge und künftige Menschen

Wie aber hat man sich nun die intertemporalen Rechte auf Freiheit von Beeinträchtigungen in Leben, Gesundheit und Existenzminimum vorzustellen? Vorab zur Erinnerung und Vertiefung: Wer unparteiisch entscheidet, also auch seine eigenen Lebenspläne nicht kennt, muß für die maximale gleiche Freiheit der Bürger votieren. Mögen diese Pläne auf den Erwerb von Reichtum, auf eine politische Karriere, auf die Entwicklung eines großen Freundeskreises, auf die Mitgliedschaft in einer Sekte, auf ein einsames Leben im Wald oder auf was auch immer gerichtet sein – eine möglichst große Freiheit bietet die größte Sicherheit, jedweden Lebensplan realisieren zu können. Ohne solche gleichen Rechte auf eine möglichst weitgehende Persönlichkeitsentfaltung wird der in Verwendung der Kategorie «Grund» logisch vorausgesetzte möglichst ideale Diskurs und das zu ihm gehörende möglichst autonome Handeln nie zustande kommen können. Darum muß aber auch ein Schutz der physischen Existenz als elementare Diskursvoraussetzung (also Leben und Gesundheit) garantiert sein. Durch die rasante technisch-wirtschaftliche Entwicklung hat dieses Recht auf Leben und Gesundheit schon für die Lebenden eine überragende Bedeutung: Luft- und Wasserverschmutzung, gentechnisch veränderte Lebensmittel, großtechnische Anlagen, radioaktive Strahlen usw. bergen Gefahren, gegen die man wirksam geschützt sein möchte.

Ebenso zwingend nötig ist aber ein möglichst wirkungsvoller Schutz der basalen Güterversorgung (Trinkwasser, Nahrung, Kleidung, hinreichend stabiles Klima), und zwar genau wie das Recht auf Leben und Gesundheit unabhängig davon, wann im Zeitstrahl wir das Licht der Welt erblicken. Denn das Existenzminimum ist genauso unentbehrlich wie das Leben selbst und sogar wichtiger als bestimmte Aspekte der Gesundheit. Ohne Existenzsicherung sind keine idealen Gerechtigkeitsdiskurse und kein autonomes Handeln möglich. Entgegen dem altliberalen Mainstream ist der Freiheit wenig gedient, wenn wir zwar beliebig viel Entscheidungsfreiheit genießen, aber in Ermangelung der elementarsten Existenzvoraussetzungen von der – z. B. wirtschaftlichen – Freiheit keinerlei Gebrauch machen können. Dieser Gedanke ist für unsere Zukunftsfähigkeit absolut zentral. Heutige und künftige Menschen benötigen ergo einen Grundrechtsschutz für diese Existenzvoraussetzungen, und junge Menschen benötigen einen Schutz, der ihr Leben lang und damit auch gegen Langzeitgefahren wirkt. Als Menschenrecht ist damit eine Lebensbasis geboten, welche nicht in derartige materielle Not führt, daß mit einer geistigen Entfaltung, mit eigenen Lebensplänen und mit Gerechtigkeitsdiskursen nicht mehr gerechnet werden kann (was nebenbei zeigt, wie weitreichende *universale* Forderungen die Würdeidee stellt, auch in armen Ländern – schon ohne die sogleich vorzuschlagende Konzeption *globaler* Gerechtigkeit).

Die so gerechtfertigten Zukunftsgrundrechte geben dabei auch einen Schutz vor nur *möglichen* Beeinträchtigungen. Dieser Gedanke gilt auch für die Freiheit der Lebenden und ist äußerst wichtig, da hochkomplexe, teilweise in der Zukunft liegende Gefährdungslagen wie Klimawandel oder Ressourcenschwund nie ganz «sicher», sondern allenfalls «wahrscheinlich» sind. Jener Gedanke des Schutzes bei Unsicherheit kam schon bei meinem noch eher *begrifflichen* Votum für die «starke» Nachhaltigkeit vor. Und unsere nunmehr gerechtfertigte Pflicht zur Unparteilichkeit in der Zeit gibt dem obigen Votum eine normative Verbindlichkeit: Würden wir

z. B. mit dem Klimaschutz abwarten, bis letzte Zweifel an seiner anthropogenen Verursachung beseitigt sind, wäre es für Abhilfemaßnahmen ggf. zu spät. Gleiches wäre der Fall, wenn man lebenswichtige natürliche Ressourcen ohne Beachtung der Nachwachsrate verbrauchen würde in der vagen Hoffnung, man werde schon einen Ersatz finden. Den Rechten auf Leben, Gesundheit und Existenzminimum drohen so irreversible Schäden. Damit aber wäre die durch sie garantierte Freiheit das Papier nicht wert, auf dem sie steht. Und die Gerechtigkeit soll doch gerade real werden – und Freiheit dort schützen, wo die Gefährdungen drohen. Zudem sind gerade die genannten Rechte sehr wichtig. Aus all diesen Gründen müssen wir bei drohenden Menschenrechtsverletzungen also *vorsichtig* sein. Dies um so mehr, als die drohenden Klimaschäden in ihrem Ausmaß drastisch sind. Deshalb darf man keinesfalls auf die vage Hoffnung setzen, man werde schon auch mit einem «anderen» Klima irgendwie klarkommen. Dies gilt um so mehr, als sich bestimmte Schäden, z. B. eine zusammenbrechende Trinkwasserversorgung, auch durch einen höheren Reichtum nicht ausbügeln lassen. Gerade den letzteren Punkt verkennen manche Ökonomen (und vereinzelte halbwissenschaftliche Autoren wie Björn Lomborg, die zudem verkennen, daß auch nur «mögliche» Gefahren zum Handeln zwingen können).

Allerdings sollte man diesen vorverlagerten Schutz nicht «Vorsorge» nennen. Denn *erstens* läßt sich die nur «mögliche» Gefährdung von der sicheren kaum abgrenzen. Wie will man z. B. in einer Industriegesellschaft wissen, welcher der vielen auf mich einwirkenden Schadstoffe bei mir «die direkte Gefahr» auslöst? In aller Regel werden verschiedenste Stoffe, Erbanlagen, Eßgewohnheiten usw. zusammenkommen, wenn bei jemandem Gesundheitsschäden (jenseits von Unfällen oder Gewalttaten) auftreten. Wie will man feststellen, daß gerade eine Belastung mit Dioxin den Krebs ausgelöst hat? Wie will man wissen, daß gerade der aus Nordamerika eingeführte Genmais für meine Allergien verantwortlich ist? *Zweitens* ist der Vorsorgebegriff camouflierend. «Vorsorge» klingt so, als ob eine politische Maßnahme Schädigungen besonders definitiv ausschließt, etwa so, daß zur schon für sich genommen hinreichenden Gefahrenabwehr bei einem Atomkraftwerk eine weitere Schutzstufe hinzugefügt werde. Nun bezieht sich jene Rede von «besonders sicher» aber auf den je einzelnen Bürger. Und auch eine nur kleine Schadenswahrscheinlichkeit bedeutet im Klartext, daß das «vorsorgende» staatliche Handeln durchaus bei einer statistisch feststellbaren Anzahl von Bürgern Gesundheitsschäden oder gar den Tod hinnimmt. Die existierenden «vorsorgeorientierten» Grenzwerte für Autos oder Industrieanlagen sind folgerichtig von vornherein so konzipiert, daß sie «stochastische Schäden» in Kauf nehmen, also eine bestimmte Zahl von Todes- und Krankheitsfällen durch Zulassung bestimmter Schadstoffexpositionen. Mögen solche Folgen auch als Ergebnis einer komplexen Abwägung mit den Wirtschaftsfreiheiten, die die vielfältigen Chancen neuer Technologien schützen (Kap. V A.), gelegentlich sogar zulässig sein, erweckt die Rede von Vorsorge doch den irreführenden Anschein, eine moderne Gesellschaft schütze stets perfekt. Und eine solche Selbstirreführung führt zu einem Gefühl falscher Sicherheit, wie es für die Realisierung der Nachhaltigkeit tödlich sein könnte – und wie es mit der erstrebten rationalen, diskursiv verfaßten Weltgesellschaft unvereinbar ist.

Testen wir all dies nun am Beispiel des Klimaschutzes. Was können junge und künftige Menschen von uns verlangen? Dazu zunächst folgendes: Selbst wenn der erwartete, in seinen Folgen dramatische (Kap. I A.) globale Klimawandel erst nach und nach eintreten dürfte, sind schon die lebenden jungen Menschen durch einen Klimaumschwung stark gefährdet. Höhere Hautkrebsraten, gefährdete Wasserversorgung usw. als Klimawandelsfolge können offenbar schon in relativ naher Zukunft auftreten. Erst recht können eine menschenwürdige, von schweren Gefahren freie Existenz sowie Leben und Gesundheit *künftiger* Menschen durch einen globalen Klimawandel tangiert werden. Deshalb sind die Zukunftsrechte betroffen, und künftige Generationen können Abhilfe verlangen. Dies gilt trotz gewisser empirischer Unklarheiten über das Klima, da die Grundrechte eben auch vor nur möglichen Schäden schützen. Und der Grundrechtsschutz wird auch nicht dadurch aufgehoben, daß «jeder» durch den Klimawandel betroffen ist. Denn Grundrechte schützen entgegen gängiger deutscher Ansicht auch in diesem Fall, da eine Ausnahme hier weder verfassungstextlich erkennbar noch gerechtigkeitstheoretisch begründbar wäre (auch eine Scheidung von Abwehr- und Schutzrechten richtet hier nichts aus: Kap. IV C.).

In gleicher Weise wie das Klima ist die langfristige Sicherung von Trinkwasser, Nahrung, Kleidung durch die Zukunftsrechte erfaßt. Problematisch werden damit unsere aktuellen Konsummuster, die auf eine schwere Schädigung des Globalklimas, aber auch auf eine Verringerung des Bestandes an Wäldern, sauberem Wasser, sauberer Luft und überhaupt an erneuerbaren und nicht-erneuerbaren Ressourcen hinauslaufen, zumal sie nur möglich werden durch den weltweit ungleichen Wohlstand, dem wir ja im Zeichen globaler Gerechtigkeit u. U. gerade ein Ende machen müssen. All dies heißt natürlich nicht, daß die Zukunftsrechte vor allem und jedem schützen. Vielmehr zeigen sie sogar, daß die «vier Nachhaltigkeitsregeln» (Kap. I D.) nur mit kleineren Präzisierungen – dafür allerdings nunmehr in menschenrechtlicher Form – Anerkennung verdienen. Anhand der Regenerativen-Regel, nach der Ressourcen nur in der Menge ihres Nachwachsens genutzt werden sollen, kann man sich die prinzipielle Anerkennung aber zunächst gut klarmachen. Denn würden wir einen nicht nachwachsratenorientierten Umgang mit Ressourcen wie Bodenfruchtbarkeit, Holz, sauberem Wasser, Wald vorschlagen, ergäbe dies nur Sinn, wenn von *wenigen* künftigen Menschen ausgegangen wird. Geht man realistisch von vielen aus, zeigt sich, daß z. B. ein Holzeinschlag über die Nachwachsrate hinaus bald zur Totaleliminierung des Waldes führt. Daher schulden wir künftigen Menschen – zumal die ökosystemaren Zusammenhänge oft gar nicht recht bekannt sind – in der Tat eine ungefähre Aufrechterhaltung der natürlichen Ressourcen, des Klimas, der Ozonschicht und der ökosystemaren Stabilität. *Die in Kap. I zitierten Nachhaltigkeitsregeln sind also das, was die Zukunftsgerechtigkeit gebietet.* Sie schützen neben Leben und Gesundheit diejenigen Aspekte des Existenzminimums, die über lange Zeiträume hinweg allein beeinträchtigt sein können (wogegen Nachhaltigkeitsaspekte wie elementare Bildung oder Zugang zum Gesundheitssystem eher Fragen globaler Gerechtigkeit sind). Eine kleine Präzisierung ergibt sich jedoch daraus, daß die Zukunftsrechte als Rechte von Menschen nur jene Ressourcen erfassen können, die für Menschen irgendeine (sei es auch nur entfernte) Relevanz haben. Noch einmal anders sieht es bei den nicht-erneuerbaren Ressourcen aus. Sie sind ja endlich und können daher nicht gemäß einer «Nachwachsrate» verwendet werden. Wir sahen schon (Kap. I D.), daß es darum naheliegt, hier einen Verbrauch mit Ausgleich durch ökonomische oder wissensmäßige Substituierungen zu erlauben, wenn diese wirklich zuverlässig sind.

Natürlich ist ein Existenzminimum stets schwer bestimmbar.

Was genau «braucht» man wirklich? Freilich steht mit den liberalen Grundprinzipien, die ja das Recht auf das Existenzminimum fundieren, die entscheidende Konkretisierungsmöglichkeit bereit: Das Recht richtet sich auf das, was für das Leben eines Vernunftwesens in Würde und Freiheit nötig ist. Grenzziehungsschwierigkeiten lassen sich durch diesen Hinweis zwar nicht ganz beheben, aber es wird trotzdem deutlich, daß es hier um in den transzendental unhintergehbaren liberalen Prinzipien fundierte Wertungen geht – und nicht um Beliebigkeit. Dies verdeutlicht auch das sogenannte Haufen-Paradox, welches nicht nur für normative Argumentationen, sondern auch für deskriptive Zuschreibungen gilt. Es besteht in folgendem: Man kann sicher sagen, daß ein 1,50 m großer Mann klein und ein 2,20 m großer Mann groß ist. Natürlich ist schwer zu sagen, wo genau groß in klein umschlägt. Doch dadurch wird jene Grenzziehung nicht sinnlos. Kurz: Unsicherheit und Schwierigkeit sind nicht gleich Beliebigkeit – ein für eine liberale Theorie insgesamt zentraler Gedanke. Ebenso verhält es sich bei der Bestimmung dessen, was das Existenzminimum ist: Man hat klare Prinzipien. Und man hat außerdem (siehe Kap. V) die gewaltenteilige Demokratie als Mechanismus, welcher anhand jener Prinzipien dann die definitive Entscheidung herbeizuführen hat, wie hoch das Existenzminimum sein muß (die Notwendigkeit präziser Regeln ist ja einer der Gründe, warum wir Recht und nicht nur Gerechtigkeitstheorie brauchen, und zwar gerade um der Gerechtigkeit willen). Ich hatte oben allerdings auch noch gesagt, daß bei künftigen Menschen nur von «vorwirkenden künftigen» Grundrechten gesprochen werden kann. Doch ist die Vorwirkung bei den elementaren Rechten auf Leben, Gesundheit und Existenzminimum identisch mit einem Vollrecht. Denn das Verbot der Vereitelung künftiger Rechte kann hier nicht enger geführt werden als das endgültige Recht.

Der Verweis auf die gewaltenteilige Demokratie spannt freilich schon den Bogen zur Abwägungstheorie (Kap. V). Denn wieviel Existenzminimum bzw. Sozialhilfe letztlich gezahlt wird, ist offenbar eine Abwägungsfrage – in Abwägung z. B. mit den Freiheitsrechten der Steuerzahler. Und nur für diese Abwägung, nicht dagegen für die grundsätzliche Anerkennung gerechter Prinzipien wird sich die «politische Mehrheit» unten als zuständig erweisen. Die demgemäß festzusetzende genaue Höhe der Sozialhilfe kann übrigens auch für den Arbeitsmarkt relevant sein: Je höher die Sozialhilfe, desto höher u. U. die Arbeitslosigkeit (da die Sozialhilfe als faktische Einkommensuntergrenze wirkt). Deshalb ist das deutsche Sozialhilfesystem insoweit nicht ganz unproblematisch. Besser wäre möglicherweise ein System, welches als Prämierung geringer Arbeitsleistungen konzipiert ist und damit Anreize zum (sei es auch geringwertigen) Arbeiten schafft. Dies schon um der dauerhaften wirtschaftlichen Stabilität willen, die ja im weiteren Sinne auch einen Nachhaltigkeitsbezug hat.

D. Gerechtigkeits- und Verfassungsargumente für globale Gerechtigkeit – von der Entwicklungspolitik zur globalen Sozialpolitik

Bis hierher habe ich versucht, eine erneuerte universale liberale Konzeption der Gerechtigkeit und ihre Ausdehnung auf künftige Menschen zu rechtfertigen. Jetzt will ich ein weiteres Kardinalproblem klassisch-liberal geprägter Grundordnungen ins Spiel bringen. Der Nachhaltigkeitsgedanke stellt ja eine integrierte Reaktion auf die intertemporale und die internationale Krisensymptomatik liberalen Denkens dar. Daher möchte ich fragen, ob ein gerechtes Zusammenleben in einer globalisierten Welt nicht nur den Zukunftsschutz stärken, sondern auch die Belange von Menschen in anderen Ländern und Erdteilen mehr beachten muß – also von Menschen, die nicht Mitglieder «meiner» Gesellschaft sind. Wäre dem so, würde dies einen weiteren Paradigmenwechsel anbahnen: Die Gerechtigkeit wäre dann nicht mehr ein Problem nationalstaatlicher Sozietäten. Sie wäre vielmehr die Leitidee des gesamten Zusammenlebens in der Welt. Erste gedankliche Ansätze dahin, z. B. bei Kant, gibt es schon länger. Trotzdem: Dem bisherigen, in der politischen Praxis sehr präsenten wirtschaftsliberalen Denken, welches die Welt im wesentlichen als Absatzmarkt für die heimische Wirtschaft deutet, abgestützt durch ungeregelten Freihandel und schlimmstenfalls gar Kriege, wäre *erst dann* ein zwingendes Ende bereitet, wenn zur Inaugurierung einer strikt universalistischen Perspektive die Transformation hin zur globalen Gerechtigkeit hinzukäme.

Haben also Menschen in anderen Erdteilen Grundrechte darauf, daß man sie (inklusive Trinkwasserzugang und Gesundheitsversorgung) über Grenzen hinweg bedenkt und, mehr noch, weltweit der

Armut ein Ende macht, zumindest soweit vom eigenen Land das Recht auf Existenzminimum nicht einzulösen ist? Diese Fragen drängen sich auf in einer Welt, in der das Zusammenleben dank zahlreicher technisch-ökonomischer Innovationen *ein unumkehrbar globalisiertes ist.* Märkte, Kommunikationen, Internet, Verkehrsströme, wissenschaftliche Debatten, politische Emotionen, Fernsehen – immer mehr Phänomene unserer vertrauten Welt kümmern sich immer weniger um nationale Grenzen. Und auch bei der Armut, der Währungsstabilität, beim Klimawandel, bei der Friedenssicherung und bei der Sozialversicherung geraten wir zunehmend in Abhängigkeiten voneinander. Muß ergo auch die Gerechtigkeit global werden? Muß es vielleicht auch global einheitliche Umwelt- und Sozialstandards geben, sei es gar um unserer eigenen Freiheit willen? Schließlich sucht ein liberales Gerechtigkeitskonzept ja *universale* Prinzipien für alle Gesellschaften der Welt. Haben also nicht nur junge und künftige, sondern auch Menschen im Süden *globale* Rechte gegen reiche Staaten auf ihr Existenzminimum – oder auf ein stabiles Klima und gerechte Handelsbedingungen?

Damit geht es nicht mehr um die erwiesene (Ebene 1) universale Richtigkeit der liberalen Prinzipien in allen menschlichen Gesellschaften. Es geht vielmehr (Ebene 2) um zwischengesellschaftliche Rechte über Staatsgrenzen hinweg – also etwa ein Recht darauf, auch von einer fremden Staatsgewalt nicht bombardiert oder im Welthandel ungerecht behandelt zu werden. Ebenso geht es (Ebene 3) darum, ob eine echte globale Ebene mit womöglich auch globalen Institutionen errichtet werden muß. Aber wie ist es nun damit? Schon für Kant z. B. lag durchaus auf der Hand, daß Regeln wie das Tötungsverbot nicht etwa nur gegenüber Bekannten gelten, sondern prinzipiell gegenüber jedem Menschen. Für die konkrete rechtliche Ordnung stufte er freilich ab: Die umfassende Gesamtheit der Regeln des Zusammenlebens blieb einer staatlichen Gemeinschaft vorbehalten, und international sollte nur ein schmales rechtliches Regime konzipiert werden, und zwar als Völkerrecht zwischen den Staaten, nicht aber zwischen den Bürgern. Mehr konstruierte er nicht. Noch weniger tut dies Rawls, wenngleich er ohne echte Begründung und im Kontrast zu seiner kulturrelativen Basis kürzlich für eine gestärkte UNO eintrat. Andere wiederum fordern zwar globale Gerechtigkeitsmaßstäbe, begründen diese aber mit bloßen Behauptungen (wie schon die intertemporale Gerechtigkeit). Ebensowenig richten Konzepte aus, die besagen, man müsse die «Bedürfnisse» aller Menschen befriedigen. Denn es ist doch gerade erst die Frage der Gerechtigkeit, welche Bedürfnisse anerkennenswert sind und warum.

Vorab: Ebene 2 kann neben der Philosophie auch in einer globalisierten Interpretation nationaler Verfassungen gesucht werden – wogegen Ebene 3 kaum von einer Interpretation des bisherigen *klassischen Völkerrechts* profitieren könnte. Denn einen Weltstaat, dessen Verfassung man interpretieren könnte, gibt es bisher nicht, jenseits des Rechts souveräner, sich im Kern nach Belieben gegenübertretender Staaten. Die zahlreichen, zudem oft unverbindlichen völkerrechtlichen Menschenrechtserklärungen regeln eben nur die Ordnung in, aber nicht zwischen den Gesellschaften (deswegen sind für liberale Staaten Dokumente wie die Europäische Menschenrechtskonvention nur selten interessant, und ich lasse sie meist beiseite). Erst recht gibt es jenseits einer schwachen UNO bisher keinen «Globalstaat». Dies trotz der wachsenden Bedeutung z. B. der Welthandelsorganisation (WTO) mit formalisierten gerichtsähnlichen Streitschlichtungsverfahren für den globalen Handel, die theoretisch den Nukleus eines Weltstaates abgeben könnte. Derartige und andere Phänomene des Völkerrechts reichen zwar in vielfältige Lebensbereiche hinein. Doch insgesamt sind die schwache, letztlich im wesentlichen machtpolitisch instrumentalisierte UNO (näher Kap. IV E.) und das Konferenzwesen, das oft nicht einmal völkerrechtlich verbindliche Konventionen zustande bringt oder sie zumindest nicht strikt umsetzt (Beispiel Klimaschutz!), bisher nicht wirklich eine «verfaßte» Ordnung.

Auch die oft sehr legere Behauptung eines angeblich über das geschriebene Recht *hinausgehenden* Völker*gewohnheits*rechts ändert daran nichts. In den internationalen Beziehungen ist zwar nach herkömmlicher Auffassung ein hoher Anteil der Rechtssätze bloßes Gewohnheitsrecht. Ein solches Recht zeichnet sich dadurch aus, daß es als ungeschriebener Rechtssatz durch bloße faktische Praktizierung seitens der Betroffenen und die Anschauung, dies sei jetzt «das Recht», entsteht. Nur ist *erstens* die Rede von Gewohnheitsrecht schon in staatlichen und supranationalen Ordnungen (EU z. B.) *zweifelhaft*, wenigstens im Recht zwischen «Staat» und Bürger, von dem wir hier ja reden: Denn die Grundordnung des Zusammenlebens muß möglichst klar geregelt sein und kann sich schlecht auf eine u. U. nur schwer feststellbare «Gewohnheit» verlassen. *Zweitens* ist die Rede von «Gewohnheitsrecht» allgemein deshalb fragwürdig, weil sie das Gerechte an die faktische Akzeptanz rückkoppelt. Und eine solche Rückbindung ist bekanntlich unhaltbar (Kap. II). *Drittens* liegt global eben auch einfach kein «Gewohnheitsrecht» vor, was die Nachhaltigkeit angeht. Die Erfahrungen mit der Klimarahmenkonvention, die erst in diesen Tagen in Kraft tritt und zudem nur lasche Ziele enthält, zeigen vielmehr: Die Staaten, die in Ermangelung eines Weltstaates bisher durch Verträge das Völkerrecht erzeugen, empfinden faktisch gerade keine Akzeptanz für das Nachhaltigkeitsziel. Von Gewohnheit also keine Spur. Speziell die vereinzelt propagierte «Common-goods»-Lehre, die aus der faktischen Notwendigkeit bestimmter «Güter» für alle Menschen (z. B. Klima und Weltmeere) ihren Schutz herleitet, erscheint auf dieser Basis weniger als Völkerrecht denn mehr als schlechte, mit den Einwänden gegen Kontextualisten unvertraute Philosophie: Denn abgesehen von den Problemen von «Gewohnheitsrecht» folgt aus der faktischen menschlichen Abhängigkeit von Klima normativ erst einmal gar nichts. Dafür braucht man vielmehr eine spezielle Begründung – die, wie schon kurz skizziert, erst die liberalen Prinzipien leisten (Kap. III C.; näher in IV B.).

Daneben leidet (auch) das geschriebene Völkerrecht an einem schwerwiegenden Mangel: Man kann nämlich füglich bezweifeln, ob es *überhaupt* Völkerrechtssätze gibt. Dies aus folgendem Grund: Bei rund drei Viertel der Staaten weltweit kann man füglich bezweifeln, ob sie über eine Regierung und eine Volksvertretung verfügen, die diesen Namen wirklich verdienen. Nach wie vor bestimmen eben nicht liberale Staaten, sondern Diktaturen und Scheindemokratien das weltweite Erscheiungsbild. Für solche Ordnungen ist aber mehr als zweifelhaft, ob sie für ihr Volk irgendeine bindende Vereinbarung treffen können (und das bisherige Völkerrecht kommt ja durch vertragliche Vereinbarung zwischen Regierungen zustande). Damit wankt das Fundament des gesamten real existierenden Völkerrechts. Mit diesen Überlegungen habe ich zugleich weiter belegt, warum ich mich schon bei der intertemporalen Gerechtigkeit nicht am Völkerrecht orientiert habe.

Doch philosophisch ist der Paradigmenwechsel, den das Völkerrecht bisher nicht geschafft hat, zum Greifen nahe. Denn eine diskursrationale Theorie mit ihrer transzendentalen Basis (Kategorie

«Grund», Einheit von Diskurs und Handeln usw.) *erzwingt* den Umschwung. Dies mit folgender Überlegung: Die vernunftgebotene Menschenwürde, also der Respekt vor der Autonomie des einzelnen, steht *selbstredend* allen Menschen weltweit zu. Und zwar nicht nur universal, sondern auch global zwischen den Gesellschaften. Warum? Die Würde muß ich ja allen potentiellen Diskurspartnern zuerkennen (und zwar nicht nur im Gespräch, sondern auch im Handeln), sobald ich nur einmal im Leben in Gründen spreche, wie ich es als Mensch ja unweigerlich früher oder später tue! Denn Gründe richten sich ja universal bei jedem Menschen an jeden möglichen Diskurspartner – und ein solcher Partner ist auch global der Mensch in einem anderen Erdteil. Daß die Implikationen der Kategorie «Grund» auch Landesgrenzen überschreiten, kann man sich wieder durch ein Gedankenexperiment verdeutlichen. Niemand könnte sagen: «Nachdem wir die Afrikaner A und B erfolgreich gehindert hatten, zu unserer Diskussionsrunde hinzuzustoßen, konnten wir uns endlich überzeugen, daß die These X gut begründet ist.» Eine solche Aussage wäre offenkundig ebenso unsinnig wie die Aussagen, die ich oben unter dem Gesichtspunkt «Universalität» und «Intertemporalität» testete.

Schon daraus folgt dann aber, daß uns die menschliche Praxis des Sprechens in Gründen nötigt, jeden menschlichen Konflikt liberal im Geiste des Würde- und des Unparteilichkeitsprinzips zu lösen, auch globale Konflikte. Ferner wissen wir bereits, daß die zwingend aus der Menschenwürde folgende Freiheit immer dort wirken muß, von wo die Gefahren drohen. Und die Gefährdungslagen drohen heute eben oft global, also über Staatsgrenzen hinweg. Ergo müssen wir mit der machtpolitisch-altliberalen (und christlichen) Tradition und überhaupt der gesamten eher lokal orientierten Moraltradition brechen und Menschenrechte auch global anerkennen – und nicht nur universal. Dies gilt sowohl auf Ebene 3 als auch auf Ebene 2 – also sowohl als globales Gebot wie auch als Gebot liberaler Grundordnungen, auch die Bürger anderer Länder nicht zu vergessen. Auf Ebene 2 (Ebene 3 existiert als globale Verfassung ja noch nicht) ergibt sich dies auch verfassungsinterpretativ. Wörtlich steht von einer Geltung der Verfassung über Staatsgrenzen hinweg allerdings zunächst einmal nichts z. B. im Grundgesetz. Zwar scheint nun eine Norm wie Art. 1 Abs. 2 GG, indem sie Menschenrechte als Basis jeder menschlichen «Gemeinschaft» deutet, implizit vorauszusetzen, daß diese Rechte nur innerhalb eines Staates gelten. Doch m. E. wäre dies fehlschlüssig; denn der Begriff der Gemeinschaft – auch die EU nennt sich so – ist keinesfalls mit dem Nationalstaat alter Prägung zu analogisieren. Vielmehr richten sich die Grundrechte überwiegend an «alle Menschen». Zusammen mit dem eben vorgetragenen Argument erzwingt dies global gleiche Rechte, auch über Grenzen hinweg.

All dies ist eine Kehrtwende. Es ist die Erweiterung der Gerechtigkeit ins Zwischengesellschaftliche und «Gesamtweltliche», hin zu globaler Gerechtigkeit. Eine gerechte Ordnung ist also nicht nur für Länder und staatsähnliche Länderföderationen wie die EU geboten – sondern auch für die Koexistenz zwischen den Ländern und ihren Bewohnern (und sodann unter Einschluß auch der künftigen Menschen – denn die Argumente für den Zukunftsschutz greifen ja auch global, so daß sie auch einen etwaigen Weltstaat bzw. die UNO binden). Zudem ergibt sich philosophisch und verfassungsrechtlich auch noch ein mehrfaches *indirektes* Argument für einen globalen Grundrechtsschutz: (1) Wenn z. B. der deutsche Staat Leben, Gesundheit und Existenzminimum seiner Bürger garantiert, muß er rein faktisch damit rechnen, daß die Menschen anderer Länder ähnliche Bedürfnisse haben. Eine Sicherung unserer Existenzvoraussetzungen auf Kosten ausländischer Menschen – etwa Maßnahmen, die die Folgen eines primär durch uns verursachten Klimawandels von uns fernhalten und anderen Staaten auferlegen – wäre dann aber für uns selbst gefährlich. Denn so werden beispielsweise Kriege wahrscheinlicher. Schon unsere eigene Freiheit gebietet daher globale Gerechtigkeit. (2) «Der Süden» wird ferner indirekt durch die Zukunftsgrundrechte mitgeschützt, indem er faktisch z. B. vom zukunftsmäßig gebotenen Klimaschutz profitieren kann. (3) Letztlich verlöre die liberal-demokratische Ordnung aber auch *innerhalb* des Okzidents an Plausibilität, wenn jenseits der Staatsgrenzen alles erlaubt wäre. Dadurch erhält der Westen ein Doppelgesicht, welches zudem suggeriert, die liberale Rede von Freiheit und Demokratie sei nur eine hohle Phrase, die «auswärts» jederzeit Investitions- und Militärinteressen geopfert werden könnte. Dies würde die Realisierung der Freiheit behindern und ihre Bekämpfung durch Feinde begünstigen. Aus all diesen Gründen erzwingt die universale Liberalität globale Gerechtigkeit auf Ebene 2 (philosophisch und verfassungsinterpretativ) und auf Ebene 3. Demgegenüber können, dies sei ein weiteres Mal betont, Kontextualisten und Skeptiker aus theorieimmantenten Gründen *niemals* auf die globale Herausforderung reagieren.

Mit dem Gesagten ist gerade auch das Recht aufs Existenzminimum global und nicht nur universal. Doch was genau können jetzt arme Menschen verlangen? Kann und muß der Sozialstaat europäisiert und globalisiert werden? Milliarden Menschen weltweit haben heute keinen Zugang zu sauberem Trinkwasser. Sie leben in bitterer Armut, ohne Krankenversicherung, gute medizinische Versorgung und Alterssicherung. Es ist aus den genannten Gründen nunmehr klar, daß prinzipiell Abhilfe geboten ist. Zumindest müssen arme Gesellschaften die Möglichkeit erhalten, nach eigenen Kräften mehr Wohlstand zu schaffen – notfalls auch durch mehr Ressourceninanspruchnahme. Um dies zu ermöglichen, müssen westliche Länder dann ihren Ressourcenverbrauch reduzieren. Das heißt aber auch: Innerhalb des Nordens dürfen Verteilungskonflikte nicht länger nach dem Prinzip «mehr Wachstum» gelöst werden. Zudem muß bei Entwicklungshilfemaßnahmen oder auch bei Auslandsinvestitionen verstärkt auf eine wirksame Armutsbekämpfung geachtet werden. Auch darf der Okzident wohl kaum einen Klimawandel verursachen und die Folgen dann z. B. auf Bangladesch abwälzen (näher Kap. IV B.). Ferner liegt ein gleicher Zugang zum Welthandel für Entwicklungsländer nahe, weil nur dieser das nunmehr globale Unparteilichkeitsgebot verwirklicht (näher Kap. IV E.).

Jenseits solcher «globalen» Bedingungen für die globalen Menschenrechte, die unproblematisch in den Zuständigkeitsbereich der westlichen Wirtschaftsmächte fallen, stellt sich aber die Frage, wer genau der Adressat jener Rechte wäre. So wie der Nationalstaat immer nur aus «organisatorischen» Gründen der Adressat der Menschenrechte ist, die wir uns als Menschen letztlich untereinander schulden (näher sogleich einleitend in Kap. IV), entsteht jetzt die Frage: Was muß der «südliche Staat» seinen Bürgern leisten, und was – über das Gesagte hinaus – müssen andere, reiche Länder und womöglich «die Weltgemeinschaft» leisten? Denn es ergibt sich ein wichtiger Unterschied z. B. zwischen Klimawandel und Armutsbekämpfung darin, daß bei letzterer die südlichen Länder mehr Eigenanteil an den Problemursachen haben. Bittere Armut auf der Südhalbkugel ist ja nicht nur die Folge externer Faktoren wie Kolonialismus oder unfairer Welthandelsstrukturen, für deren Beseitigung «der Westen» zuständig sein mag. Es gibt ja auch innere Ursachen wie korrupte Regime, eine andere Arbeitsmoral, andere Formen der Sozialorganisation usw. Daraus könnte folgen, daß Gebilde wie Staaten und Staatenzusammenschlüsse (EU) z. T. einen besseren Rahmen für echte soziale Zahlungsansprüche darstellen könnten als «internationalisierte» Ansprüche. Auch aus anderen Gründen könnte dies sinnvoll sein. So sollten vielleicht die Vor- und Nachteile der Partizipation an einem Staatsverband möglichst nicht auseinanderfallen. Zudem würde ein global einheitlicher hoher Sozialhilfesatz in ökonomisch schwachen Ländern eine dramatische Arbeitslosigkeit und sodann durch Steuerausfälle einen Haushaltsnotstand erzeugen, was letztlich die Auszahlung der hohen Sozialhilfe vereiteln würde (die Interdependenz von Arbeit und Sozialhilfe klang ja schon im Vorabschnitt kurz an). Vor allem könnte eine kompetenzüberladene globale Ebene zu einer echten Freiheitsgefahr werden, weil sie zu weit von den Bürgern entfernt sein könnte. Das grundsätzliche Bestehen globaler Rechte stellt dies nicht in Frage. Gleichwohl: Wer für was zuständig ist, kann man erst klären, sobald man sich über die Notwendigkeit einer globalen Staatlichkeitsebene und die Reichweite ihrer Kompetenzen Klarheit verschafft hat. Wir kommen darauf zurück (Kap. IV).

Ungeachtet dessen ergibt sich: Eine liberale gesellschaftliche Grundordnung ist universal die einzig gerechte und begründbare. Sie ist aber im Angesicht der doppelten Freiheitsgefährdung, die den Liberalismus hinfortzureißen droht, nur gerecht, wenn sie sich der intertemporal-internationalen Jahrhundertfrage Nachhaltigkeit stellt und damit eine Kehrtwende vollzieht. Damit ist aber noch etwas Wichtigeres mitgesagt: Eine moderne liberale Gerechtigkeitstheorie, die sich um die als alternativlos gerechtfertigten Prinzipien *Vernunft-Achtung-Unparteilichkeit-Freiheit* zentriert, hält der Fundamentalkritik, die die Grundlage unseres Zusammenlebens zu relativieren droht, stand. Bei alledem gelang es, das liberale Denken (wie mir scheinen will: allererst) gegen seine Kritiker wirksam zu immunisieren. Gleichzeitig gewinne ich aus ihm eine *vollständige* Gerechtigkeitstheorie – vor allem aber eine Theorie, die den bisherigen räumlichen und zeitlichen Schranken der Gerechtigkeit ein Ende bereitet. Dagegen bleibt ein gerechter Umgang mit der Zukunft und mit Südinteressen für eine kontextualistische Gartenzaunmentalität und für einen postmodernen (oder wirtschaftsliberalen) Hyperegoismus ein Buch mit sieben Siegeln. Gute Gründe sprechen somit dafür, die historisch einmalige Dynamik, die das liberal-rationale Denken in den vergangenen Jahrhunderten in der Weltaneignung an den Tag gelegt hat, nunmehr von der Errichtung eines primär wirtschaftlich-technischen Paradieses auf Erden ab- und einem neuen Ideal zuzuwenden: einem *universal zukunftsfähigen* Zusammenleben der sich gegenseitig achtenden Individuen in Freiheit. Dessen Begründung ist auch nicht etwa nur «theoretisch und abstrakt». Vielmehr verdeutlicht ein liberales Denken das, was sich Menschen als Menschen unverfügbar gegenseitig zugestehen müssen.

IV. Freiheit durch universale, globale und intertemporale Menschenrechte – Prinzipien der Nachhaltigkeit

Okzidentale Verfassungen sind liberale Verfassungen – und liberale Grundordnungen sind universal gerecht und daher universal geboten. Für Philosophie und Verfassungslehre nötigt nun aber die Anerkennung universaler, globaler und intertemporaler Menschenrechte zu der zentralen, über die Nachhaltigkeit hinausweisenden Frage nach einer Menschenrechts- und Freiheitstheorie. *Die Menschenrechte und ihr begriffliches Zentrum, die F r e i h e i t, sind der Kern liberal-universaler Gerechtigkeit und Verfassung.* Schon deshalb ist dieses Thema entscheidend, wo doch die *universale Gerechtigkeit* die Basis und die Seele der Nachhaltigkeit ist. Zudem stehen wir ja in der doppelten *Freiheits*gefahr: Die Rede von globaler und zukunftsfähiger Gerechtigkeit droht eben, wenn Klimakatastrophen, Terror oder auch äußere Kriege ein bisher ungeahntes Ausmaß erreichen (was sie früher oder später tun werden), zu der These zu verleiten: «Vor solchen Herausforderungen muß das Kollektiv die Freiheit wieder stärker zurückdrängen, und wir brauchen endlich den neuen Menschen, der nicht mehr an Geld denkt.» Oder umgekehrt, eher wirtschaftsliberal-postmodern, droht die These: «Ich als Bürger (bzw. Unternehmer) will tun und lassen, was ich will. Das ist meine Freiheit. Nachhaltigkeit ist ja ganz schön, aber meine Spielräume, meine Selbstverwirklichung, meine Fernreisen und meinen Lebensstandard werde ich dafür ganz sicher nicht opfern.» In diesem Sinne scheint gerade unsere wirtschaftliche Freiheit bisher jede einschneidende Nachhaltigkeitsmaßnahme zu blockieren. Die richtig zu verstehende Freiheit hat daher eine überragende Bedeutung für eine globalisierte Welt, zumal erst sie dem liberal-nachhaltigen Leben seinen Inhalt gibt. Darum könnte sie der Schlüssel sein, um zahlreiche streitige Fragen, die uns tief spalten, überzeugend zu beantworten. Ich will in diesem Sinne zeigen: Auch ohne runderneuerte Freiheit und runderneuertes Menschenrechtsverständnis gibt es keine nachhaltige Gerechtigkeit.

Was also ist uns Freiheit, dieser Kernbegriff allen Streitens über Gerechtigkeit, Recht, Politik? Damit ist man beim Inhalt der Idee universaler, globaler und intertemporaler Menschenrechte. Denn Menschenrechte (bekanntlich = Grundrechte) sind in liberalen Philosophien und Verfassungen Freiheiten gegen den Staat, und dies ist bekanntlich auch gerecht so. Zur Erinnerung: (1) *Nur Freiheitsrechte* kann es geben, weil nur diese Rechte aus den Prinzipien der Achtung und der Unparteilichkeit ableitbar sind und jene zwei Prinzipien die alternativlose und exklusive universale Basis einer gerechten Grundordnung sind. Daß es daneben keine «anderen» Prinzipien geben darf, wird sich weiter unten zeigen; auch Leben, Gesundheit, Existenzminimum erweisen sich so im folgenden, wie schon angedeutet, als Aspekte von Freiheit. (2) *Gegen den (nationalen, europäischen, globalen) Staat* richten sich Grundrechte, weil man eine Instanz braucht, die die Konflikte zwischen den Bürgern löst. Ein Anspruch auf das Existenzminimum «für jeden gegen jeden» wäre organisatorisch wenig sinnhaft. Wie sollte denn ich allein (ohne staatliche Verteilungsentscheidung) z. B. einen Anspruch gegen etwaige Klimaschäden gegen einen konkreten Mitbürger durchsetzen, wo doch sehr viele die Urheber des Klimawandels sind? Zudem braucht man einheitliche Instanzen, die notwendige Abwägungen vornehmen (zu deren Ausgestaltung Kap. IV D.-E., V B.).

Zwar wurde die in Menschenrechte mündende Freiheit oben als «Abwesenheit von Zwang» begründet, ergo als Recht auf maximale Entfaltung und je eigene Wege zum Glück als Bedingung jeglicher humaner Diskurse und autonomen Handelns – aber muß Freiheit in einem modern-liberalen Staat nicht vielschichtiger verstanden werden? Ist philosophisch und bei richtiger Interpretation z. B. der europäischen und deutschen Verfassung (oder auch der völkerverfassungsrechtlichen Menschenrechtserklärungen) eine Freiheit geboten, die den wirtschaftsliberalen Mainstream, der den Untergang der Freiheit heraufbeschwört, dezidiert verwirft – ebenso aber allererst die nötigen Sicherungen gegen autoritäre Usurpationen bereitstellt? Erst nach der damit nötigen Ausarbeitung *der universalen und globalen Prinzipien nachhaltiger Gesellschaften* können wir auch eine Konzeption nachhaltiger Institutionen und nachhaltiger Demokratie für die nationale, europäische und globale Ebene finden.

Unser bisheriges (klassisch-liberales) Konzept politisch-rechtlicher Freiheit ist problematisch, und es gerät bereits durch die globalen und intertemporalen Rechte unter Beschuß. In der Vergangenheit hat die Freiheit, zentriert auf wirtschaftliche und dabei schrankenlose Bewegungsfreiheit, viel vom kritisierten Fortschritts- und Wachstumspathos und vom Hyperindividualismus des klassischen Liberalismus in sich aufgenommen. Gleiches gilt wohl für dessen übertriebene Anthropozentrik, die «vergessen» hat, daß menschliches Leben und damit menschliche Freiheitsausübung nur möglich sind, wenn bestimmte äußere Freiheitsbedingungen nicht irreversibel zerstört werden: Dabei ist der Mensch doch nicht nur ein geistiges, sondern auch ein biologisches Wesen, welches ohne Trinkwasser, Atemluft, Nahrung usw. nicht existieren und folglich auch nicht frei sein kann. Trotzdem ist die alte Freiheit seit Jahrhunderten eingespielte Praxis und findet bei Theoretikern wie Locke, aber entgegen gelegentlicher Auffassung auch bei Kant eine mehr oder weniger erkennbare theoretische Überhöhung (näher Kap. IV C.). Ein weiteres Problem der «Klassik» ist: Die bisherige Freiheitstheorie verbildlicht zwar einerseits das neuzeitliche Erwachen praktischer Vernunft und den Abschied von rein traditionell begründeten Schranken des Individuums. Andererseits verkörpert sie (ganz besonders in den USA, politisch wie theoretisch) die neuzeittypische Überfokussierung des Instrumentellen gerade im ökonomischen und technischen Bereich: Denn in der starken Betonung gerade der wirtschaftlichen Freiheit, in der Ausblendung von negativen Handlungsfolgen für andere Menschen sowie der Kollision mit den Rechten auf Leben, Gesundheit und Existenzminimum lädt sie uns sozusagen zur egoistischen Nutzenmaximierung ein, ohne normativ rational zu einer unparteiischen, den Mitbürgern gleichermaßen Achtung entgegenbringenden Perspektive aufzufordern. Doch die Selbstvernichtung unserer Freiheit, die sich durch ihre eigene Ausübung ihrer vitalen Grundlagen zu berauben droht, muß verhindert werden, weil die freiheitliche Ordnung die universal richtige ist – weswegen spiegelbildlich auch die (öko-)diktatorische Beseitigung der Freiheit strengstens abgewehrt werden muß.

A. Die Welt in doppelter Freiheitsgefahr: Wirtschaftsliberale und postmoderne Wildwestfreiheit versus paternalistisches Gemeinschaftsdenken

Eine neue Freiheitsidee bekämpft nun die Inkonsistenzen klassisch-liberaler Ideen. Sie möchte aber auch das liberale Ideengut für seine postmodernen, religiösen usw. Kritiker in einer globalisierten Welt unangreifbar machen. Für alle Freiheitsaspekte als Schlüssel zu vielfältigsten, aber u. U. *von einem Punkt her* lösbaren sozialen Konfliktlösungen fungiert hier der übergreifende Gedanke: Es geht nicht nur gegen die doppelte Freiheitsgefährdung, in die uns die altliberalen Ideale und ihre Todfeinde gemeinsam hineinmanövrieren. Ganz allgemein geht es gegen die Alternative zwischen einem altliberalen/postmodernen Hyperindividualismus und einer religiösen oder kommunitaristischen «stärkeren Unterordnung unter die Gemeinschaft». Denn beide Grundansätze, die sich bisher oft in Freiheitsdebatten als einzige Alternativen präsentieren, erweisen sich im folgenden als mit der universalen, nachhaltigen Liberalität unvereinbar. Daher werde ich ihre Ersetzung durch einen modernen, nachhaltigen Liberalismus versuchen. Und dieser ist entgegen einem verbreiteten Irrtum keinesfalls «inhaltsleer». Er wird vielmehr stets zu Entscheidungen führen – und dort, wo er nicht genau eine Antwort vorgibt, stellt er mit der gewaltenteiligen Demokratie ein Institutionenarrangement und mit den liberalen Prinzipien (einschließlich ihrer Implikationen) Entscheidungskriterien für unsere Diskurse und unser Handeln.

Die neue Freiheit wird von einer Ableitung aus Würde und Unparteilichkeit *und* von der Unhaltbarkeit gegenläufiger (kontextualistischer und wirtschaftsliberaler) Lehren getragen – ebenso wie von der doppelten Freiheitsgefahr (Freiheitszerstörung durch Diktatur oder durch Zerstörung der äußeren Freiheitsbedingungen), für die diese Lehren latent stehen. Die Grundlage des gesamten neuen Weges ist das in der Vernunft wurzelnde Achtungs- bzw. Würdeprinzip. Art. 1 Abs. 1 GG schreibt z. B. in Deutschland die Würde auch explizit als Ausgangspunkt der Verfassung fest, ebenso wie jetzt Art. 1 EuGRC im europäischen Verfassungsrecht. Art. 1 GG bestimmt ähnlich wie Art. 1 EuGRC: «(1) Die Würde des Menschen ist unantastbar. Sie zu achten und zu schützen ist Verpflichtung aller staatlichen Gewalt. (2) Das Deutsche Volk bekennt sich darum zu unverletzlichen und unveräußerlichen Menschenrechten als Grundlage jeder menschlichen Gemeinschaft, des Friedens und der Gerechtigkeit in der Welt. (3) Die nachfolgenden Grundrechte binden Gesetzgebung, vollziehende Gewalt und Rechtsprechung als unmittelbar geltendes Recht.»

Diese Würde gilt es zunächst näher zu verstehen – und zwar auch verfassungsinterpretativ. Der Rechtsdiskurs wird sich im folgenden mit der philosophischen Perspektive zur gebotenen Achtung vor der Autonomie decken. Nur nennt letztere im Gegensatz zum Verfassungstext auch den Grund der Würde, *der ihre vollständige Interpretation erst ermöglicht*: die menschliche Vernunftbegabung und unsere Diskurse in Gründen, die als Weg für die Verständigung über das Gerechte alternativlos sind. Daß dies der einzig mögliche Grund ist, ergibt sich auf zwei Wegen: Erstens ist dies bekanntlich der einzige normative Grundansatz, der nicht scheitert. Zweitens wird dieser Zugriff auf den Liberalismus auch durch den kantianisch-*liberalen* Begriff «Würde» impliziert. Und da die deutsche oder auch die europäische Verfassung offen formuliert sind, muß sich die Verfassungsauslegung, wenn sie der Orientierung bedarf, dieser Basis, die ja erst zeigt, was mit Würde gemeint ist, bedienen. Was aber folgt daraus für die Würde? Die Vernunft, die sich uns als alternativlos erwies, ist bekanntlich inhaltlich «offen». Diese Offenheit und Alternativlosigkeit der Vernunft erzwang nun durch ein transzendentales und ein (weiteres) Alternativlosigkeitsargument das Gebot der Achtung aller Menschen als Gleiche, und zwar gerade *als Individuen.* Dieser gebotene *Respekt vor der Autonomie* ist die Grundnorm einer gerechten Verfassung. Darum ist das der begründete und richtige Gehalt der Würde. Einen abweichenden begründeten Gehalt gibt es nicht, denn woher sollte er kommen? Eine Norm wie Art. 1 Abs. 2 GG – oder auch die Präambel des Internationalen Paktes über bürgerliche und politische Rechte – bekräftigt noch einmal, daß die Adaption der liberalen Theorie für die Verfassungsauslegung angezeigt ist. Denn sie spricht in den liberalen Begriffen Würde und Freiheit und fundiert dabei wie die *liberale* Theorie *alle* Grundrechte in der Würde. Und dies ergäbe keinen Sinn, wenn Würde, wie oft behauptet, bloß den «Wert des Menschen als Menschen» oder «das Verbot, den Menschen zum Objekt zu machen», enthielte. Denn «Objektverbot» und «Wertgebot» stecken, anders als die

Autonomie, wohl kaum in jedem Grundrecht. Wer diese althergebrachten Formeln verwendet, scheitert zudem nicht nur an Art. 1 Abs. 2 GG. Er müßte seine These auch allgemein erst einmal philosophisch und verfassungsinterpretativ begründen. Bloße gefühlige Behauptungen und «energisches Pochen» auf die Wichtigkeit der Würde ersetzen eine solche Begründung nicht. Und ich *sehe* schlicht keine Begründung.

Der grammatische und systematische Befund einer Norm wie Art. 1 EuGRC oder Art. 1 GG zeigt nun noch etwas, was auch philosophisch richtig erscheint: Die Würde ist nicht so sehr selbst ein Recht, sondern eher der Grund und damit die Auslegungsbasis der Freiheitsrechte. Den Basischarakter betont z.B. Art. 1 Abs. 2 GG explizit: Die Menschenrechte werden um der Würde willen gewährleistet («darum»), sind also etwas von der Würde Verschiedenes. Ferner spricht Art. 1 Abs. 3 GG von «nachfolgenden» Grundrechten, was bedeutet, daß die vorher in Abs. 1 erwähnte Würde offenbar kein solches Recht darstellt. Die Negation einer Grundrechtsqualität der Würde vermeidet auch die neuerdings aufkommende Vorstellung, die Achtung für jeden Menschen könnte als solche Gegenstand einer Abwägung sein. Man denke hier an die seit kurzem hochkontroversen Terroristen-Folter-Fälle, in denen nach einer *neuen* Ansicht die Würde eines (islamistischen) Terroristen, dem durch Folter die Information über einen geplanten Terroranschlag entlockt werden könnte, gegen die Menschenwürde der sonst sterbenden Terroropfer abgewogen werden muß. Und so kann es nicht sein: Die Würde als solche ist nämlich unantastbar – so Art. 1 EuGRC, 1 GG wörtlich, und so auch die liberale Gerechtigkeitskonzeption mit der Würde als unbestreitbarem Kern. Allein die aus der Achtung fließenden Freiheitsrechte, z. B. das Recht auf Gesundheit der Opfer einerseits und des Terroristen andererseits, können daher beschränkbar sein.

Zumindest jene «mittelbare Einschränkbarkeit» ist allerdings entgegen einer *alten* Ansicht unvermeidbar und keinesfalls «durch die Würde verboten». Denn *alle* Menschen- bzw. Freiheitsrechte sind letztlich Ausfluß der Würde im Sinne von Respekt vor der Autonomie: Das sieht man daran, daß eben alle Freiheiten und nicht nur einige in der Würde wurzeln. Wenn, wie das Folterbeispiel zeigt, aber Kollisionen z. T. unvermeidlich sind, muß es auch eine Abwägung der Freiheiten untereinander geben – also auch zwischen

Gegenwart und Zukunft bzw. zwischen Nord und Süd; dieser so schlaglichtartig erfaßte Punkt wird noch breit zu beleuchten sein. «Unantastbar» kann jedenfalls offenbar nur ein Kerngedanke sein, der nie mit den «Kernen» bei den Mitmenschen kollidieren kann – nämlich daß der Respekt vor der Autonomie nicht gänzlich negiert werden darf. Nun wird man freilich kaum sagen können, daß Folter per se diesen Respekt gänzlich leugnet. Damit reicht der Verweis auf das Würdeprinzip für ein absolutes Folterverbot aber nicht aus. Aber heißt das nun, wie eine neue Ansicht meint, daß Folter in der Abwägung «Gesundheit gegen Gesundheit» eben doch zulässig ist? Nein – aber nicht wegen der Würde, sondern *um unser aller Freiheit willen*: Denn es geht mit der Folter zugleich um die Freiheit diverser Unbeteiligter. Wer vereinzelt die Folter zuläßt, versieht angesichts der Mißbrauchsgefahr die Polizei mit einer Machtfülle, die den Weg in den autoritären Staat weist. Zugleich liefert man, indem man die vermeintlich «böse Fratze des Westens» zeigt, liberalismuskritischen Islamisten weitere Rekrutierungsargumente und gefährdet damit die Liberalität dieser Welt dauerhaft. Mehr noch: Ein folternder Staat ist letztlich kein liberaler Staat mehr, so daß er sich fragen lassen müßte, warum man ihn denn überhaupt noch gegen antiliberale religiöse Fundamentalisten verteidigen sollte.

Kein Argument fürs Folterverbot wäre indes, daß dem Gefolterten eine «direkte» staatliche Schädigung drohe und einer nicht geretteten Geisel nur eine «indirekte», da der Staat sie ja nicht eigenhändig verletzt oder umbringt – weil sich direkte und indirekte Schädigungen (bzw. «Abwehrrecht» und «Schutzrecht») in Kap. IV C. als gleichrangig erweisen. Jedenfalls sehen wir hier nebenbei: Die Menschenwürde ist weder «göttlich» noch «mehrheitsabhängig», ebenso wie die anderen Prinzipien der gerechten Grundordnung. In der Abwägungstheorie (Kap. V) werden wir dann sehen, wo genau die Spielräume für politische Mehrheitsentscheidungen innerhalb dieser Prinzipien liegen. Bei der Folter gibt es einen solchen Spielraum nicht – weil hier eben nur genau ein Abwägungsergebnis («Folter nie») richtig ist.

B. Freiheit, Freiheitsvoraussetzungen, Handlungsfolgenverantwortlichkeit

Was ist aber nun «Freiheit» in einer zukunftsfähigen und globalen Konzeption der Gerechtigkeit und der Verfassungsinterpretation? Der deutsche Art. 2 Abs. 1 GG, das allgemeine Freiheitsrecht des Grundgesetzes jenseits aller speziellen Freiheiten wie der Presse-, Berufs-, Religions- oder Versammlungsfreiheit, bestimmt z. B.: «Jeder hat das Recht auf die freie Entfaltung seiner Persönlichkeit, soweit er nicht die Rechte anderer verletzt und nicht gegen die verfassungsmäßige Ordnung oder das Sittengesetz verstößt.» Was genau mit «frei» gemeint ist, sagt die Norm nicht, ebensowenig wie der inhaltsgleiche Art. 6 EuGRC. Also muß man den Grund der Freiheit, nämlich die Würde und – dahinter – die Vernunft, für die Auslegung heranziehen, um einen anwendungsfähigen Freiheitsbegriff zu erhalten. Die altliberale Tradition und auch das Bundesverfassungsgericht (BVerfG) sehen in der Freiheit bisher im wesentlichen nur die Verpflichtung der Politik, jeden tun zu lassen, was er will (Abwesenheit von Zwang). Und für das Verhältnis zum Mitbürger werden die Menschenrechte zumeist als wenig relevant erachtet. Es geht bis heute meist nur um den Schutz vor dem Staat. Die äußeren Bedingungen von Freiheit bleiben unthematisiert, ebenso wie die u. U. fatalen Folgen der Freiheitsausübung.

Doch der klassisch-liberale Freiheitsbegriff hat in seiner reduktionistischen Tendenz einschneidende Schwächen; sie hängen auch mit seiner Verbindung zu einer überhobenen Anthropozentrik und zum überhöhten Fortschritts- und Wachstumsideal zusammen. Er impliziert – dies ist das erste Problem, das der *Freiheitsvoraussetzungen* – sozusagen die Möglichkeit von Freiheit ohne auch nur minimale äußere Voraussetzungen: eine Art cartesianische Hybris vom materieunabhängigen Geistwesen Mensch, welches eine endlos ausnutzbare Erde vorfindet. Wenn jemand die z. B. bildungsmäßigen oder finanziellen Voraussetzungen für seine Freiheit nicht mitbringt, ist dies für klassische Liberale kein Problem der Grundrechte – und dies in einer Welt, in denen es vielen selbst an elementarster Nahrung, sauberem Wasser und Bildung mangelt. Unverdrossen garantiert die altliberale Freiheit nur Zwangsabwesenheit, inklusive des Rechts auf Aktivwerden und Sicheinbringen in staatliche Entscheidungsprozesse (dies ist gerade Freiheitsausübung und nicht Freiheitsvoraussetzung, auch wenn Marxisten diesbezüglich verwirrend von «positiver Freiheit» sprechen). Doch wer Freiheit als bloße Zwangsabwesenheit gegenüber unserer Abhängigkeit von elementaren Lebensbedingungen verabsolutiert, läuft eben, indem er ein unumschränktes Recht auf Lebensgrundlagenzerstörung einräumt, in die doppelte Freiheitsgefahr hinein – indem er wirtschaftsliberale, problematische Lebensideale im Freiheitsbegriff verewigt.

Zwar ist am altliberalen Denken richtig, daß Freiheitsrechte keinesfalls die Schaffung *sämtlicher* Freiheitsbedingungen garantieren dürfen. Eine vollumfängliche und einklagbare Freiheitsvoraussetzungsgarantie würde leicht einen totalitären und in jede Lebensregung intervenierenden illiberalen Staat heraufbeschwören. Und dann wäre die Grundordnung keine auf Freiheit und Autonomie hin ausgerichtete mehr. Freiheit soll es ja gerade deshalb geben, damit jeder ein eigenständiges Leben führen und auf je eigene Weise sein Glück suchen kann, ohne daß der Staat darin Vorgaben machen darf. Trotzdem müssen unsere Freiheitsrechte die *elementaren* Freiheitsvoraussetzungen garantieren und damit auch ein Recht auf Leben, Gesundheit und Existenzminimum. Dieses Recht muß es bekanntlich schon deshalb geben, weil es Diskursvoraussetzung ist (siehe Kap. III C.). Jetzt aber sieht man, daß jenes Recht gerade als Teil von Freiheit, die ja ihrerseits unserer Begründungspraxis geschuldet ist, zu rubrizieren und noch klarer zu begründen ist. Denn wenn unser Sprechen in Gründen die Freiheit garantiert, impliziert das zugleich, daß auch solche elementaren Voraussetzungen mit gleicher Festigkeit und Durchsetzbarkeit (also subjektivrechtlich) garantiert sind, ohne die es keinesfalls Freiheit geben kann – andernfalls garantiert man eben gerade keine Freiheit im Sinne von voller, an der Autonomie orientierter Entfaltungsmöglichkeit.

Somit ist ein *Freiheits- und Menschenrecht auf die elementaren Freiheitsvoraussetzungen* geboten – durch die allgemeine Gerechtigkeitslehre, aber auch durch unsere Verfassungen, die von Würde und Freiheit sprechen und ergo die gleiche Argumentation tragen. Wir alle, auch junge, künftige und in armen Ländern lebende Menschen, haben damit dieses Recht. Und wie wir schon in Kap. III sahen, umfaßt jenes Recht auch Topoi wie Atemluft, ein stabiles Globalklima oder den Zugang zu sauberem Trinkwasser. Es ist ergo nicht nur so, wie Art. 34 EuGRC in vorsichtiger Ablösung von der

Klassik aussagt, daß man ein nur «ökonomisches» Existenzminimum verdient. Daneben tritt außerdem noch ein Recht auf elementare Bildung, wie es übrigens ganz explizit in Art. 26 der völkerrechtlichen Erklärung der Menschenrechte und Art. 14 EuGRC steht (dagegen hat das deutsche BVerfG bisher keinen *Grundrechtsanspruch* auf das Existenzminimum anerkannt, wenngleich ihm dies zuweilen nachgesagt wird – sondern nur eine nicht einklagbare Staatspflicht). Auf nur freiheits*förderliche*, nicht zwingend für die Möglichkeit von Freiheit *nötige* Bedingungen («weitere» Freiheitsvoraussetzungen) gibt es dagegen kein Menschenrecht. Solche Bedingungen sind z. B. die Existenz eines Stadttheaters, das Vorhandensein eines öffentlichen Personennahverkehrs, eines Kindergartens, eines kommunalen Schwimmbades o. ä. Sie erleichtern die Freiheitsausübung und damit, diskursrational gesprochen, unsere Gerechtigkeitsdiskurse, deren Implikation die liberalen und nachhaltigen Grundprinzipien ja sind, indem sie die Persönlichkeitsentfaltung fördern. Die «weiteren» Freiheitsbedingungen sind für diese Entfaltung aber *nicht unabdingbar*, und (1) deshalb kann man nicht sagen, daß ohne sie Freiheit unmöglich wäre. Auch darum können sie schlecht ein garantierter und einklagbarer Bestandteil der Freiheitsrechte sein – nicht nur (2) wegen der Gefahr eines eher freiheitsschädlichen als -förderlichen Hyperstaates.

Für meine Integration der elementaren Freiheitsvoraussetzungen in das generelle Recht auf Freiheit sprechen nicht nur allgemein die Freiheit und die Notwendigkeit, die Bedingungen eines würdigen (autonomen) Lebens zu garantieren. Für sie spricht vielmehr auch, daß nur so die doppelte Freiheitsgefahr abgewehrt wird: Indem die materiellen Existenzbedingungen in den Freiheitsbegriff integriert und nicht etwa der Freiheit als Überrecht vorangestellt werden, welches sodann beliebige Freiheitseinschränkungen deckt, wird die Idee einer Ökodiktatur ebenso zurückgewiesen wie die einer entgrenzten ökonomischen Freiheit. Denn nur so wird der Lebensgrundlagenschutz stets daran erinnert, daß er freiheitlich sein muß. Auf diese Weise entwertet man die ständigen Entschuldigungen z. B. Chinas, ein armes Land müsse den Hunger bekämpfen, wobei jedes, auch jedes freiheitszerstörende Mittel recht sein müsse. Das Recht auf die Existenzminimumsaspekte Nahrung, Atemluft, Sicherheit gegen Hunger, Unbildung, Naturkatastrophen, Kriege, Verbrechen anderer Menschen usw. ist eben kein Selbstzweck, für den man jederzeit z. B. die Presse- oder Versammlungsfreiheit opfern kann (wie Hand Jonas meint); die Existenzminimumsaspekte sind erst um unserer Autonomie willen wichtig. Darum muß die physische Existenz *einer unter mehreren Aspekten* der Freiheit sein – und nicht etwas sie Überragendes, wie auch ein John Rawls kurz vor seinem Tod erwogen hat. «Sicherheit als Selbstzweck» impliziert dagegen stets ein paternalistisches (oder ein hobbesianisches, autoritär-liberales) Staatsverständnis. Frieden usw. ist also *Freiheitsvoraussetzung* – und *als solche* ein globales Recht. Wobei «Sicherheit gegen Hunger» in der Dritten Welt zugleich die «Sicherheit gegen den Terror» im Okzident erhöht und auch hier freiheitsrelevant ist (Kap. IV E.).

All dies ist keine «Bedürfnisethik», die (in einer unter Sozialphilosophen und Globalisierungskritikern anzutreffenden Weise) aus bestimmten faktischen Bedürfnissen deren eigene Beachtlichkeit herleitet. Dies wäre nicht nur ein naturalistischer Fehlschluß. Es wäre auch eine beliebige dogmatische Setzung – denn wer sagt denn, daß irgendein Bedürfnis per se beachtlich ist? Und warum sollten faktische Bedürfnisse (z. B. mein «Bedürfnis» nach Geschlechtsverkehr mit der mir gerade zufällig begegnenden Frau X) überhaupt als normativ relevant gelten? Diese unlösbaren Fragen vermeidet die Theorie der Freiheitsvoraussetzungen gerade, indem sie mit dem Freiheitsbegriff einen normativen Orientierungspunkt bietet, von dem aus sich ohne beliebige Setzung oder Sein-Sollen-Schluß beantworten läßt, daß bestimmte «Bedürfnisse» als relevant zu erachten sind – andere dagegen nicht. Die Empirie ist hier nur Subsumtionsmaterial, aber eben nicht selbst normatives Kriterium (zu dieser Scheidung Kap. I E.).

Diese Thesen zu den elementaren Freiheitsvoraussetzungen sind der erste große Bruch mit dem altliberalen Freiheitsverständnis. Sie klären den menschenrechtstheoretischen Standort des universalen, globalen und intertemporalen Rechts auf Klimastabilität, verfügbare Energieressourcen usw. Damit ist auch ein normativer Kern gefunden für eine «Umwelt-» und «Sozialpolitik», der es richtigerweise um den Erhalt elementarer Bedingungen eines würdigen, der menschlichen diskursiven Vernunftnatur adäquaten Lebens gehen muß – universal, global und intertemporal, *auch* unter den Lebenden. Damit ist bereits ein wesentlicher Kontrapunkt zu einer einseitig wirtschaftsliberalen Freiheitslehre gesetzt. Doch ebenso zentral ist die zweite Fortführung des Gedankens, daß eine von der Würde her interpretierte Freiheit nicht nur freies Belieben und ökonomische Freiheit meinen kann, auch wenn klassische Liberale und zuweilen auch Postmoderne das offenbar annehmen. Meine These zu diesem nächsten, zweiten Bruch ist: Freiheit darf – woran das Recht auf das Existenzminimum ja noch nichts ändern würde – nicht länger die pauschale Befugnis sein, andere beliebig zu beeinträchtigen, ohne mit den Folgen konfrontiert zu werden. Vielmehr muß Freiheit gerade ein Gebot enthalten, nicht die Folgen meiner Freiheit auf andere abzuschieben: also ein *Junktim von Freiheit und Folgenverantwortlichkeit* («Verursacherprinzip»). Ist es denn etwa mit einer freiheitlichen Ordnung vereinbar, daß ich durch meine freien Handlungen andere, auch räumlich und zeitlich weit entfernte Menschen beeinträchtige, diese Folgen aber als etwas «Fremdes» von mir weise? Ist es gerecht, daß ich die Vorteile meiner Urlaubsreise und meiner Wegwerfprodukte habe, die Nachteile in Gestalt des Klimagasausstoßes aber anderen auferlege? Ist es gerechtfertigt, daß ich die Vorteile der über Tausende Kilometer herbeigeschafften Südfrüchte für mich habe, von den Folgen, etwa der Pestizidvergiftung südamerikanischer Bauern angesichts wohlbekannter (flugzeuggestützter) Spritztechniken, aber nichts hören will?

Würde die Freiheit ein *Junktim* im eben bezeichneten Sinne enthalten, hieße das, daß eine *Nachhaltigkeitspolitik*, die mich für all diese unangenehmen Folgen einstandspflichtig macht, nicht einfach freiheitsbeschränkend ist. Sie wäre vielmehr gerade auch Ausdruck meiner Freiheit. Dies wäre sehr relevant für die Rechtfertigung von nachhaltigkeitsbedingten Freiheitsverkürzungen bei den heute Lebenden, die durch ihr Handeln die Freiheitschancen junger, künftiger und weit entfernt lebender Menschen beeinträchtigen. Das Junktim meint allerdings nicht die in Tageszeitungen populäre, an das altgermanische Lehensverhältnis angelehnte Vorstellung, wer Macht habe (also Manager, Sportler o. ä. ist), müsse zuweilen auch etwas für seine Schutzbefohlenen tun, wie sie für einen Paternalisten wie Jonas charakteristisch ist. Jene Vorstellung ist durch den ohnehin gebotenen Schutz universaler, globaler und intertemporaler Freiheiten und Freiheitsvoraussetzungen überflüssig. Und sie pervertiert auch das Junktim, indem wir z. B. allweihnachtlich 50 Euro an «Brot für die Welt» überweisen, gleichzeitig aber das Jahr über – auf Kosten der Entwicklungsländer – Bananen, Kaffee, Eisenerz (für Autos) zu Billigstpreisen erwerben. Solche Spenden sind weniger «Verantwortung» als vielmehr Almosen, die die Empfänger demütigen und in ihrer Selbstachtung kränken – und die sie zudem oft gar nicht erreichen. Klar ist allerdings: Das Junktim könnte stets nur regeln, *wen* eine unangenehme Handlungsfolge treffen sollte. *Ob* eine Handlungsfolge überhaupt als unangenehm anzusehen ist, ist eine Frage für andere Freiheitsaspekte.

Bisher leugnen Liberale und Anti-Liberale gleichermaßen meist ein Junktim von Freiheit und Folgenverantwortung. Zumindest wird das Junktim nie begründet und in seinen weitreichenden Konsequenzen (Internalisierung nur wahrscheinlicher, weit entfernter und zudem komplex verwobener Handlungsfolgen; s. u.) ausgelotet. Es gibt jedoch drei starke Gründe für ein solches Junktim. Sie wenden wiederum den Grund der Freiheit auf die Deutung ebendieser Freiheit an und profilieren damit die Menschenrechte weiter gegen altliberale Fehldeutungen – philosophisch und verfassungsinterpretativ. *Erstens*: Natürlich kann in einem autoritären Staat die Verantwortlichkeit der Bürger für ihr Handeln eliminiert und eine allzuständige öffentliche Hand etabliert werden. Umgekehrt beruhen freiheitliche Ordnungen aber auf der Idee, daß die Menschen ihr Glück selbst in die Hand nehmen. Dann müssen sie aber auch das selbstverursachte Unglück tragen. Verantwortlichkeit ist ergo eine begriffsimmanente Folge von Freiheit. Das Junktim läßt sich *zweitens* aus der Einwirkung des Menschenwürdeprinzips auf den Freiheitsbegriff herleiten: Es geriete mit der Würde des einzelnen in Konflikt, wenn ihm die Gemeinschaft bzw. der Staat stets paternalistisch die Einstandspflicht für den eigenen Lebensentwurf und das «Antwortenmüssen» für die Folgen des eigenen freien Handelns abnähmen, indem man ihn von diesen Folgen entlastete (also z. B. als Staat die Schäden reparierte, die ich als einzelner anrichtete). Würde als Autonomie verlangt gerade das Fehlen eines Übervaters, der uns nach Art von Kindern der Regie über unser Leben enthebt. Und genau das würde passieren, wenn die Bürger wie unmündige Kinder stets auf einen National- oder Globalstaat rechnen könnten, der einspringt, sobald sie «etwas Dummes getan» und z. B. künftigen Menschen geschadet haben. *Drittens* spricht das liberale Unparteilichkeitsprinzip für das Junktim: Denn wenn jemand nicht selbst für seine Handlungen einstehen will, sagt er damit indirekt, daß jemand anders oder einfach die Gesamtheit aller Bürger die Handlungsfolgen tragen soll. Aus einer unparteilichen Perspektive erscheint es aber naheliegend, daß man sich weigern würde, die Schäden auferlegt zu bekommen, die andere verursacht haben. Regelmäßig wird ein unparteiischer Betrachter wollen, daß nicht die Vorteile einer Handlung den einen treffen und die Nachteile einen anderen. Das gilt auch global und intertemporal, weil die Unparteilichkeit ja gerade auch hier gilt. *Viertens* transportieren liberale Verfassungen den Verursachergedanken z. T. ausdrücklich – so Art. 174 EGV für den Bereich der Umweltpolitik. Zu nennen ist aber auch der Begriff «Sittengesetz» z. B. in Art. 2 Abs. 1 GG (der übrigens mit diesem Kantschen Begriff auch das Unparteilichkeitsprinzip impliziert).

Das Junktim ist der zweite frontale Bruch mit der altliberalen Freiheit – gleichzeitig aber auch eine scharfe Grenzlinie zu paternalistischen Ansätzen à la Jonas. Doch was bedeutet dies alles? Das Junktim meint zunächst eine «Haftung» bei Handlungsfolgen, die ohnehin den Handelnden treffen. Wenn jemand mit seinem Geschäft Bankrott macht, sei es ein Großkonzern oder auch ein philippinischer Einzelhändler in einer globalisierten Welt, ist dies darum zunächst (vorbehaltlich gewisser Ausnahmen, die aus dem Schutz der Freiheitsvoraussetzungen folgen: s. u.) *seine* Sache. Das Junktim impliziert darüber hinaus aber bei Folgen, die nicht «von selbst» den Handelnden belasten, daß diese dem Täter «künstlich» angelastet werden dürfen, wenn nur dies geeignet ist, dem einzelnen die Konsequenzen seines Tuns vor Augen zu führen: z. B. durch Haft für Straftaten.

Es gibt indes Folgen freier Handlungen, die nicht heute, sondern erst künftig eintreten, und zwar häufig (a) zeitlich und örtlich *weit entfernt* – und die (b) oft von *mehreren Handelnden* herstammen. Deswegen ist es nahezu unmöglich, wenn ein globaler Klimawandel eintritt und der Meeresspiegel steigt, einen einzelnen ertrinkenden Bangladeshi *genau einem* deutschen Klimagasemittenten (Pkw-Fahrer z. B.) als «Täter» zuzurechnen. Doch auch hier, in diesen für die Nachhaltigkeit relevanten Konstellationen raumzeitlicher Entfernung, muß das Junktim gelten: Man kann bei bestimmten Handlungen eben nicht wirklich abwarten, bis die Handlungsfolge eintritt. Dann wäre nicht nur das Opfer, sondern auch der «Täter» womöglich schon tot – womit die Folgenverantwortung leerliefe. Und dies ist nicht hinnehmbar. Denn man weiß ja im vorhinein, daß bestimmte Akte bestimmte Risiken mit sich bringen und die möglichen Schadensfolgen typischerweise (auch) andere als den Handelnden treffen: Die Vorteile der FCKW-Sprühdose hat der Nutzer, die Lasten tragen andere – z. B. künftige Menschen in Gestalt einer zerstörten Ozonschicht. Und eine Internalisierung solcher Handlungsfolgen wäre *machbar* – etwa durch ein Gesetz, das die *zu erwartenden* Kosten eines künftigen Schadens schon heute dem Handelnden anlastet, damit er sie bei der Handlungsvornahme mitbedenken und die Handlung ggf. unterlassen kann. Um die Freiheit der Mitmenschen auch unter modernen wirtschaftlich-technischen Bedingungen (unter denen sie Eingriffen über große Entfernungen unterliegen) zu schützen, müssen darum auch weit entfernte Handlungsfolgen auf den Täter rückverlagert werden. Und dies muß auch bei mehreren Tätern gelten. Denn würde man eine Verursachermehrheit als Haftungsausschluß sehen, müßte man auch davon absehen, die Beteiligten einer Straftat zu belangen, an der zahlreiche Akteure beteiligt sind. Doch warum sollte ein Beihelfer z. B. eines hochkomplexen Überfalls auf die Bundesbank nicht belangt werden, nur weil noch 500 andere beteiligt waren? Würde man den Einwand gestatten, daß die Tat vermutlich auch ohne den jeweils einzelnen möglich gewesen wäre, wäre eine Strafbarkeit von Handlungen mehrerer oft nicht gegeben – und Würde und Freiheit in einer komplexen Welt schutzlos.

Da freilich künftige und entfernte Ereignisse in ihrer Kausalität nie ganz gewiß sind, legt das Junktim ein weiteres nahe, wenn es doch offenbar räumliche und zeitliche Distanz überbrücken muß: (c) daß eine ernsthafte Schadens*wahrscheinlichkeit* fürs Junktim ausreicht. Dies wird auch dadurch, daß eine nachhaltige Menschenrechtstheorie eben auch vor unsicheren Gefährdungen schützt (Kap. III C.), nahegelegt. Dieser Schutz folgt ja aus dem Gewicht der geschädigten Belange, der Notwendigkeit eines realen Freiheitsschutzes bei drohender Irreversibilität und dem Unparteilichkeitsprinzip. Dies gilt um so mehr, wenn man im Sinne eines wirksamen Schutzes der Handlungsfolgenverantwortung davon ausgeht, daß das Junktim schon bei bloßer statistischer Kausalität eingreift – also bei statistischer Mitwirkung z. B. des Pkw-Fahrers daran, daß der Meeresspiegel durch klimabedingtes Abschmelzen der Polkappen steigt, ohne daß es darauf ankäme, welcher konkrete Bangladeshi aufgrund der Pkw-Abgase sodann ertrunken ist. Ein solcher «bloß statistischer» Zusammenhang ist für die moderne Politik typisch. Niemand bezweifelt den Anteil der Industrieanlagen am Waldsterben, nur weil man nicht einer Anlage genau einen toten Baum zuordnen kann. Dann aber muß auch das Junktim greifen, soll nicht dieser Kernaspekt von Freiheit erodieren (wobei Junktim *nicht* heißt, daß z. B. konkrete Schadensersatzansprüche gegen Autofahrer X zugunsten des Bangladeshis Y das Junktim gut umsetzen könnten; ich denke eher an Ökosteuern: Kap. V C.).

Verantwortlich sind bei alledem nicht nur Produzenten für Produkte und ihre Nebenfolgen, sondern auch Verbraucher für ihre Kaufentscheidung. Damit ist die ständige latente Diskussion, ob «die Konsumenten» oder «die Industrie» die Adressaten der Nachhaltigkeitsidee seien, überflüssig. Beide dürfen, z. B. durch Ökosteuern, an die Folgen der Wegwerfgesellschaft erinnert und für sie einstandspflichtig gemacht werden (wenngleich, wie andernorts gezeigt, die Coase-These, auch das Opfer einer Handlung sei «schuld», so nicht stimmt). Bei alledem schneidet die Folgenverantwortung unsere Verdrängungsneigung ab, die bei multikausalen Zusammenhängen leicht auftritt, indem wir allzugern von den Folgen unseres Tuns abstrahieren: Scheinbar ist «niemand» für den Klimawandel, das Ozonloch oder den Hungertod afrikanischer Kinder verantwortlich. Diese Verdrängungsprozesse dürften eine wichtige Antriebskraft übermäßiger Ressourcennutzung sein. Hier kann das Junktim einem hypostasierten Fortschrittsglauben und Wildwest-Individualismus *nachhaltig* den Boden entziehen, und zwar in Anwendung *liberaler* Prinzipien. Ein ins Endlose weisendes ökonomisch-technisches Fortschrittsideal ist kein «Sachzwang», sondern menschengemacht. Es fällt nicht vom Himmel, sondern *wir* entscheiden uns dafür. Und diese Fokussierung des Menschen ist gerade liberal. Keinesfalls kann ich die Folgen meiner Handlungen auf «das System Wirtschaft», wie der Systemtheoretiker Niklas *Luhmann* glaubt (kritisch zu ihm Kap. VI B.), abschieben und damit fröhlich so weitermachen wie bisher. Es geht nicht um anonyme «kollektive Probleme», die dann womöglich ein paternalistischer Übervater lösen müßte. Es geht um mich und meine freien Handlungen, für deren Folgen ich einstehen muß. Und jene kritische Distanz, jene Freiheitlichkeit und ein klarer Blick für Verantwortlichkeiten sind ein wirksames Mittel, um blinden Gehorsam gegenüber Autoritäten ohne Ansehung ihrer Gründe zu verhindern.

Die zwei neuen Freiheitsaspekte «Junktim» und «Voraussetzungsschutz» können freilich auch einmal untereinander kollidieren, wenngleich Freiheitsvoraussetzungsschutz keinen rigiden paternalistischen Wohlfahrtsstaat meint (weder in Deutschland und Europa noch in einem hypothetischen Weltstaat). So betrifft die Streichung der Sozialhilfe für einen arbeitsunwilligen Bedürftigen dessen Freiheitsvoraussetzungen. Doch rechtfertigt das Junktim eigentlich die Nichtzahlung, weil dem Handelnden schlicht die Folgen seines freigewählten Tuns angelastet werden. Der Anspruch auf den Freiheitsvoraussetzungsschutz sagt nun aber: Niemand soll verhungern. Daher muß der Kompromiß lauten: Sozialhilfe kürzen, aber nicht streichen (auch deshalb, weil liberale Verfassungen den direkten Arbeitszwang verbieten: z. B. Art. 12 Abs. 2 GG). Man sieht hier zugleich, wie das Junktim einen weiteren Baustein einer Theorie des modernen Sozialstaates bereitstellt – der in Normen wie Art. 20 Abs. 1 GG explizit erscheint, nur eben ohne jede nähere Klärung, wie sie nunmehr geleistet wurde und wird.

C. (Multipolare) Freiheit und Freiheitsvoraussetzungen als einzige Schranken nachhaltiger Menschenrechte – nicht dagegen Gemeinwohl, Glück, Ökozentrik, Schutz vor sich selbst

Wir haben gesehen*, daß das Junktim und die elementaren Freiheitsbedingungen der bloßen Wirtschaftsfreiheit entgegentreten – und zwar als Ausdruck von Freiheit. Schon deswegen kann man nicht länger wie altliberale Denker im Fahrwasser von Locke und Hobbes sagen: «Die wirtschaftliche Freiheit muß uneingeschränkt gelten; junge, künftige und weit entfernt lebende Menschen haben eben Pech gehabt.» Jene Denker würden nun aber darauf bestehen, daß der wirtschaftlichen Freiheit wenigstens nicht noch mehr Grenzen auferlegt werden (allenfalls durch ganz vereinzelte «Gemeinwohlbelange» wie z. B. Steuerzahlung für eine Armee zwecks äußerer Verteidigungsbereitschaft und zwecks Finanzierung des Existenzminimums – ergänzt durch eine Anwendung des Junktims). Zumin-

* Bei alledem war und ist die Willensfreiheit unterstellt. Ich vermute, daß sich die moderne Hirnforschung überschätzt, wenn sie glaubt, die Willensfreiheit empirisch widerlegen zu können. Was sie nachweisen kann, sind doch nur naturwissenschaftlich meßbare Gegebenheiten im menschlichen Gehirn. Allein auf dieser «empiristischen» Basis kann man aber menschliche Handlungen noch nicht verstehen! Wie will man denn «messen», was es für jemanden bedeutet, sich zu freuen? Das Denken ist daher über seine Physis allein nicht zu entschlüsseln.

dest dürfe es keine Menschenrechte geben, die einen Schutz vor den Mitmenschen und ihrer Wirtschaftsfreiheit geben. Auch die Rechte auf Leben, Gesundheit und Existenzminimum dürften, so die altliberale These, letztlich nur vor dem Staat, aber niemals direkt vor den Mitbürgern schützen. Beispiel: «Wenn X eine Produktionsanlage baut und betreibt, darf es keinen Nachbarn oder Konsumenten Y – weder hier und heute noch in ferner Zukunft, noch auf einem anderen Kontinent – geben, der ein Menschenrecht auf Gesundheit gegen jenen produktiven Ausdruck wirtschaftlicher Freiheit in Stellung bringen darf.» Darum gilt in der deutschen Judikatur bisher jeder kleinste Bußgeldbescheid über 10 Euro als freiheitsrelevant (und gerichtlich beklagbar); dagegen darf man in den meisten Fällen *nicht* vom Staat verlangen, daß er die Mitbürger daran hindert, z. B. einen Braunkohletagebau neben meinem Haus zu betreiben – oder in 10 km Entfernung zu meinem Grundstück ein Atomkraftwerk zu errichten. Erst recht darf ich dies nicht «direkt» von meinen Mitmenschen, ohne Umweg über den Staat, verlangen.

Wenn die liberale Tradition also philosophisch und verfassungsrechtlich die Grundrechte ausschließlich als Rechte «direkt gegen den Staat» und nicht als Rechte «gegen die Mitbürger» bzw. «auf staatlichen Schutz vor den Mitbürgern» auffaßt, bedeutet das: Der Schutz junger, künftiger und in anderen Kontinenten lebender Menschen wäre zwar formal ein Menschenrecht; er hätte aber sozusagen keinen Anwendungsbereich. Denn der intertemporale Konflikt entsteht durch das Verhalten von *Privatpersonen*, die Ressourcen, Klima, Ozonschicht usw. in Anspruch nehmen – und nicht durch staatlichen Ressourcenverbrauch. Nun ist es zwar gerechtigkeitstheoretisch durchaus überzeugend, daß der nationale/globale Staat aus organisatorischen Gründen und wegen der notwendigen Abwägungen der alleinige Grundrechtsverpflichtete ist. Könnten die Bürger sich direkt gegenseitig unter Berufung auf ihre Menschenrechte in Anspruch nehmen, wäre ein Gesamtausgleich der verschiedenen Freiheiten unmöglich; zudem sind bei vielen Freiheitsbeeinträchtigungen zwar Bürger die «Täter», jedoch sind diese Täter für die «Opfer» schwer zuordenbar (selbst im Miet- oder Arbeitsrecht und allgemein im Zivilrecht werden «direkte Ansprüche» nur dadurch möglich, daß die Politik in Konkretisierung unserer eher unbestimmten Freiheit zunächst einmal genau festlegt, wer was von wem fordern kann). *Jedoch ist damit noch nicht geklärt, ob ich u. U. ein Menschenrecht gegen den National- oder auch Globalstaat habe, mich gegen Schädigungen durch meine Mitbürger in Schutz zu nehmen.* Ich will zeigen, *daß* ein solches Recht besteht. Und diese *Multipolarität der Freiheit* (also die Schutzrichtung der Freiheit gegen Staat und Mitbürger) ist der dritte Bruch mit der altliberalen, nicht-nachhaltigen Freiheitsdoktrin.

Daß die Freiheit auch zwischen den Bürgern wirken muß, wird schon durch die diskursethische Basistheorie impliziert. Diese Basis geht schließlich aus dem hervor, was sich die Menschen *gegenseitig* schulden – und zwar national, global und intertemporal, wie wir sahen. Nur aus Praktikabilitätsgründen werden die wechselseitig geschuldeten Rechte über eine Streitentscheidungsinstanz «Staat» vermittelt. Zudem ist die *unparteiische*, also nicht speziell *einer* Seite zugeneigte Vermittlung zwischen den Bürgern (als aktuelle und potentielle Gerechtigkeitsdiskutanten), die sich gegenseitig achten müssen, doch gerade die Aufgabe der in einer gerechten Grundordnung bestehenden staatlichen Organe, national wie ggf. auch global. Grundrechte als elementare Rechte sollen feste Positionen gegen typische Freiheitsgefahren verleihen. Und diese drohen nicht nur direkt durch den Nationalstaat, die EU oder auch einen Weltstaat – sondern ebenso durch Private, deren Tun der Staat «nur» hinnimmt (oder, wie eine Industrieanlage, genehmigt). Aus unparteiischer Sicht ist nicht erkennbar, warum die Bürger sich vor dem Staat hier mehr fürchten sollten als vor ihren Mitbürgern. Beispiel: Angenommen, die Politik will den Energieverbrauch im Individualverkehr verringern und verteuert dazu die Spritpreise. Weiter angenommen, sie tue dies in einer Weise, die zwar zu einer stärkeren Schonung nicht-erneuerbarer Brennstoffe und des Klimas führt, aber trotzdem Schäden z. T. in Kauf nimmt (dies ist die typische Kompromißkonstellation). Hier liegt auf der Hand, daß es einerseits um die Freiheit des Autofahrers geht. Andererseits geht es aber eben um die Rechte der Künftigen auf Leben, Gesundheit und Existenzminimum. Ebenso kollidiert z. B. das Recht auf Investitionsfreiheit und Gewinnmaximierung multinationaler Konzerne in südlichen Ländern mit dem Recht der Armen auf Existenzsicherung, welches auch menschliche Arbeitsbedingungen fordert.

Dieses gesamte *erste* Argument für die Multipolarität der Freiheit knüpft an die Grundbegriffe Freiheit und Unparteilichkeit an, beansprucht also für die Gerechtigkeitstheorie und für die Interpretation okzidentaler Verfassungen, die in diesen Begriffen abgefaßt sind, Geltung. Die Multipolarität wird *zweitens* sogar explizit sichtbar, wenn es wie in Deutschland und der EU einen Art. 2 Abs. 1 GG, 52 EuGRC gibt: Diese Normen begrenzen die allgemeine Freiheit explizit durch die «Rechte anderer» (eine ähnliche Formulierung enthalten wohl alle westlichen Verfassungen). Die Verfassungen gehen ergo davon aus, daß Menschenrechte direkt (!) miteinander kollidieren können. Sonst wären die genannten Normen witzlos. Das *dritte* Argument* gibt ein Wortlaut wie der des Art. 1 Abs. 1 S. 2 GG und des Art. 1 EuGRC: Der Staat hat die Menschenwürde und damit die Freiheits- bzw. Menschenrechte, die ja aus der Würde fließen und darum deren Struktur folgen müssen, zu «achten» und zu «schützen». Schon dieser Doppelbegriff deutet an, daß Freiheit neben dem Staat auch von anderen gefährdet werden kann. Daher auch «schützen» – man «schützt» jemanden (als Staat) ja *vor anderen* (hier also offenbar vor den Mitbürgern).

Diese Multipolaritäts-These bricht mit der Rechtsprechung, wie sie gerade in Deutschland gepflegt wird, wenngleich im vorliegenden Rahmen der Raum fehlt, diese Judikatur (oder auch die altliberale Philosophie) im einzelnen zu rekonstruieren. Wenigstens erkennt jene Judikatur, anders als die klassisch-liberale Lehre, zumindest in einzelnen «Evidenzfällen» einen Menschenrechtsschutz gegen die Mitbürger an (unter der Überschrift «Schutzpflichten» bzw. «Drittwirkung»). Sie begnügt sich aber sonst mit objektiv-rechtlichen Staatspflichten zum Schutz des Bürgers vor dem Bürger anstelle von Grundrechten, wobei diese Pflichten mangels Konkretisierung und

* Die Multipolarität beseitigt viertens die unklare deutsche Grundrechtsfunktionenlehre nebst Eingriffsbegriff. Sie macht fünftens das Zusammenspiel verschiedener Staatsgewalten und Rechtsbereiche erst plausibel: Das gewählte Parlament hat Gesetze zu machen, die eine Abwägung zwischen den kollidierenden Freiheiten leisten. Für einen Teilbereich (Verwaltungsrecht) werden Behörden eingerichtet, die anhand der Gesetze Konflikte lösen und an die grundrechtlich verbürgte Freiheit gebunden sind. Für einen anderen Teilbereich (Privatrecht) wird die Ausfüllung der Freiheit stärker den Individuen überlassen, die untereinander Verträge abschließen und sich nur vereinzelt an ein streitschlichtendes Gericht wenden. Dabei bringt die Multipolarität allererst eine Begründung für die von der deutschen und US-amerikanischen Judikatur angenommene indirekte Grundrechtsgeltung auch im Privatrecht: Dieses ist zwar anders als das Verwaltungsrecht ein Recht direkt zwischen den Bürgern, aber es ist stets verfassungskonform auszulegen, und dabei müssen die Gerichte (= Staat) eben die multipolaren Rechte beachten.

Einklagbarkeit wachsweich und undurchsetzbar sind.* Diese sehr beschränkte Schutzidee wird z. B. in der deutschen Judikatur von der Behauptung getragen, die Freiheitsrechte seien, soweit es nicht um einen direkten Schutz gegen den Staat geht, nur eine objektivrechtliche Wertordnung, in der die indirekt Betroffenen staatlicher Maßnahmen nur als Abfallprodukt der Freiheitsrechte zu schützen wären, ohne daß «eigene» Rechte entstehen. Doch die These von einer gerade nicht grundrechtlichen/für den Bürger durchsetzbaren «Wertordnung» kann einen Schutz Dritter weder begründen noch beschränken, da sie ihrerseits eine bloße dogmatische *Behauptung* darstellt (die Judikatur *sucht* nicht einmal eine Begründung).

Der *klassische* Liberalismus hat die Multipolarität nie anerkannt, weil gerade der deutsche Konstitutionalismus des 19. Jahrhunderts die Grundrechte eher schwach machen und eine «Einmischung» des Bürgers in staatliche Angelegenheiten vermeiden wollte. Die dahinterstehende Präferenz für eine primär wirtschaftliche Freiheit und für die Leugnung komplexer, schleichender Freiheitsverluste ist jedoch in modernen Gesellschaften, in denen hochkomplexe wirtschaftlich-technische Vorgänge weitreichende Folgen wie den Klimawandel auslösen, ziemlich irreal. Ungeachtet dessen ignorieren z. B. Kant und Locke einfach die Frage, ob die Bürger untereinander Menschenrechte genießen (schon gar nicht intertemporal und global). Das liegt freilich auch daran, daß beide offenbar nur über eine diffuse Vorstellung davon verfügen, was Rechte ganz konkret in ganz konkreten Anwendungsfällen bedeuten würden. Präsent ist immerhin die vage Einsicht, daß das Gesetz die Bürger gegeneinander abgrenzt. Daß das konsequenterweise einklagbare Freiheits*rechte* voraussetzt, da nur sie das Verhältnis *direkt zwischen den*

* Die Judikatur kennt die Abwägung von Rechten gegeneinander meist nur bei Klagen des «Zweit-» und nicht des Drittbetroffenen – die Klage scheitert bislang meist mangels «subjektiver Rechte» (und in den seltenen Fällen, in denen eine Drittklagebefugnis anerkannt wird, wird diese auf eine «freiwillige» Klagebefugniszuerkennung durch den Gesetzgeber, also nicht auf ein Grundrecht, gestützt). Die Judikatur kennt also die Rechtfertigung von Eingriffen in die Wirtschaftsfreiheit durch eine Art «objektivrechtliche» Geltung der Drittgrundrechte – aber selbst mit Erfolg geltend machen darf der Dritte diese Rechte meist nicht (womit sie keine *Rechte* sind). Man hüte sich bei alledem vor Begriffsverwechslungen: «subjektiv» in der Philosophie heißt in etwa «beobachterabhängig/beliebig»; dagegen meint «subjektives Recht» ein einklagbares Recht des Individuums.

Bürgern im Sinne der gebotenen maximalen Autonomie regeln können, indem sie eine beliebige und freiheitsfeindliche Gesetzgebung klagebewehrt unterbinden (näher zur damit angesprochenen Balance der Staatsgewalten Kap. V), sieht Kant indes nicht. Seltsam ist überdies die Kantsche und Lockesche Idee: Freiheit würde immer nur genau bis dorthin reichen, wo die Freiheit des anderen beginnt. Diese vielbemühte Idee weicht nämlich der Multipolaritätsfrage und damit den zentralen Abwägungskonflikten, wie sie angesichts vielfältiger gegenläufiger Interessen in einer pluralistischen Welt unvermeidlich sind, *letztlich aus* (und erkennt einen Schutz der Dritten allenfalls als grundrechts- und daher wirkungslose Staatspflicht an). Hinter diesem Ausweichen steht wohl auch die vielzitierte römisch-rechtliche Faustformel *neminem laedere*: «Man schade niemandem.» Trotz ihrer Popularität ist diese Formel aber als Basis von Moral und Recht unhaltbar: Wendet man sie konsequent an, wäre letztlich fast alles verboten. Denn die Ausübung von Freiheitsrechten ist *fast immer* (entgegen Locke und Rawls) auch mit negativen Wirkungen für andere Menschen verbunden. Das verkennt auch Kant, wenn er umstandslos glaubt, kategorische (also abwägungsfreie) Rechte und Pflichten der Menschen formulieren zu können – die es doch aber nur geben kann, wenn man so tut, als beträfe eine Handlung nur die Freiheit eines einzelnen Menschen. Und das ist eben nicht der Fall.

Mit der *neminem-laedere*-Formel wird nicht nur die Multipolarität der Freiheit und die Notwendigkeit einer Lehre von den Freiheitsbegrenzungen sowie von komplexen Abwägungen verkannt, sondern auch die Folgefrage, wer denn für die Abwägung zuständig ist – der naturwüchsige Kampf der Grundrechtsträger, eine umfassende staatliche Gesetzgebung oder mitunter auch ein Verfassungsgericht? All dies sind Kernfragen liberaler Gesellschaften, die wir im folgenden ansprechen werden. Zudem ist die bei Locke, Kant und Rawls gleichermaßen implizierte Beschränkung der Freiheit auf einzelne, besonders «hochwertige» Aktivitäten mit einem umfassenden Schutz der Freiheit, wie ihn das Würde- und das Unparteilichkeitsprinzip einfordern, unvereinbar. Ich habe durchaus die Freiheit zum Diebstahl, nur überschneidet sie sich eben mit der Eigentumsfreiheit des Bestohlenen. Diese – für viele im ersten Moment wohl schockierende – Klarstellung ist nötig, um die Freiheit nicht in die Definitionsmacht der politischen Mehrheit zu stellen, was freie Diskurse und autonomes Handeln verhindern würde und in die doppelte Freiheitsgefahr hineinliefe, gleichzeitig aber klare Beschränkungen auch um künftiger und entfernter Menschen willen zu ermöglichen. Andernfalls müßte man eine Theorie besitzen, die zweifelsfrei klärt, welches Verhalten «gut» und welches umgekehrt «niemals zur Freiheit gehörig» ist. Und es ist gerade die Kerneinsicht einer «offenen» Vernunft, daß eine solche umfassende Theorie niemals möglich ist.*

Nachhaltige Freiheit ist gleichwohl nicht einfach grenzenlos. Sie ist vielmehr universal, global und intertemporal austarierungsbedürftig, aber mit der eben gewonnenen Klarstellung, *daß* die meisten menschlichen Handlungen erst einmal den Schutz der Freiheitsrechte genießen, und zwar sogar multipolar. Damit drängt sich der Suche nach einer Theorie der Menschenrechte und der Nachhaltigkeitsprinzipien aber die Frage auf, *welche Belange nun genau die Freiheit zu begrenzen vermögen.* Diese Frage ist nicht überflüssig, sondern vielmehr die Zentralfrage einer Theorie der (nachhaltigen) Menschenrechte. Denn nur mit ihr erfahren wir, inwieweit genau die wirtschaftliche Freiheit beschränkbar ist – und ob die Rechte junger, künftiger und weit entfernt Lebender auf Klimaschutz usw. beschränkbar sind. Bisher wissen wir nur, daß Menschenrechte untereinander direkt kollidieren und daß sie im Interesse maximal freier Diskurse und autonomen Handelns sehr weit reichen. Jetzt

* Die *multipolare Freiheit* hebt auch die Kantsche, in der Judikatur adaptierte Scheidung von Nichtverletzungs- und Hilfspflichten (bzw. Abwehrrechten und Schutzpflichten) auf. Schon begrifflich erweist sich die Idee, man könne zwischen einem «negativen Recht, daß der Staat mich in Ruhe läßt», und einer «positiven Pflicht des Staates, mir in bestimmten Situationen zu helfen», als unhaltbar. Denn das eine ist unterschiedslos in das andere übersetzbar: Es ist eben nicht so, daß z. B. ein Industrieanlagenbetreiber nur «in Ruhe gelassen» werden will und der Anlagennachbar «ein positives staatliches Tun haben möchte». Ebenso möchte der Anlagenbetreiber «positiv» erst einmal eine Anlagengenehmigung vom Staat, und der Nachbar möchte «negativ», daß die Genehmigung *nicht* erteilt wird. Und auch davon abgesehen lassen Art. 1 Abs. 1 S. 2 GG, 1 EuGRC und auch die Gerechtigkeitstheorie keinesfalls eine Ungleichrangigkeit des direkt und des indirekt in seiner Freiheit Betroffenen erkennen. Die alte Idee, es gäbe «eine striktes negatives Recht, von anderen nicht geschlagen zu werden», aber nur «eine schwache positive Pflicht, anderen Almosen zu geben», kann daher *so* nicht fortbestehen: Ekardt, Zukunft in Freiheit, 2004, § 6 A. II. 1.

suchen wir die Konfliktlösung (und nur von dort aus finden wir auch eine Lehre der Nachhaltigkeits*institutionen* wie Parlamente, Gerichte, Regierungen usw.). Nachhaltigkeit ist eben keine Sonntagsrede, auf die man sich leicht, aber folgenlos einigen kann. Vielmehr geht es um eine prinzipielle, ergo aber auch sehr konfliktreiche Transformation bisheriger Lebenspraxis, die liebgewohnte Rechtspositionen empfindlich treffen kann. Die bisherige Freiheit, wie wir sie jeden Tag ausleben, ignoriert nicht nur die Freiheitsvoraussetzungen und die Folgenverantwortung für unsere Handlungen sowie den Wunsch weit entfernt und künftig Lebender nach Entfaltung. Sie ignoriert auch, daß es überhaupt *Grenzen der Freiheit* gibt, die unter anderem aus jenen zeitlich und räumlich grenzüberschreitenden Menschenrechten resultieren.

Aber was genau darf unserer Freiheit Grenzen ziehen? Kann die demokratische Mehrheit die wirtschaftliche Freiheit, u. U. aber auch die Zukunftsrechte beliebig begrenzen? Muß ich meine Freiheit, Fernreisen mit dem Flugzeug zu unternehmen, mit dem Pkw zur Arbeit zu fahren und Handel zu treiben, «für Gemeinwohl und Gemeinschaft opfern»? Muß sich die wirtschaftliche Freiheit gar Rechten von Tieren und Pflanzen beugen? Darf in meine Freiheit vielleicht sogar eingegriffen werden, um mich vor mir selbst und den eventuellen «psychischen Gefährdungen» (inneres Leeregefühl, Streß, Gehetztsein, Sinnlosigkeitsempfinden) meiner ständigen Urlaubsfliegerei zu schützen? *Diese Fragen* führen uns zum Kern dessen, wie eine nachhaltig freiheitliche Ordnung aussehen muß und was überhaupt legitimer Gegenstand von Politik ist – universal für alle Sozietäten, aber auch für die EU-Ebene und für einen etwaigen Weltstaat. Sie stellen zugleich die Weichen hin zu einer Konzeption der Abwägungen zwischen Nord- und Süd- sowie zwischen Gegenwarts- und Zukunftsbelangen (Kap. V).

Klassische und Wirtschaftsliberale würden sagen: Es kann jedem einzelnen und auch uns allen nichts Besseres passieren als ein freies Spiel der Kräfte. «Freie Fahrt für freie Bürger», «Industrieanlagenbau ohne hinderliche Bürokratie», «kein übermäßig teurer Klimaschutz» und «freie Investitionen in der Dritten Welt» sind ihre Maximen. Daß dies ein fataler Mißgriff ist, der die Rechte der Betroffenen, der künftigen Menschen und der Menschen in anderen Ländern ignoriert, implizieren schon Multipolarität, Freiheitsvoraussetzungsschutz und Junktim. Jetzt möchte ich – neben dem Ausloten der

Grenzen von Nachhaltigkeit einerseits und Wirtschaftsfreiheit andererseits – aber auch zeigen, daß die paternalistische Freiheitsaversion ebenso irrt wie die Wirtschaftsliberalen. Ich sage: *Menschenrechte werden nur durch Menschenrechte inklusive der «elementaren» Freiheitsvoraussetzungen und des Junktims begrenzt – niemals dagegen durch kollektive «Gemeinwohlbelange», ökozentrische Belange, Belange eines «guten Lebens» oder gar einen Schutz des Menschen vor sich selbst. Denn dies sind keine zulässigen Gegenstände einer gerechten, nachhaltigen Politik.* Eine wesentliche weitere Freiheitsschranke neben den Menschenrechten selbst werde ich gleichwohl anerkennen, die ebenfalls im klassischen Liberalismus und auch bei Rawls unbekannt ist: die «weiteren» Freiheitsvoraussetzungen. Die These dazu ist: *Auch «weitere» Freiheitsvoraussetzungen können die Freiheitsrechte ausnahmsweise einschränken.*

Mit dieser Idee einer *rein wechselseitigen Freiheitsbegrenzung* zeige ich, plakativ gesprochen, daß sowohl der wirtschaftsliberale frühere BDI-Präsident Olaf Henkel als auch der marxistische Attac-Globalisierungskritiker im Irrtum sind. Damit trete ich für mehr, nun aber recht verstandene, nachhaltige Freiheit ein als die liberale Klassik. Natürlich erhält die wirtschaftliche Freiheit durch Freiheitsvoraussetzungen, Multipolarität sowie Zukunfts- und Globalrechte zunächst einmal mehr Gegenwind als bisher. Gerade durch die Multipolarität und durch die Zukunftsrechte werden bislang «rein private» Angelegenheiten plötzlich normativ relevant. Früher wäre z. B. niemand auf die Idee gekommen, den Kauf von transportenergiefressenden und unter unerträglichen Bedingungen produzierten Südfrüchten zu beschränken. Heute könnte das anders zu sehen sein, weil hier eben ein Konflikt unterschiedlicher Menschenrechte vorliegen kann (Wirtschaftsfreiheit und Konsumentenfreiheit versus Zukunftsgrundrechte und Südgrundrechte). Doch zum einen ist dieser «Gegenwind» ja einer *wohlverstandenen Freiheit* geschuldet. Und zum anderen verabschiede ich nun im Gegenzug einige *alte Freiheitsschranken* wie «das Gemeinwohl» oder den «Schutz des Menschen vor sich selbst», die in autoritären Staaten die Freiheit völlig zurückdrängen – und die auch in liberalen Staaten zunehmende Geländegewinne verzeichnen. Damit binde ich jegliche Freiheitsbegrenzung, also auch eine Begrenzung der Wirtschaftsfreiheit, ganz streng daran, daß sie wirklich anderen Menschen als Freiheitsträgern zugute kommt.

Gerechtigkeitstheoretisch lassen sich im wesentlichen zwei Argumente für die rein wechselseitige Freiheitsbegrenzung entwikkeln – aus dem Achtungs- und Unparteilichkeitsprinzip und aus der drohenden doppelten Freiheitsgefährdung (ergo aus dem Freiheitsprinzip). Man erinnere sich: Menschen, die sich unhintergehbar wechselseitig, eben unparteilich, in ihrer Autonomie respektieren müssen, müssen sich gleiche Freiheitsrechte zugestehen, und zwar Freiheit sowohl von direktem staatlichen Zwang als auch von indirektem durch Gewährenlassen der Mitbürger. Wenn aber unsere Freiheit wegen der Multipolarität notwendig von Kollisionen geprägt ist, müssen unparteiische Akteure die wechselseitige Freiheitsbegrenzung akzeptieren. Dabei ist der Anspruch auf die elementaren Freiheitsvoraussetzungen bekanntlich im Recht auf Freiheit enthalten, nicht aber die «weiteren» Freiheitsbedingungen. Weil die «weiteren» Freiheitsvoraussetzungen gleichwohl die Freiheit fördern können, muß eine gerechte Grundordnung, die wegen des autonomiezentrierten Achtungs- und Unparteilichkeitsprinzips die Maximierung der gleichen Freiheit aller Menschen fordert, diese Belange gleichwohl akzeptieren. Nur sind sie eben keine Grundrechte (wie das Recht auf Presse-, Meinungs-, Berufs- oder Eigentumsfreiheit oder die Garantie für Leben, Gesundheit und Existenzminimum). Auf sie (zu denen auch die allgemeinen Verfassungsvoraussetzungen – also die Bedingungen friedlicher Vergesellschaftung – wie eine gewisse wirtschaftliche Stabilität und eine gewisse soziale Integration, auch der Migranten, zählen) hat der einzelne zwar keinen Anspruch. Das Ziel möglichster Autonomie und unparteiischer = allgemein zustimmungsfähiger Zustände impliziert aber: Auch die «weiteren» Freiheitsvoraussetzungen sind soweit wie möglich zu fördern, damit möglichst viel Freiheit real wird – und zwar als gleiche Freiheitschance für alle. Jegliche Freiheitshindernisse sind also genau bis zu dem Punkt zu beseitigen, wo die Beseitigung insgesamt eine Freiheitsmaximierung verspricht. Umgekehrt sind Belange, die die Autonomie mehr als um der Autonomie aller anderen willen nötig beschränken, damit unzulässig. Solche Belange (z. B. reine Kollektivbelange wie «das Ansehen Deutschlands» oder «die Erhaltung der deutschen Kultur») scheitern ergo an der Autonomie – und daran, daß sie selbst eben keine Begründung wie die Freiheit vorweisen können (zu letzterem sogleich unten).

Das zweite Argument für die rein wechselseitige Freiheitsbegrenzung ist: Nur sie richtet eine hinreichend stabile Schranke gegen die doppelte Freiheitsgefahr auf. Wer Kollektivbelange («Gemeinwohl») als Freiheitsschranke zuläßt, macht das Tor für Freiheitsbeschränkungen aller Art weit auf – die keinen ohne infiniten Regreß bestimmbaren Begriffsinhalt haben (was genau soll denn Gemeinwohl heißen? wie soll man es bestimmen?) und folglich beliebige Freiheitsschranken produzieren würden. Denn Kollektivbelangen fehlt eben gerade die inhaltlich klärende Rückbindung an die Belange konkreter Menschen. Dann erscheint plötzlich auch die Ökodiktatur, die bekanntlich (Kap. III A.) keinesfalls eine völlig irreale Gefahr ist, als denkbare Option der Nachhaltigkeitsdurchsetzung. Umgekehrt ist der Schutz realer junger und künftiger Menschen nicht nur überzeugend begründet, sondern auch psychisch sehr geeignet, uns auch faktisch zu nachhaltigem Handeln zu motivieren und damit unsere Freiheit dauerhaft und global zu erhalten – ganz anders als «das Gemeinwohl» oder der Schutz seltener Arten, «die Zukunft Deutschlands» oder gar «die Verteidigung der deutschen Kultur». Die Schädigung konkreter Menschen durch klimabedingte Überschwemmungen kann man sich vorstellen – die Schädigung «der Gesellschaft» dagegen kaum. Nicht irgendeine diffuse «Allgemeinheit» hat den Klima-Schaden, wenn ich fünfmal im Jahr in den Urlaub fliege, sondern konkrete andere Menschen. Damit wird auch die Durchsetzung der Gerechtigkeit allererst ermöglicht (und die gerade für die Nicht-Nachhaltigkeit mitursächliche menschliche Neigung zur Verdrängung bekämpft). Deswegen vermeide ich auch den Begriff Umweltschutz meistens. «Schutz der Lebensgrundlagen» ist aufgrund der latenten Untrennbarkeit der ökonomisch-ökologisch-sozialen Lebensgrundlagen des Menschen insgesamt eine adäquatere Umschreibung des gemeinhin als «Umweltschutz» apostrophierten Gebiets. Zudem wird so der Freiheitsbezug klar. «Umwelt» suggeriert dagegen ein unverbundenes Nebeneinanderstehen, obwohl doch «Umwelt» unsere Existenzbasis ist. Ist nicht ein Ressourcenschutz als Freiheitsschranke um der Freiheit anderer Menschen willen, der die Betroffenheit realer *Menschen* gerade nicht ausblendet, viel einleuchtender als der Slogan «der Umwelt zuliebe»?

Auch mit Blick auf die globale Gerechtigkeit sei herausgestellt, was all dies *auch* bedeutet: Die rein wechselseitige Freiheitsbegrenzung generiert zugleich eine universale Konzeption des Sozialstaates, zusammen mit dem Junktim und dem Recht auf die *elementaren* Freiheitsvoraussetzungen – sei es im Nationalstaat oder gar (Kap. IV E.) in einem Weltstaat. Als besonders wichtig ausgewiesen wird der Schutz der Schwächsten, weil der Anspruch auf die elementaren Grundbedürfnisse eben ein besonders wichtiges Freiheitsrecht ist. Und dieser Schutz gilt bekanntlich gerade auch *global und intertemporal.* Dies bemerkt Rawls, Haupttheoretiker sozialer Gerechtigkeit, nicht. (Zudem vermengt er, daß ein Schwächsten-Schutz jenseits der Basisrechte nicht meint, daß jede denkbare politische Maßnahme immer die Schwachen fördern muß. Wie wollte man dies, ohne bestimmte dogmatische Hintergrundannahmen zu machen wie Rawls, begründen?) Damit ist (a) ein universaler Anspruch auf Sozialhilfe in Notfällen *geboten*, ob der Adressat nun der Nationalstaat oder ein Weltstaat sein mag, was wir ja noch klären wollten. (b) Nur «*sinnvoll*» sind sozialpolitische Maßnahmen wie die Bereitstellung von Kindergärten, also ein Schutz der «weiteren» Freiheitsvoraussetzungen. (c) Sehr wohl geboten ist dagegen durch das Junktim eine national/europäisch/globale Grundordnung, die die Folgenverantwortung fördert – die also z. B. jeden Menschen anhält, sich konsequent um seinen Lebensunterhalt zu bemühen. (d) Weder geboten noch überhaupt sinnvoll ist ein Recht auf Arbeit, welches nur mit einer freiheitsfeindlichen Planwirtschaft realisierbar wäre. (e) Zudem müssen alle sozialpolitischen Maßnahmen stets vor dem wirtschaftlichen Recht auf «Freiheit von Steuern» gut begründet werden.

Entgegen Rawls darf bei alledem nicht stets ausgeschlossen sein, daß die Freiheit auch einmal zugunsten der «weiteren» Freiheitsvoraussetzungen zurückgestellt werden kann, wenn hierfür gute Gründe bestehen und dies insgesamt der Freiheit dient. So sichert es die Autonomie aller, Steuern für die Einrichtung von Nationalparks oder auch von Kindergärten zu akzeptieren, weil dies die Entfaltung heutiger und künftiger Menschen fördert, ohne indes «elementar» zu sein – auch wenn Steuern unsere heutige Eigentumsfreiheit beschränken. Klar ist aber, daß eine kommunistische *faktische Verteilungsgleichheit* jenseits des Existenzminimums (inklusive Klimaschutz, Bildung usw.) und der Chancengleichheit nicht geboten ist – national nicht und wohl noch weniger global (zu letzterem Kap. III D. und IV E.). Jeder muß also Freiheitschancen inklusive Bildungschancen haben, es müssen aber nicht alle ein ähnliches oder gar gleiches Einkommen haben. Nicht geboten ist eine diesbezügliche

Gleichheit, weil sie aus dem Freiheitsprinzip – welches seinerseits bekanntlich unhintergehbar ist – nicht ableitbar ist und darum eine beliebige dogmatische Setzung wäre. Und die Idee absoluter faktischer Gleichheit müßte zudem in weitem Umfang die Früchte eigenen Fleißes, wie sie im Rahmen der Freiheit möglich werden, enteignen. Dies würde zudem den allgemeinen Arbeitsanreiz minimieren und zum schon in Kap. IV. B. erwähnten «Sozialismusproblem» führen, also die Bereitstellung der elementaren Freiheitsvoraussetzungen sogar *gefährden*, weil der allgemeine Wohlstand sänke. Klar ist natürlich: *Wie* sozialstaatlich der liberale Staat ist, hängt im Kern davon ab, wieviel «weitere» Freiheitsvoraussetzungen er bereitstellt und wie streng er das «Junktim» auslegt. Welches hier das richtige Maß ist, jenseits der oben entwickelten Grundsätze und jenseits einer Anzahl von noch zu entwickelnden Konkretisierungs- und Abwägungsregeln (Kap. V), mag vorliegend offenbleiben.

Die These von der rein wechselseitigen Freiheitsbegrenzung bewirkt allerdings, daß es Gerechtigkeitsentscheidungen und Gerechtigkeitsdiskurse nur geben kann, wenn in irgendeinem Sinne die Freiheit und ihre Voraussetzungen, die ja zugleich Diskursvoraussetzungen sind, betroffen sind. Dies ist nicht etwa kurios (weil der Diskurs durch meine Theorie gefordert und dann sofort wieder beschränkt wird), und zwar aus drei Gründen. Erstens müssen die Diskursvoraussetzungen ja keinesfalls «als Diskursvoraussetzungen» thematisiert werden. Die Eigenschaft z. B. der Sozialstaatlichkeit und der Kulturförderung als elementare oder «weitere» Diskursvoraussetzung markiert ja lediglich, warum ein Belang überhaupt relevant ist – das determiniert aber nicht die Erörterungen über ihn. Und auch das Gut «Leben» darf uns *rein faktisch* auch «um seiner selbst willen» wichtig sein – statt wegen seiner Relevanz für rationale Diskurse und unser autonomes Handeln (aber die Diskursbegründung zeigt eben als einzige, warum wir das Recht auf Leben achten *müssen*, ob wir es nun wollen oder nicht). Zweitens bleibt dem Diskurs so oder so ein äußerst breites Themenfeld. Die Diskursvoraussetzungen sind so zahlreich, daß über ihre Gewichtung untereinander und die Auflösung ihrer zahlreichen Kollisionen untereinander zahllose Diskurse nötig und möglich sind. Denn es sind wenig Entscheidungen und Diskurse denkbar, die sich *nicht* in ihren Ergebnissen irgendwie auf die Freiheitsrechte (Meinungs-, Presse-, Versammlungs-, Berufs-, Religionsfreiheit usw.) oder die engeren und weiteren Freiheitsvoraussetzungen auswirken. Drittens bleibt Unterhaltungen ja ein beliebig breites Feld *jenseits* der Gerechtigkeit. Wir können jederzeit über ästhetische oder persönliche Fragen des guten Lebens reden – gerade das ermöglicht die Freiheit doch allererst! Nur fällt dies eben nicht in den Bereich der Gerechtigkeit und bleibt privat und *nichtstaatlich*. Wobei ich nochmals daran erinnere: «Staatlich» meint hier durchgängig die universalen Prinzipien für alle Gesellschaften, mögen sie z. Zt. auch diktatorisch oder halbdemokratisch sein wie China oder Indien. Und es meint auch die EU-Ebene – und die Ebene eines womöglich zu gründenden Globalstaates.

Mit der Multipolarität und dem Hinweis auf «Rechte anderer» als Freiheitsschranke z. B. in Art. 2 Abs. 1 GG, 52 EuGRC zeigt sich, daß meine Konzeption auch als Verfassungsinterpretation taugt. Allein: Wenn etwa Art. 2 Abs. 1 GG «Rechte anderer» *und* «verfassungsmäßige Ordnung» als grundrechtsbegrenzende Belange genannt werden – zeigt das dann nicht doch, daß es individuelle *und kollektive* Belange mit freiheitsbeschränkendem Charakter geben dürfe? M.E. ist das nicht der Fall, auch wenn dies dem Common sense in der okzidentalen Rechtsprechung und der okzidentalen Philosophie entspräche. Es spricht viel dafür, die im Wortlaut weitestgehend unklare «verfassungsmäßige Ordnung» (oder den entsprechenden Komplementärbegriff in anderen westlichen Verfassungen) *verfassungssystematisch* interpretiert als Synonym für grundrechtsbegrenzende Freiheits*voraussetzungen* zu betrachten – und nicht als allgemeines Einfallstor kollektiver Positionen ohne jeden Freiheitsbezug. Denn erstens erfährt die so proponierte Lesart Unterstützung durch die eben angeführten zwei Argumente für die wechselseitige Freiheitsbegrenzung, die angesichts der Geltung von Würde und Unparteilichkeit auch im Verfassungsrecht durchschlagen und die Auslegung der «verfassungsmäßigen Ordnung» beeinflussen. Umgekehrt sprechen zweitens eine Reihe von Überlegungen gegen die Kompatibilität des Gemeinwohlbegriffs, verstanden als Auffangformel für kollektive Belange, mit der Verfassung und der Gerechtigkeit, wie ich jetzt zeigen möchte.

Nachhaltigkeit meint also *nicht* eine emotional aufgewühlte «Aufopferung für die Gemeinschaft, das Volk, die Kultur usw.», wie viele wohl befürchten oder auch hoffen. Denn eine solche Idee wäre erstens unbegründet und birgt zweitens eine latente Offenheit des «Aufopferns» auch für autoritäre Ziele in sich. Nachhaltigkeit ist vielmehr die radikale Autonomie – eine Autonomie indes, die sich ihrer Absolutheit ebenso bewußt ist wie ihrer Begrenzung in der Autonomie aller anderen, auch wenn sie räumlich oder zeitlich weit entfernt von uns leben. Mit alledem bricht ein moderner Liberalismus mit klassisch-liberalen *und* mit paternalistischen Denkweisen (wobei die deutsche Judikatur oft zwischen beiden hin- und herschwankt). Nun will ich aber noch zeigen, daß letztere Denkweise in ihren *Inhalten* (ebenso wie ihre *Basisbegründung*: Kap. II) schon *in sich* inkonsistent ist – unabhängig davon, daß ein moderner Liberalismus als ihr Gegenentwurf universal alternativlos ist. Ich beginne mit der Rede von «*Kollektivinteressen/öffentlichen Interessen/Gemeinwohl*» (als Gegenbegriff zu «Privatinteressen») und arbeite mich dann zu anderen unbegründeten Freiheitsschranken wie dem «Schutz gegen sich selbst» vor. Dabei meint «Gemeinwohl» nicht einfach die Nicht-Beliebigkeit von Politik: Denn eine solche Nicht-Beliebigkeit politischer Konfliktlösung wird schon durch den transzendental notwendigen und in okzidentalen Verfassungen verankerten Anspruch auf Gerechtigkeit (z. B. Art. 1 Abs. 2 GG) und Unparteilichkeit erzwungen. Wenn «das Gemeinwohl» und seine Dichotomie zu Privatbelangen irgendeine Bedeutung haben soll, muß man darunter eher das verstehen, was für alle Bürger wichtig ist (im Sinne eines Platzhalters für kollektive Interessen, welche von den Individualbelangen irgendwie geschieden sind).

Doch ein solcher Begriff ist nicht sinnvoll inhaltlich füllbar und einfach unhaltbar – besonders, aber nicht nur dann, wenn er einer Ökodiktatur dient oder der Leugnung der Menschenrechte in islamischen, chinesischen, afrikanischen Kulturtraditionen. Dies ergibt sich zunächst einmal aus der Unhintergehbarkeit der liberalen Gerechtigkeitsprinzipien inklusive des darin enthaltenen Freiheitsverständnisses. Interessenkonflikte sind durch die Einsicht in die würdefundierte Multipolarität der Grundrechte nationale, globale, intertemporale *Freiheitskonflikte* (mit der Politik als Streitentscheider) und keine Konflikte «Freiheit versus Gemeinwohl». Jede kollektivistische Einschränkung der Freiheit («Gemeinwohl») würde die Chance auf Entfaltung eigener Lebenspläne und auf ideale Diskurse, also auf ein *rationales Zusammenleben*, stärker reduzieren, als es zur Ermöglichung der gleichen Chancen für alle anderen nötig ist. Damit würde aber der gebotene Respekt vor der Autonomie *des einzelnen* heute, künftig oder weit entfernt lebenden Menschen stärkeren Beschränkungen unterworfen, als es durch die Autonomie aller anderen geboten ist. Und die Würde/Autonomie ist ja neben der Unparteilichkeit und der Freiheit das einzige aus der Vernunft ableitbare Prinzip. Ergo werden unparteiische Bürger von ihrer ursprünglichen Freiheit nur so viel einzubüßen bereit sein, wie unabdingbar ist, um allen anderen die gleiche Freiheit einschließlich ihrer Voraussetzungen und aller Implikationen einzuräumen, die aus Freiheit und Voraussetzungen irgend ableitbar sind (inklusive des Prinzips der gewaltenteiligen Demokratie: Kap. IV D.). Ich erinnere hier daran, daß (1) die liberalen Prinzipien, aus denen all dies deduziert wird, ihrerseits transzendental gesichert und somit unbestreitbar sind. Zudem verfügt offenkundig (2) das Gemeinwohl auch für sich genommen über keine solche logisch zwingende Begründung und überhaupt über keinerlei einsichtige Begründung, wie wir soeben sahen. Warum sollte man denn kollektivistische, nicht an den einzelnen und seine Freiheit rückgebundene Belange, z. B. ein «Gebot der Menschheitserhaltung», akzeptieren? In Ermangelung einer solchen Begründung ist das «Gemeinwohl» eine bloß dogmatische Behauptung und ergo grund- und haltlos. Und was soll (3) Gemeinwohl überhaupt heißen? Ohne sichere Methode zu seiner Konkretisierung ist ein solcher Begriff beliebig und damit willkürstiftend, also irrational und parteiisch – was den Begriff freiheitsfeindlich und autoritär macht. Und auch «das, was wir alle wollen» kann der Begriff nicht meinen, da es solche Belange in pluralistischen Gesellschaften einfach nicht gibt – jenseits der Freiheiten und Freiheitsvoraussetzungen, die eben gerade jedem selbst seine Lebensplanung überlassen. Und auch die Gleichsetzung «Gemeinwohl = Mehrheitswille» scheitert – nicht nur weil dies schon vom Wortsinn her eine Verballhornung wäre, sondern auch wegen bestimmter struktureller Grenzen der Demokratieidee, die uns im folgenden Abschnitt beschäftigen werden.

«Was wir wirklich alle brauchen», konturiert die (4) *Kategorie Freiheitsvoraussetzungen* sehr viel präziser als der diffuse (ergo kritikfeindliche, also irrationale) Gemeinwohlbegriff und gibt damit ungerechten Eingriffen in unsere Autonomie durch autoritäre Potentaten keine Rückendeckung. Vor allem aber kann diese neue Kategorie erstmals klar unterscheiden, welches begründete und welches unbegründete und ergo zu verwerfende Belange sind: als konsequente Folge von Vernunft, Achtung und Unparteilichkeit. Jetzt muß auch der radikalste Wirtschaftsliberale sehen, warum Klimaschutz, Artenschutz, Sozialstaat notwendig sind, national wie global: Sie sind *Freiheitsvoraussetzungen*! Dagegen ist der Gemeinwohlbegriff nicht nur grund-los. Er ist auch inhaltlich völlig unklar und damit ein willkommenes Einfallstor für beliebige Freiheitsbeschränkungen – was eine universale und zudem dauerhafte und globale Freiheit zu vereiteln geeignet ist. Wie sollte man das Gemeinwohl denn inhaltlich konturieren: metaphysisch durch plumpe Behauptung, kontextualistisch per Traditionsfortschreibung, positivistisch per beliebiger Mehrheitsentscheidung? Diese Wege versagen doch gerade, wie man in Kap. II sah – sie enden einerseits im infiniten Regreß und in naturalistischen Fehlschlüssen und scheitern andererseits am transzendentalen Argument für die liberale nachhaltige Ordnung, dem sie sich nicht entziehen können. Ein «irgendwie evidentes» Gemeinwohl gäbe es letztlich nur dann, wenn man mit Thomas von Aquin unterstellt, es gebe ein für alle verbindliches einheitliches (traditions- oder gottverbürgtes) Modell eines gelungenen Lebens. Ein solches Ideal ist in einer pluralistischen Welt unmöglich – ganz besonders für globale und intertemporale Konflikte. Damit wird der Begriff beliebig – also nutzlos und als Freiheitsschranke gefährlich zugleich.

Folgerichtig ist die Gemeinwohlidee (5) schon in seiner Tradition monarchistisch und vordemokratisch, wie sich andernorts zeigte. Der Staat des Gemeinwohls ist bei Thomas von Aquin, Aristoteles und Hegel eine Art Organismus, von dem der Bürger seine Rechte empfängt und der gegenüber Privatinteressen andersartig und höherrangig ist. Das Diktum «das Ganze ist mehr als die Summe seiner Teile» hat hier seinen Ursprung. In jenen Kontext gehört auch Jean-Jacques Rousseau mit seinem von den Rechtshegelianern Carl Schmitt und Ernst Forsthoff aufgegriffenen Terminus des «Allgemeinwillens»: Alle drei begreifen ihn als von den Belangen realer Individuen unabhängiges Konstrukt, das vom «Staat» auch gegen die durch «Partikularinteressen» gekennzeichnete Gesellschaft zu realisieren sei. Doch ein solches Denken, das dem autonomen Individuum ein Kollektiv entgegensetzt oder gar mit der zentralen Rechtsmaxime des Dritten Reiches meint «Gemeinnutz geht vor Eigennutz», untergräbt die universale Freiheit. *Es geht eben auch bei der Jahrhundertherausforderung Nachhaltigkeit nicht darum, mehr «an die Gemeinschaft zu denken». Es geht darum, mehr an andere Menschen zu denken – dies allerdings auch über räumliche und zeitliche Grenzen hinweg.*

Diese Gemeinwohlkritik ist universal, und sie ist gerade auch für einen potentiell übermächtigen und damit besonders freiheitsgefährdenden Globalstaat relevant.* Nun werden aber Kontextualisten und besonders Muslime oder Chinesen einwenden: Ich privilegiere mit dieser Kritik an autoritären, nicht-freiheitszentrierten Systemen das Individuum auf Kosten der Gemeinschaft und verkenne dabei die Prägung und Abhängigkeit jedes Menschen von einer Gemeinschaft, die darum Vorrang genießen müsse. Doch wäre diese Antikritik ein naturalistischer Fehlschluß. Natürlich ist jeder rein *faktisch* durch andere mitgeprägt und könnte ohne sie schlechter existieren (wobei die Kommunitarier inkorrekt Schwierigkeit mit Unmöglichkeit gleichsetzen). Und natürlich handeln Menschen, was die *Handlungs- und Steuerungstheorie* als Lehre von der faktischen Durchsetzung der Gerechtigkeit (Kap. VI) bedenken muß, z. T. auch schlicht konformistisch und nicht normativ rational. Doch beweist dieses empirische Faktum normativ nichts. Empirische Gegebenheiten sind ja stets nur dann normativ relevant, wenn ein normatives Prinzip ohne etwas Empirisches verunmöglicht würde (Kap. II C.). Darum

* *Das Gemeinwohl* brauchen wir übrigens auch nicht als «faktische Verfassungsvoraussetzung» (zu diesen Voraussetzungen Kap. VI). Das Gemeinwohl kann ferner auch nicht ein Platzhalter für «unsere guten Traditionen» jenseits der Freiheit sein, wie sich dies z. T. Linkskontextualisten wünschen. Denn erstens müßte ein Kriterium begründet werden, welches unsere guten von unseren weniger guten Traditionen (z. B. der Judenverfolgung oder der Todesstrafe) unterscheidet, was wohl im infiniten Regreß endet, ergo unbegründet ist. Zweitens ist zu bezweifeln, daß es unter pluralistischen Bedingungen überhaupt eine «unsrige», uns wirklich einende Tradition jenseits der Freiheit und ihrer Voraussetzungen gibt. Drittens müßte begründet werden, ob die Tradition aus der Sicht des Jahres 2003, 1970, 1950, 1930 (oder was auch immer) gemeint ist – was erneut scheitern dürfte (siehe nochmals Kap. II). *Daher sollte man das Gemeinwohl auch aus juristischen Formeln heraushalten* und den Begriff, wenn er denn einmal in Gesetzen ausdrücklich auftaucht, so auslegen, daß *der Schutz der Freiheit und ihrer Voraussetzungen* gemeint ist. Dabei sind natürlich innere Zustände wie Freude, Pikiertheit usw. der Mitmenschen keinesfalls als Freiheitsvoraussetzungen zu sehen, weil dies der Freiheits- und Achtungsidee gerade wieder widerspräche. Viele Verfassungen lassen übrigens für bestimmte Freiheitsrechte noch weniger Grenzen zu – etwa so, daß sie nur gegen *bestimmte* Freiheiten und Freiheitsvoraussetzungen abgewogen werden können (z. B. Art. 5, 8, 13 GG).

gehören die elementaren Freiheitsvoraussetzungen (Nahrung, Wasser, Sicherheit usw.) in eine universale Theorie hinein – mehr dagegen nicht. Davon ganz abgesehen sind tradierte Gemeinschaftsbindungen durch Prozesse der Globalisierung, Modernisierung und Rationalisierung nahezu überall in Auflösung begriffen, auch in islamischen Ländern. Die Freiheit als Hülle unterschiedlichster Lebenspläne ist ebendas, was in pluralistischen Gesellschaften als Schnittmenge übrigbleibt.

Aus ähnlichen Gründen wie die Gemeinwohlidee ist auch die Idee von Eigenrechten der Natur, also eines *Tier- und Naturschutzes um seiner selbst willen*, keine zulässige Freiheitsschranke. Im Grunde genommen ist diese Idee sogar einfach irrelevant, da Schutzgüter wie Ressourcenschonung, ökosystemare Stabilität oder Artenvielfalt eben Freiheitsvoraussetzungen sind, teils elementare, teils weitere. Ebenso läßt sich ein Verbot, grausam mit Tieren umzugehen, als «weitere» Freiheitsvoraussetzung begreifen: Mit Kant darf gesagt werden, daß Grausamkeiten gegen Tiere deshalb (bei Fehlen guter Gründe!) abzulehnen sind, weil sie letztlich auch Roheit unter den Menschen begünstigen. Aus gleichen Gründen ist die Möglichkeit naturästhetischer Erlebnisse Freiheitsvoraussetzung: Denn Menschen ohne jede Empfindung oder sinnliche Anregung verkümmern und werden krank, wie auch die Kriminalität in Plattenbausiedlungen zeigt. Ökozentrische Belange sind also schlicht *überflüssig*. Warum aber sind ökozentrische Freiheitsschranken auch geradewegs *unzulässig*? Einerseits wegen der beim Gemeinwohl angestellten Überlegungen und der Begründung der rein wechselseitigen Freiheitsbegrenzung, die um der radikalen Autonomie willen keine autonomiebeschränkenden Belange neben sich zuläßt. Andererseits wegen der in Kap. III dargelegten logischen Unmöglichkeit und Nichtrechtfertigbarkeit ökozentrischer Theorien (auch ein «Staatsziel Umweltschutz» wie Art. 20a GG, 174 EGV, das ja im Geiste der Grundprinzipien liberaler Verfassungen auszulegen ist, ändert daran folglich nichts). Trotzdem liefert eine nachhaltige Freiheit aber eben eine universale Legitimation des «Umweltschutzes», die ihm bisher gerade fehlte.

Ebenso unhaltbar wegen (a) der rein wechselseitigen Freiheitsbegrenzung und (b) der Gemeinwohlkritik und (c) der Freiheit als Garantie unterschiedlicher Glückswege in einer pluralistischen Welt sind weitere Freiheitsschranken: nämlich der *Schutz des Bürgers* *gegen sich selbst* und eine Freiheitseinschränkung um des Wunsches der Mitmenschen nach Anstand/Höflichkeit/Freude/Nicht-Pikiertsein willen – kurz: *um ihres Konzepts eines guten Lebens willen.* Nachhaltigkeit darf also nicht als staatliche Empfehlung eines «neuen glücklichen Lebens und Lebensstils» figurieren – oder gar als Schutz davor, daß wir uns durch einen Jet-set-Lebensstil selbst gefährden.* Die Rede von Lebensstilen handelt davon, ob der einzelne nicht letztlich glücklicher wird, wenn er nach dem Prinzip «Weniger ist mehr» lebt und sich am Stadtpark erfreut, anstatt dreimal im Jahr nach Mallorca zu fliegen. Doch ob wir glücklich sind, ob wir uns selbst in Gefahr bringen und in welche Richtung meine ästhetischen Bedürfnisse gehen, geht die liberale – nationale oder globale – Politik *nichts* an. Denn entsprechende Verhaltensweisen sind gerade Ausdruck unserer Würde als Autonomie (also Selbstgesetzgebung) und unserer Freiheit. Deshalb darf man selbst den Selbstmord oder irgendein vermeintlich «lächerliches» Verhalten (Besuch einer Peepshow z. B.) nicht verbieten. Der Staat muß, indem er auf die Freiheit und ihren Voraussetzungen verpflichtet ist, die Möglichkeit (!) individueller Glückspläne garantieren – aber niemals ihren Inhalt. Deshalb darf man auch in der Schule kein bestimmtes Glücksideal suggerieren – auch im Zeichen der Nachhaltigkeit nicht. Aufgabe der Politik als wechselseitigem Freiheitsbegrenzer ist es zu klären, was für die Bürger *richtig* ist, nicht was für sie *gut, schön oder lustig* ist.

* Ich wiederhole hier noch einmal, was für diesen gesamten Band gilt: Eine längere, z. T. aber weniger klare Darstellung (inkl. Nachweisen zu den hier kritisierten Ansichten) bietet Ekardt, Zukunft in Freiheit, 2004, § 5. Der *Schutz vor sich selbst* kann auch nicht philosophisch unter Hinweis darauf gerechtfertigt werden, daß der Mensch auch «Pflichten gegen sich selbst» habe. Denn entgegen Kant und Mill laufen sie auf eine Vernunftdiktatur hinaus und haben keine Begründung. Zudem sind sie eine Tugend- und keine Gerechtigkeitsfrage. Nur bei Kindern, geistig Schwerstbehinderten und bei situativen Blackouts (Alkohol) ist ein Schutz gegen sich selbst gerechtfertigt – über die Figur einer mutmaßlichen Einwilligung, die jeder zweifellos im nachhinein erteilt würde, wenn seine Mutter ihn als Kleinkind z. B. gehindert hat, blind auf die Straße zu rennen.

Noch eine Bemerkung für Juristen: Prüfungsstandort meiner These von der rein wechselseitigen Freiheitsbegrenzung ist der «legitime Eingriffszweck» im Rahmen der Verhältnismäßigkeitsprüfung. Dies alles ersetzt zudem die unbegründeten und damit unhaltbaren – sowie mit dem Gesagten kollidierenden – Lehren von den «Grundrechten als objektive Wertordnung» und auch vom «Menschenbild» sowie den ebenso unklaren Grundsatz «in dubio pro libertate» (und es fundiert die neuerdings beliebter werdende «Prinzipientheorie der Grundrechte» allererst).

Wir dürfen und müssen politisch also fragen, ob der ständige Urlaubsflug intertemporal und global *gerecht* ist – und nicht, ob Fliegen «Spaß macht», ob «es mir dabei gut geht» und ob ich «innerlich für Fortschritt bin». Auf diese letzteren Fragen muß sich jeder Mensch im Rahmen seines persönlichen Konzepts von einem guten Leben («Tugendethik») selbst die Antwort geben. Kurz gesagt: Der Wirtschaftsliberale, der alles der freien Konsumentenentscheidung überlassen will, hat unrecht. Es ist eben nicht in die Konsumentensouveränität gestellt, ob wir junge, künftige oder auf anderen Kontinenten Menschen durch unsere Lebensweise zugrunde richten. Ebenso unrecht hat aber der neomarxistische Attac-Aktivist, der möchte, daß reiche Menschen endlich lernen, daß sie mit weniger Geld innerlich viel glücklicher wären. Dies hat vielmehr jeder selbst zu entscheiden. Ebensowenig kann der Attac-Aktivist verlangen, daß ihn reiche Topmanager von ihrem Gehalt versorgen, damit er ohne materielle Zwänge auf innere Sinnsuche gehen kann. Sehr wohl kann er dagegen verlangen, daß jene «Manager» ihm das Existenzminimum sichern, sofern er (Junktim!) zur Selbstversorgung nicht in der Lage ist. Umgekehrt wiederum darf ein Olaf Henkel dem Attac-Aktivisten nicht verbieten, wochenlang im Park zu entspannen und sich durch gelegentliche stundenweise Arbeit über Wasser zu halten; denn niemand ist verpflichtet, sich innerlich am alten protestantischen/wirtschaftsliberalen Leistungs- und Arbeitsideal zu orientieren. Wobei mir Henkel und Attac verzeihen mögen, wenn ich sie hier zu Stilisierungszwecken erwähne – was nicht ausschließt, daß ich mit beiden auch gewisse Ansichten *teile*.

Wenn ich mit alledem (auch) globale und intertemporale Konflikte als reine Freiheitskonflikte deute – und so mit der philosophischen und verfassungsinterpretativen Tradition breche –, wird manchem «Nachhaltigkeitsfreund» die generelle Idee einer zeit- und ortsübergreifenden wechselseitigen Austarierung der Menschenrechte gefallen. Dennoch werden einzelne Konsequenzen dieses Konzepts auch bei jenem «Freund» auf Mißfallen stoßen. So dürfen die Armen dieser Welt nicht länger gehindert werden, sich in Formen selbst zu helfen, die uns ganz persönlich vielleicht nicht «gefallen». Die nationale oder globale Politik wird sich z. B. überlegen müssen, ob man Kinderarbeit wirklich allgemein ächten darf. Wem nützt z. B. ein solches Verbot, wenn das Kind dann mangels Lebensunterhalt verhungert? Davon einmal abgesehen sind kleinere Arbeitstätigkeiten auch bei europäischen Jugendlichen seit langem üblich, ohne daß dies zwingend ihre Zukunfts- und Bildungschancen beeinträchtigen würde.

Ferner darf man nicht länger pauschal verbieten, daß ein freiwilliger (!) indischer Spender eine Niere nach Europa verkauft, um durch diese Geldeinnahme seine Lebenssituation und die Zukunftschancen seiner Kinder zu verbessern. Zwar wird dies vielen «Linken» nicht gefallen. Doch man überlege einmal, abgesehen von der strikten Rückbindung des hier entwickelten Antipaternalismus an die universale Vernunft, was ein Verbot des Nierenkaufs für Konsequenzen hätte: Dürfte ein Inder die Niere auch dann nicht verkaufen, wenn er sonst verhungern würde? Oder wenn seine Schwester verhungern würde? (Oder ein Freund?) Oder wenn er ohne den finanziellen Nierenerlös nicht zur Universität gehen könnte? Angenommen, daß jetzt jemand antwortet, man könne den Nierenverkauf dann eben «ganz ausnahmsweise zulassen», frage ich weiter: Soll eine deutsche bzw. europäische Behörde dann in Indien Tatsachenerhebungen dazu durchführen, wie wahrscheinlich es ist, daß der Nierenverkäufer sonst verhungert? Oder dazu, ob der Inder wirklich ernsthaft ein Studium aufnehmen möchte? Müßte die Niere womöglich gar vom deutschen Empfänger rückübersandt werden, wenn sich später herausstellt, daß der Inder sein Studium abgebrochen hat? Aus dieser emotional aufgeladenen Problematik läßt sich manches lernen: Wir helfen keinem, wenn wir in einigen symbolträchtigen Fällen den Empörten spielen, um unsere sonstige Ignoranz gegenüber den Süd- und Zukunftsproblemen dieser Welt selbst besser verdrängen zu können. Wir sollten uns lieber der Einsicht in unsere ernste Pflicht stellen, die Lebensbedingungen auf der gesamten Welt und auch für künftige Menschen insgesamt zu verbessern. Allein dies wird diese Welt gerechter machen – nicht dagegen eine irrationale «political correctness», die es den Armen verwehrt, sich selbst zu helfen – und sie damit womöglich zu Menschenopfern falscher Gefühle macht. Selbstredend braucht man für durchaus drastische Vorgänge wie Organspenden klare Verfahrensregeln, um die *Freiwilligkeit* des Vorgangs zu garantieren und damit die Freiheit zu schützen. Man könnte Organverkäufe z. B. durch eine Kontrollbehörde einzeln genehmigen lassen, um zu verhindern, daß Dritte Druck auf den potentiellen Organspender ausüben (z. B. sein Arbeitgeber). Nur so wird es übrigens auch gelingen, den illegalen

Handel mit Organen, welche gewaltsam Straßenkindern usw. entnommen werden, zu unterbinden.

Die aus der universalen Freiheitsidee hervorgehende Scheidung Gerechtigkeit/gutes Leben ermöglicht auch eine präzise Antwort auf eine weitere brennende Frage moderner (globalisierungsinduzierter) Gesellschaften: Wie ist mit Migranten umzugehen, die nach ganz anderen kulturellen Konzepten im liberalen Staat leben möchten? Die Antwort ist: Die Verpflichtung aller Bürger auf eine «Leitkultur» mit Ordnung, Pünktlichkeit, Anstand ist unhaltbar – aber ebenso falsch ist ein gefühliges «Alles-okay-Finden», wenn Migranten ihre Töchter zwangsweise in die Türkei verheiraten, Mädchen gegen deren Willen vom Schulsport befreien oder wenn Brüder ihre Schwestern physisch bedrohen, weil sie Freundschaften mit Männern pflegen. Kurz gesagt: Wenn kulturelle Traditionen in den Anwendungsbereich der Menschenrechte geraten, muß der Staat zum Schutz der Schwächeren intervenieren. Wenn es dagegen nur darum geht, daß z. B. eine muslimische Frau freiwillig (!) mit Kopftuch auf die Straße gehen möchte, geht dies den Staat nichts an. Nebenbei bemerkt, heißt das freilich auch: Es ist außerordentlich problematisch, wenn die US-Regierung vor ihren Kabinettssitzungen betet. Denn Religion ist eine Frage des persönlichen Glücksideals und keine staatliche Angelegenheit.

Gerade Kontextualisten, etwa Muslime oder traditionsbewußte Ostasiaten, werden meine gesamte Freiheitskonzeption, die ja universal für die gesamte globalisierte Welt und ergo auch für sehr «nicht-westliche» Gesellschaften gelten soll, trotz alledem zurückweisen. Ich möchte darauf nochmals eingehen, weil mir dies zentral zu sein scheint für ein dauerhaftes friedliches und freies Zusammenleben der Menschen dieser Welt. Auch wenn die Vorwürfe «Kulturimperialismus», «Freiheit macht unglücklich» und «faktische Gemeinschaftsabhängigkeit» schon widerlegt wurden, werden die Kritiker sagen, die Freiheit führe zum Zusammenbruch tradierter, wertvoller Lebensformen wie z. B. der eingespielten familiären Rollenverteilung oder des Lebens in einer kommunitären religiösen Sekte. Der liberale Rahmen habe also die Tendenz, faktisch eben doch bestimmte Vorstellungen eines gelungenen Lebens zu privilegieren. Damit sei eine universale Lehre nachhaltiger Freiheits- bzw. Menschenrechte in Wirklichkeit *gar nicht* neutral in Fragen des guten Lebens. Doch auch dieser Vorwurf greift nicht durch. Zwar hat die

Freiheit in der Tat die Tendenz, die Bürger eher zu einem selbstbestimmten als zu einem fremdbestimmten Leben zu animieren: Islamischen Kindern im Mittleren Osten wird früher oder später die Lust auf das enge Korsett religiös-traditionell fundierter Regeln vergehen, wenn sie nur lange genug via TV andere Lebensoptionen sehen. Doch warum sollte das gegen liberale Gesellschaften sprechen? Jeder hat ja die Freiheit, z. B. in eine geschlossene religiöse Gemeinschaft einzutreten. So kann jeder Traditionalist in einer liberalen Gesellschaft ungehindert z. B. dafür plädieren, Frauen generell hinter den Herd zu verbannen. Und wenn sich etwa eine indische Witwe freiwillig (!) mit ihrem toten Mann verbrennen möchte, würde ein Liberalismus *meiner* Lesart ihr dies ja nicht verbieten. Oder wenn jemand glaubt, nicht selbst zu wissen, was gut für ihn ist, bleibt es ihm ja unbenommen, seinen Vater, seine Frau oder wen auch immer für sich entscheiden zu lassen. So verkündete der Bundesliga-Fußballer Momo Djabang 2003, daß *sein Vater* entscheide, bei welchem Verein er fortan spiele. Nun: Warum denn nicht? Nur jene Spielräume erlauben es den Menschen in unterschiedlichen Kulturen, sich ohne Unterdrückung, Demütigung und Ausgrenzung gegenseitig als Gleiche anzuerkennen.

Umgekehrt endeten schon kleinste Infragestellungen der Tradition in kommunitaristischen Gesellschaften früherer Jahrhunderte nicht selten auf dem Scheiterhaufen – und noch heute bedrohen religiöse Extremisten freie Geister in Algerien und andernorts mit dem Tod. Es spricht nicht für eine Lehre, und es spricht auch nicht für gewisse asiatische oder afrikanische Regierungen, daß sie offenbar solche gewalttätigen «Argumente» benötigen. Eine globalisierte Welt und ihr auf Universalität, Globalität und Zukunftsfähigkeit angelegtes Gerechtigkeitsideal müssen sich ergo von solchen Praktiken fernhalten. Nostalgische Verklärungen überholter, meist autoritärer, oft von bitterer Armut geprägter und gerade gar nicht glücksfördernder «früherer Zeiten» sind daher unangebracht. Freiheit ist eben universal alternativlos, sobald sich Menschen wie Menschen verhalten, indem sie in Gründen miteinander sprechen. Dies verkennen leider nicht nur religiös-kontextualistisch motivierte Paternalisten, sondern auch Wirtschaftsliberale, wie sie z. B. die Weltbank dominieren – und bei denen auf der Hand liegt, daß sie andere Kulturen zu westlichen Konsumenten erziehen wollen. Doch archaisch lebenden Volksgruppen z. B. in Afrika darf kein ökonomisiertes Lebens- und Glücksideal vorgeschrieben werden. Es ist ihre eigene Sache, wie sie glücklich werden. Sehr wohl vorgeschrieben werden darf ihnen allerdings, daß sie Frauen nicht gegen deren Willen beschneiden – und daß freie politische Meinungsäußerungen nicht im Gefängnis enden dürfen. Man sieht hier noch einmal, daß Vernunft und Autonomie zwar universal sind, im privaten Bereich aber gerade kontextoffen bleiben (ebenso wie in Abwägungen zwischen kollidierenden autonomen Handlungen: Kap. V).

Somit ist das neue Freiheitskonzept in allen Teilen philosophisch und verfassungsrechtlich geboten. Es ist das Modell einer autonomen und freien Selbstentfaltung, die es jedem – nunmehr wirklich jedem – Menschen ermöglichen möchte, auf seine Weise glücklich zu werden. Jene Versprechung einer gelingenden Lebenspraxis, die sich im Rahmen freier Diskurse und autonomen Handelns vollzieht, gilt dabei auch denjenigen, die aufgrund materieller oder persönlicher Hindernisse von einer rein «wirtschaftsliberalen» Freiheit nie profitieren würden. Dieses vernunftbasierte Konzept ist der Kern universaler Gerechtigkeit, national und global. Es stellt sich der doppelten Freiheitsgefährdung entgegen, ebenso wie der verfehlten Alternative altliberaler Minimalstaat oder paternalistischer Beglückungsstaat. In Umformulierung der bekannten Rawlsschen Regeln ergibt sich somit folgendes ***Prinzip universaler Nachhaltigkeit:*** *Jedermann soll gleiches Recht auf das umfangreichste System gleicher Grundfreiheiten haben, das mit dem gleichen System für alle anderen einschließlich der jungen, künftigen und in anderen Ländern und Erdteilen lebenden Menschen verträglich ist. Die gleichen Freiheitsrechte garantieren dabei auch die Erhaltung der elementaren Freiheitsvoraussetzungen, ohne die ein menschenwürdiges Leben ausgeschlossen ist, sowie den Schutz gegen andere Bürger und ein Junktim von Freiheit und Handlungsfolgenverantwortlichkeit.* An die Stelle der liberalen Tradition, die wie Rawls das Verhältnis einiger schmaler Freiheiten zu anderen Gütern pauschal zugunsten der ersten löst und für alle andere Freiheit beliebige Schranken zuläßt, sollte ergänzend folgende Regel treten: *Im Regelfall kann die Freiheit im Sinne des ersten Gerechtigkeitsgrundsatzes nur um der Freiheit einschließlich ihrer elementaren Voraussetzungen und um des Junktims von Freiheit und Handlungsfolgenverantwortlichkeit willen beschränkt werden. Ausnahmsweise kommt bei Vorliegen guter Gründe eine Einschränkung der Freiheit auch um ihrer* *weiteren Voraussetzungen willen in Betracht. Freiheitseinschränkungen ohne Rechtfertigung in der Freiheit und ihren Voraussetzungen sind stets unzulässig.* Diese Grundsätze drücken aus, was wir uns als Vernunftwesen gegenseitig schulden, um unser Zusammenleben nachhaltig zu gestalten. Wobei die Vernunft ihrerseits für uns Menschen als Menschen unhintergehbar ist – universal, global und im Zeithorizont.

D. Wie sieht universale nachhaltige Demokratie aus?

Die damit gewonnenen Prinzipien der Nachhaltigkeit – für den Nationalstaat, für Zusammenschlüsse wie die EU und auch für eine Weltföderation, für die ich sogleich votieren werde – garantieren zeit- und ortsübergreifende Menschenrechte und ihre wechselseitige Austarierung und Begrenzung (deren Details die Abwägungslehre leisten wird). Doch dies ist nur das eine. Man benötigt des weiteren eine *Institutionentheorie der Nachhaltigkeit* – also eine Institutionentheorie des Liberalismus und der Menschenrechte. Diese Theorie muß etwas darüber sagen, welche Institutionen und welches Zusammenspiel verschiedener Staatlichkeitsebenen wir für die Nachhaltigkeitsidee brauchen. Und für eine liberale Gerechtigkeit und Interpretation liberaler Verfassungen (die ja demokratisch sind) ist das damit gesuchte Konzept nicht zuletzt eine Theorie der Demokratie. Der Einstieg gelingt direkt von den Freiheitsprinzipien der Nachhaltigkeit her. Sowohl Freiheitskritiker aus anderen Kulturen als auch westliche Nachhaltigkeitsfreunde könnten, wenn sie nicht autoritär denken, fragen: Muß es letztlich nicht dem «demokratischen Prozeß» überlassen bleiben, wieviel Zukunftsschutz und globale Gerechtigkeit verwirklicht wird und ob man z. B. die Freiheit der Konzerne gänzlich abschafft? Und ob wir überhaupt Freiheit oder doch eher einen Beglückungsstaat verdienen? Diese Fragen sind nicht akademisch, sondern entscheiden darüber, wer die Freiheit und die Rechte junger, künftiger und andernorts lebender Menschen administriert. Unglücklicherweise könnte dabei das demokratietypische Mehrheitsprinzip die Nachhaltigkeit vor unlösbare Probleme stellen. Schon Hans Jonas sieht ja durchaus zutreffend, daß unsere faktische Motivationslage nicht so günstig ist, daß bloße (!) Mehrheitsentscheidungen eine realistische Quelle nachhaltiger

Politik wären: Vielleicht «wollen wir» ja (näher Kap. I A., VI A.) gar keinen Zukunftsschutz und keine globale Gerechtigkeit? Dieses fundamentale Problem demokratischer Schwerfälligkeit bildet leider neben der Kritik an der alten wirtschaftsliberalen Freiheit das zweite Einfallstor für Sympathisanten ökodiktatorischer Tendenzen. Muß man sich also entscheiden: «Demokratie oder Nachhaltigkeit»?

Wäre dem so, befänden wir uns in einer fatalen Zwickmühle. Denn die Demokratie ist – neben Würde, Unparteilichkeit und Freiheit – das zentrale Grundprinzip einer freiheitlichen Grundordnung: Demokratie ist ein Gerechtigkeitsgebot, und zwar universal und – kombiniert mit den Argumenten für globale Gerechtigkeit – global, also auch für einen etwaigen Weltstaat, falls sich für seine Einrichtung Argumente finden. Und sie ist keine bloße Freiheitsvoraussetzung, sondern verfügt wie die Freiheit über eine *eigenständige* Rückbindung an das Achtungs- und das Unparteilichkeitsprinzip. Denn wenn alle Bürger *gleich zu respektieren* sind, müssen sie auch gleichermaßen Anteil an der gesellschaftlichen Konfliktlösung haben. Das Prinzip der *gleichen* Achtung impliziert gerade, daß idealtypisch jeder über sich selbst entscheiden sollte – und folglich den gleichen Bezug zur Streitentscheidungsinstanz haben muß, soweit ein Konflikt z. B. zwischen verschiedenen Menschenrechten (wechselseitige Freiheitsbegrenzung!) besteht und daher *nicht* jeder allein entscheiden kann. Dies aber bedeutet Demokratie. Ferner ist die Demokratie ein unentbehrliches Mittel der Freiheitssicherung. Wenn doch die Vernunft inhaltlich offen ist und darum unterschiedliche Lebenspläne und Gerechtigkeitsdiskurse offengehalten werden müssen, ist die Demokratie das naheliegende Entscheidungsverfahren. Und irgendein Verfahren brauchen wir. Denn wegen unseres latenten, schon in der Einleitung aufgegriffenen Egoismus lösen sich *faktisch*, und der Liberalismus will ja die Probleme der realen Welt lösen, *viele* Konflikte nicht «rein freiwillig». Ich verweise hier auch auf Kap. VI, wo die Verknüpfung von normativer Gerechtigkeit und faktischer Handlungsanalyse genauer erarbeitet wird – Eigennutzen, Konformität, Gefühl usw. bestimmen, wie schon in Kap. I kurz deutlich wurde, rein faktisch unser Verhalten mit, so daß die Gerechtigkeit die durch diese faktisch «begrenzte normative Rationalität» geschaffenen Probleme lösen muß, wenn sie die Konflikte dieser konkreten Welt bewältigen will.

Demokratie ist ergo der Kern einer liberal-menschenrechtlichen *Institutionenlehre*. Wie aber ihr Spannungsverhältnis zur in den Freiheitsrechten verbürgten Nachhaltigkeit, die ja ebenfalls im Zentrum universaler Liberalität steht, auflösen? Beide Prinzipien sind an sich unaufgebbar. Habermas und einige «liberale» Kontextualisten nehmen nun einen mehr oder weniger offenen Vorrang der Demokratie vor der Freiheit an. Dabei ist noch unproblematisch, daß Habermas zunächst darauf hinweist, daß Menschenrechte und Demokratie sich gegenseitig fördern. Doch die weitere Begründung ist m.E. nicht haltbar. Habermas faßt die Demokratie als Ausdruck seiner mit *Diskurspflichten* und mit *bloßen Verfahrensregeln* operierenden Diskursethik auf. Dabei ist dann die gegenseitige Achtung der Diskursteilnehmer nur eine Verfahrens- und keine Ergebnisanforderung an die Gerechtigkeit (siehe Kap. II). Die volle Autonomie (= Achtung gerade vor dem Individuum) und damit die Freiheiten wären dann bloße *«Formeigenschaften eines modernen Rechts»*. Als solche träten sie zur Demokratie hinzu, die im Grunde der eigentliche Modus der Gerechtigkeitsfindung sei, um uns von «unseren Diskurspflichten» zeitweise zu entlasten. Auch diese «freiheitlichen Garantien» erlauben der Mehrheit aber anscheinend immer noch, Gesetze beliebigen Inhalts zu machen. Habermas nennt dies treffend «radikale Demokratie». Damit wird (a) die Freiheit kulturrelativ auf «moderne Staaten» beschränkt, was bekanntlich unhaltbar ist. Zudem ist (b) der reine – bekanntlich die notwendige Integration von freiem Diskurs und autonomem Handeln (Kap. II) übergehende – Verfahrensfokus problematisch. Des weiteren übergeht Habermas, daß (c) die *maximale* Autonomie der Menschen (Kap. II C.) geboten ist und daß dies keine *beliebigen* Diskursergebnisse duldet. Zudem (d) schadet die Idee von «Diskurspflichten» der Gerechtigkeit bekanntlich eher, als daß sie ihr nützt. Diese Punkte kennen wir alle schon. Darüber hinaus ist (e) letztlich auch unklar, warum «Formeigenschaften des Rechts» all dies widerlegen und die Habermas-Thesen belegen und warum sie *überhaupt* irgend etwas begründen sollten (abgesehen davon, daß ein «formmodernes» Recht wohl kaum «per se» nur mit Freiheitsrechten «denkbar» ist – und nur dann könnte man im Stile z. B. von Habermas sagen, daß derjenige, der überhaupt über modernes Recht spricht, notwendig Menschenrechte «als Formeigenschaften» voraussetzt). Schon oben zeigte sich so, daß eine Habermassche Diskursethik vor ähnlichen

Problemen wie kontextualistische Gerechtigkeitstheorien steht – und daß sie die transzendentalen Argumente für eine liberale Gerechtigkeitslehre nicht widerlegt. Welches aber ist dann das richtige, nachhaltige Demokratiekonzept?

Klar ist also, daß die Demokratie Entscheidungen der Diskurse in möglichster Übereinstimmung mit Achtung und Unparteilichkeit fördert, weswegen sie mit Sicherheit «geboten» ist. Ohne Entscheide bliebe die Freiheit irreal, und zudem würde es (mangels Konsens) stets beim nationalen, globalen und intertemporalen Status quo bleiben. Auch Nichtentscheiden ist ja eine Entscheidung, und zwar hier *für einen nicht-nachhaltigen Status quo*. Doch spricht viel dafür, (I) die Demokratie auf den Ausgleich der Freiheiten und ihrer Voraussetzungen zu beschränken, also auch mit demokratischer Mehrheit keinen Schutz gegen sich selbst, kein Gemeinwohl, keine Ökozentrik usw. anzuerkennen. Ebenso spricht viel dafür, (II) neben der Demokratie *auch* andere Institutionen wie z. B. Verfassungsgerichte und Nachwelträte zwischen den global und intertemporal kollidierenden Freiheiten vermitteln zu lassen, sofern diese Institutionen im Einzelfall mehr Rationalität, Unparteilichkeit und Freiheit versprechen als eine Mehrheitsentscheidung. Meine universale Institutionenlehre, auch für globale und intertemporale Konflikte, kulminiert darum in einer *gewaltenteiligen Demokratie* und nicht in einer «radikalen».

Die Richtigkeit der obigen zwei Gegenthesen zu Habermas ergibt sich *erstens* negativ aus der schon formulierten Kritik an einem kulturrelativ-prozeduralen Ansatz. *Zweitens* ergibt sie sich aus dem schon zur Freiheit Gesagten: Die Freiheiten sichern universal, global und intertemporal die freie Entfaltung und sind damit die notwendigen Bedingungen des Diskurses über Gerechtigkeitsfragen. Wir müssen uns bekanntlich diese Rechte und das in ihnen verbürgte autonome Handeln gegenseitig notwendig zugestehen, wenn wir nicht widersprüchlich werden wollen. Die Demokratie ist nun ein guter Modus, wenn wir uns, obwohl wir mit Gründen gestritten haben, auf Konfliktlösungen für kollidierende multipolare Freiheiten/Freiheitsvoraussetzungen/Junktimaspekte nicht einigen können. *Das Demokratieprinzip als Mehrheitsprinzip dient sicherlich der Freiheit*. Denn es verspricht die persönliche Entfaltung und möglichst offene Diskurse (inklusive weiterer, bisher noch unthematisierter formeller Freiheitsgarantien wie Transparenz und Vertrauensschutz). Dies freilich weniger wegen der besonderen Rationalität von Parlamenten, die oft von zahlreichen Lobbyisten umringt sind, sondern eher darum, weil ein Parlament abgewählt werden kann – anders als ein Diktator, sei es ein «Ökodiktator» oder auch ein südländischer Potentat.

Doch darf die Demokratie trotz alledem nur eine Entscheidungsregel für Freiheitskonflikte und kein Einfallstor für kollektivistische Belange sein. Warum? Solche Belange sind eben normativ unbegründbar und damit kein zulässiger Gegenstand von Politik, weil sie die Autonomie unnötig einschränken. Denn der durch die Kategorie «Grund» implizierte möglichst ideale Diskurs und unser möglichst autonomes Handeln – die bekanntlich untrennbar ineinander verschränkt sind – würden beschädigt, wenn die Diskursvoraussetzungen (also die Freiheit und ihre Voraussetzungen) zugunsten von Belangen einschränkbar wären, die «nur kollektiv» sind und damit keine Diskursvoraussetzungen darstellen. Sobald wir in Gründen reden, versprechen wir uns ja gegenseitig die *maximale* Autonomie, die folgerichtig nur in ebenjener Autonomie der Gesprächspartner, aber nicht in Kollektivbelangen ihre Grenze findet. Und die Autonomie und Unparteilichkeit politischer Entscheidungen ist in einem Ping-Pong unterschiedlicher Gewalten, die z. B. die Möglichkeit von Verfassungsprozessen als weitere Konfliktlösungs- und Diskursform anbieten, besser geschützt als durch ein reines Mehrheitsprinzip. Denn so wird eine gegenseitige Kontrolle möglich, was Machtmißbrauch unwahrscheinlicher macht, die Unparteilichkeit von Entscheidungen fördert und die Begründungen (ergo die Rationalität) nationaler, europäischer und ggf. globaler Entscheidungen hebt. Dies zeigt dann aber, daß die Demokratie universal nicht gleichrangig neben der Freiheit steht, sondern von dieser eingehegt wird – und daß die Demokratie nur dann maximal rational und unparteiisch ist, wenn sie durch andere Streitentscheidungsformen ergänzt wird (näher zur Balance zwischen den Staatsgewalten in Kap. V B.).

Meine Thesen I+II belegt noch ein *drittes*, entscheidendes Argument: Künftige und z. T. auch junge Menschen können am demokratischen Prozeß naturgemäß nicht partizipieren. Gerade deswegen ist dieser herkömmlicherweise stark kurzzeitorientiert – und vernachlässigt Langzeitinteressen. Dies verwundert nicht wegen der in Kap. I B. gewonnenen (in Kap. VI noch stark zu vertiefenden)

Einsicht, daß Menschen zumindest *oft* eigennützig handeln. Und der Eigennutzen eines Politikers ist die Wiederwahl, und der Eigennutzen des heutigen Wählers ist die Durchsetzung seiner eigenen heutigen Interessen – doch künftige und weit entfernt Lebende wählen eben den Bundestag oder das Europaparlament nicht mit! Die maximale Autonomie künftiger Generationen braucht darum komplexere Institutionen als ein bloßes Mehrheitsprinzip, um künftige Generationen vor dem *faktisch* verbreiteten Eigennutzendenken zu schützen. Dies spricht für hinreichend starke Gerichte und, wie wir sehen werden, einen nur begrenzten Föderalismus und gewisse neue Organe wie Nachwelträte (Kap. V B.). All dies zeigt, daß die in der Nachhaltigkeitsdebatte beliebte Ansicht, Nachhaltigkeit müsse in ihrem Inhalt «immer wieder neu im Konsens festgelegt werden», irrig ist. Denn (a) der faktische Konsens als solcher ist bekanntlich kein Richtigkeitskriterium, und (b) beliebige politische Entscheidungen kann es von vornherein niemals geben (sondern immer nur Entscheidungen im Rahmen der liberalen Prinzipien). Zudem (c) verbieten sich pauschale Konsenshoffnungen ganz besonders bei der Betroffenheit von Zukunftsinteressen. Denn künftige Menschen können an unseren faktischen Konsensen, die wir auf ihre Kosten zustande bringen, niemals teilhaben. Unsere rein faktischen Konsense, wenn es sie denn je gäbe, wären damit unzulässige Verträge zu Lasten Dritter.

Schon hier können wir damit beispielsweise folgendes sagen: Der Nachhaltigkeitsgedanke impliziert auch für das Demokratieprinzip selbst eine möglichst langfristorientierte Gestaltung. Dies legt es z. B. nahe, Wahlen verschiedener Ebenen (z. B. Europaparlament, Bundestag, Landtage) auf Sammeltermine alle zwei oder gar vier Jahre zu bündeln. So verhindert man, daß Politik anstelle eines längerfristig orientierten rationalen Diskurses zum kurzzeitorientiert-emotionalen Dauerwahlkampf wird. Sofern allerdings Wahlen stattfinden, müssen es echte Wahlen sein. Es ist mit dem Demokratieprinzip unvereinbar, wenn wie im US-Verfassungsrecht die Wahl an sehr fehleranfällige technische Vorrichtungen (= manipulierbare Abstimmungscomputer) gekoppelt wird und zudem den Wahlbehörden die Möglichkeit eröffnet wird, ungebildeten Wählern den Weg zur Urne über komplizierte Registrierungspflichten zu erschweren. Denn es verbietet sich jede Art von paternalistischer «Abschottung» der Gerechtigkeit vor der vermeintlich «dummen Mehrheit» –

ebenso aber auch eine radikale Demokratie. Für eine etwaige globale Ebene gilt all dies natürlich ganz genauso. Aber brauchen wir diese Ebene denn überhaupt?

E. Globale Demokratie und Weltstaat: «Krieg gegen den Terror», globale Sozial- und Umweltstandards, Freiheit durch Gewalt

Wir können jetzt mit der Institutionenanalyse auf die globale Ebene fortschreiten. Wir hatten schon in Kap. III festgestellt, daß die Konflikte einer modernen Welt zunehmend globalisierte sind. Ich meine hier nicht nur das spezielle Problem, daß (1) bestimmte Regierungen die universalen Menschenrechtsstandards ignorieren und ihre eigene Bevölkerung tyrannisieren (Irak, Kosovo usw.) – oder daß durch Terror gegen jene Universalstandards Front gemacht wird, mit entsprechenden Reaktionen der liberalen Staaten («Krieg gegen den Terror»). Mindestens ebenso wichtig ist (2): Die herausgearbeiteten klaren Freiheitsgrenzen als Einhegungen für wirtschaftliche Tätigkeit können globalisierungsbedingte Ausweichreaktionen herbeiführen. Diese Freiheitsgrenzen können z. B. Unternehmen motivieren, ins Ausland abzuwandern (Kap. VI D.) und hohen nationalen Sozial- und Umweltstandards auszuweichen. Zwar passiert dies bisher nur teilweise. Aber schon die bloße Möglichkeit provoziert – in einer immer mehr vernetzten und daher «umzugsfreundlichen» Welt – einen internationalen Unterbietungswettbewerb um die billigsten Produktionsbedingungen. Sowohl Klima- als auch Sozialpolitik (Lohnhöhe, Teilhabe an medizinischer Versorgung, Rentenversicherung usw.) drohen dabei zu bloßen Kostenfaktoren zu degenerieren. Besonders fatal ist dies für die Lebensgrundlagen künftiger Menschen und die Armutsbekämpfung im Süden.

Vor jeder Detailerörterung mögen darum viele fragen, ob es nicht das beste wäre, «der Globalisierung» überhaupt ein Ende zu machen. Doch ergäbe eine solche Pauschalforderung von vornherein wenig Sinn. Was genau sollte sie überhaupt meinen: daß die Menschen weltweit aufhören sollen, die gleichen Kinofilme zu mögen und ähnliche Bücher zu lesen? Daß die Religionen an der weltweiten Mission gehindert werden sollten? Daß Urlaubsreisen in fremde Länder ausnahmslos verboten werden sollten? All dies erscheint wenig naheliegend – und mit alledem sind notwendigerweise auch globalisierte wirtschaftliche Transaktionen verbunden, die man folgerichtig nicht pauschal ablehnen kann. Eine Maximierung unserer Freiheit legt es daher nahe, Grenzen zu öffnen, und zwar wenigstens teilweise auch für materielle Produkte. Eine freiheitliche, an universaler Gerechtigkeit orientierte Welt kann sich also nicht pauschal abschotten. Sie kann allerdings (Kap. VI) durchaus fragen, ob daraus zwingend folgt, daß wirtschaftlich globalisierte Märkte *für jedes Produkt* entstehen müssen. Hier sind in der Tat einzelne Einschränkungen denkbar und u. U. sogar dringend notwendig – sowohl um der globalen Gerechtigkeit (Armutsbekämpfung) als auch um der Generationengerechtigkeit (Ressourcenschonung) willen.

Nun stellten wir bereits fest: Globale ökonomische Freiheit allein reicht nicht. Im Grundsatz ist globale Gerechtigkeit geboten, und zwar zwischenstaatlich (Ebene 2), aber auch im Sinne globaler Prinzipien (Ebene 3). Die Institutionenfragen, aufgeworfen gerade durch die schon erörterte Armutsfrage sowie durch Menschenrechtsgefährdung und den Welthandel im Verein mit der Globalität der Lebensgrundlagengefährdung, lautet nun: Wenn unsere Freiheitskonflikte (a) in einer ökonomisch-technisch hochkomplexen Welt zunehmend globale sind und wenn (b) menschliche Belange eben auch über Grenzen hinweg zu beachten sind, brauchen wir dann also einen Weltstaat? Kontinentale Ordnungen wie die EU können viele Freiheitskonflikte schon eher lösen als der Nationalstaat und sind insoweit gerechtigkeitsgeboten. Aber wie sieht es mit einem Weltstaat aus?

Bisher gibt es nur eine relativ machtlose UNO und ein Völkerrecht, das immer dann, wenn es um ambitionierte Ziele geht, merkwürdig wirkungsarm zu sein scheint. Es ist primär ein Instrument mächtiger Staaten, weitgehend ohne Instanzen, die freie Diskurse und autonomes Handeln für alle Menschen und Völker sichern würden. Kriege verhindert es letztlich nur dann, wenn den mächtigen Staaten daran liegt. Selbst das Gewaltverbot (Freiheitsvoraussetzung!), der einzige scheinbar «sichere» Bestandteil des Völkerrechts, hält nicht stand, wenn eine Supermacht wie nunmehr im Irak beschließt, eigenmächtig und ohne Beachtung dafür vorgesehener Verfahren «anzugreifen». Ebensowenig verhindert das Völkerrecht, daß die Menschenrechte von vielen Regimen mit Füßen getreten werden – ebensowenig wie es westliche Staaten hindert, jene Regime noch finanziell zu fördern, um sich Absatz- und Einflußchancen zu erhalten. Und auch die langsam wachsende Idee, daß die universalen Menschenrechte in jedem Staat dieser Welt gelten müssen, notfalls auch unter Gewalteinsatz gegen jenen Staat, hat zwar zum Kosovo- und Irakkrieg geführt; in den Fällen Tschetschenien, Israel oder China steht dies aber nur auf dem Papier. Noch mehr fehlt es bisher an einer global *wirksamen* Politik, die eine Strategie gegen die Armut und gegen ein globales Öko- und Sozialdumping bereitstellen würde. In der Praxis ist ergo bisher die globale Gerechtigkeit (also die Garantie freier Diskurse und autonomen Handelns auch bei grenzüberschreitenden Problemen) schwach.

Wenn man fragt, ob es bei dieser wenig durchsetzungsfähigen globalen Ebene bleiben darf, ist nach den Erkenntnissen der Kap. II–IV folgende Kerneinsicht klar: *Geboten ist immer genau die institutionelle Ordnung, die die universalistischen liberalen Grundprinzipien am besten verwirklicht, und zwar einschließlich der globalen und intertemporalen Gerechtigkeit.* Unsere Institutionen – national, europäisch oder global – müssen also dort existieren und genau so beschaffen sein, daß sie der Freiheit optimal dienen. *Wenn nun aber unsere globalen und intertemporalen Freiheitskonflikte nur global lösbar und nur durch sichernde Institutionen lösbar sind, benötigt man ergo irgendeine globale Institution.* Gerade die Menschenrechte erzwingen dies, wollen sie nicht wirkungslos werden, sei es in der Sicherheits- oder auch der Welthandels- und Umweltpolitik. Dies ist das Ergebnis der Argumente für globale Gerechtigkeit, wie wir schon beim Thema Armut sahen, zusammen mit den Argumenten für die gewaltenteilige Demokratie. Die menschenrechtliche Freiheit kann heute nur real werden, wenn es eine globale Institutionenebene gibt, die die immer öfter *grenzüberschreitenden* Freiheitskonflikte löst. Daß sich diese Freiheitskonflikte angesichts des humanen Egoismus nicht von selbst lösen, sieht man auch daran, daß ohne globale Ordnung Unternehmen stets in andere Länder gehen können, wenn ihnen die Politik in einem Land nicht zusagt (näher Kap. VI). Aus gleichen Gründen hat sich auch die Hoffnung, daß souveräne Staaten im Konsens durch Völkerrechtsverträge unsere Probleme lösen (und gar mächtige Menschenrechtsverletzer wie China in ihre Schranken weisen), bisher nicht bewahrheitet. Und der einzelne gutwillige Nationalstaat ist gegen all jene Entwicklungen weitgehend machtlos (mehr noch als gegen Armut, an der jeder Staat auch eigenen Anteil hat). Dies aber gefährdet langfristige und globale Belange. Darum brauchen wir globale Spielregeln. Dies liegt letztlich auch im Eigeninteresse der Bewohner des Okzidents, auch wenn sie z. Zt. in der Position der Stärkeren sind – denn ein globaler Unterbietungswettbewerb könnte die Kräfteverhältnisse stark verändern (Kap. I, VI).

Gegen einen echten Weltstaat spricht allerdings die dann sehr große Entfernung zwischen Wählern und Gewählten, welche Freiheit und Demokratie gleichermaßen gefährden kann. Auch wird es eine echte globale Öffentlichkeit, die politische Fragen zusammenhängend diskutieren und dadurch Kontrolle, wie sie eine gewaltenteilige Demokratie braucht, ausüben könnte, auf absehbare Zeit nicht geben. Dies ändert aber nichts an den Argumenten für eine globale Institutionenebene. Denn die eben genannten Friktionen lassen sich stark mildern, wenn man die globalen Institutionen auf wenige Sachgebiete beschränkt. Zuständig wären sie nur für national Unregelbares: etwa die Rahmenbedingungen des globalen Marktes und der globalen «Umwelt»probleme. Dazu kämen Kernregelungen für das, was die Grundbedürfnissicherung aller Menschen, die Zukunftsfähigkeit der Weltgesellschaft und die Sicherheit gegen Diktatur und (Bürger-)Krieg betrifft. Unterhalb dessen sollten kontintentale Zwischenstufen nach EU-Vorbild zum allgemeinen Modell werden. Sie könnten einen größeren Kreis von Fragen regeln und wären näher am Bürger dran als eine notgedrungen hochabstrakte globale Ebene. Zu dieser von der Freiheit her gebotenen föderal-subsidiären Abstufung gehört auch, daß die Behörden, die die globalen Gesetze real vollziehen, oft die nationalstaatlichen sein sollten (so ist es heute schon in der EU). Deshalb und wegen des Junktims von Freiheit und Folgenverantwortung darf der Globalstaat z. B. bei der Armutsbekämpfung also nur das tun, was der Nationalstaat nicht selbst kann. Es muß mithin klare Rahmenbedingungen geben (siehe schon Kap. III D.), aber nicht unbedingt eine einheitliche Weltsozialhilfe.

Die somit gebotene föderale Institutionenebene (ich nenne sie Weltföderation oder Weltstaat) müßte freiheitlich und demokratisch sein, was aus der Universalität dieser Prinzipien und den Argumenten für globale Gerechtigkeit folgt. Dies impliziert Gewaltenteilung (näher Kap. V B.) mit Weltparlament, Weltexekutive und Weltgerichten statt des heutigen unkontrollierbaren Sicherheitsrates, der reine Machtentscheidungen treffen darf. Das Parlament müßte dabei dem Proporz zu der realen Bevölkerungszahl jedes Landes folgen – anstelle des UNO-Prinzips Ein-Land-eine-Stimme. Wir würden also jeweils das Weltparlament, das Kontinentalparlament und unser nationales Parlament zu wählen haben. Dabei wäre der Zuständigkeitsbereich der Weltföderation aber eben auf wenige Gebiete beschränkt. Klar ist zudem die Leitlinie, die aus der universalen und nunmehr global zu verankernden Freiheitskonzeption folgt: Weder darf die globale Ordnung sich auf die Gewährleistung ungehinderter wirtschaftlicher Freiheit beschränken – noch darf die Ordnung beliebige demokratische Entscheidungen der jeweiligen Mehrheiten eröffnen. Man darf also nochmals mit einem Augenzwinkern sagen: «Weder Olaf Henkel noch Attac».

Gerade die Demokratieidee muß aber nicht etwa skeptisch machen gegen globale Institutionen. Sie fordert vielmehr geradezu eine Demokratisierung auch jener Entscheidungen, die z. T. schon heute global fallen, nämlich durch nach Belieben geschlossene oder verweigerte Verträge souveräner Staaten ohne klare Volksrückbindung, ohne Mehrheitsprinzip und ohne Beachtung der Menschenrechte. Nur ein (wenngleich mit wenig Zuständigkeiten auszustattendes) Weltparlament verhindert, daß weitreichende globale Entscheidungen weiterhin in Hinterzimmern fallen. Da die Demokratie allerdings bekanntlich der Freiheit zu dienen hat, und zwar nunmehr auch der international wirkenden Freiheit, kann sie auch einmal z. T. zurücktreten, wenn die Freiheit anders gesichert werden kann. Sowohl für die Weltgesetzgebung als auch für die Weltexekutive kommt übrigens neben der repräsentativ-demokratischen Rückbindung an das Volk (durch Wahlen) auch eine ergänzende partizipativ-demokratische Rückbindung durch gleichmäßige Einbeziehung z. B. von Konzernvertretern und NGOs in Betracht, wenn es etwa um globale «Umwelt»standards geht. Vor aller näherer Analyse von Partizipation und Verfahren (Kap. V B.) ist indes zweierlei klar: Schon weil Konzerne und NGOs nie alle Menschen vertreten, kann dies ein gewähltes Parlament und ein Verfassungsgericht nicht ersetzen. Zudem ändert Partizipation nichts an der menschenrechtlichen *inhaltlichen* und nicht nur *verfahrensmäßigen* Bindung der globalen Ebene. Die Menschenrechte müssen darum vor einem Weltgericht eingeklagt werden können, und zwar auch dann, wenn bestimmte globale Entscheidungen weiterhin nichtparlamentarisch ergehen, wie etwa heute schon in der Welthandelsorganisation. Doch sind solche nichtparlamentarische Strukturen, die auf Verträgen zwischen Staaten beruhen, zugunsten eines Weltstaates abzubauen. Diese globale Ebene zu schaffen ist unsere Pflicht.

Mit der Freiheitskonzeption und der universal-globalen Gerechtigkeitsidee sind freilich zahlreiche ideologiekritische Argumente als irrelevant entlarvt, welche wirtschaftsliberale Globalisierungsfreunde einerseits und marxistische Globalisierungskritiker andererseits gern austauschen – und mit deren Erörterung auf der Suche nach globaler Gerechtigkeit wohl mancher Leser rechnet. Der eine sagt vielleicht gut wirtschaftsliberal: «Jede Kritik an Kapitalismus und Wirtschaftsfreiheit in einer globalisierten Welt ist letztlich faktisch nur durch die Bequemlichkeit und die privaten Einkommensinteressen der Kritiker motiviert. Der typische Arbeitnehmer, die typische Gewerkschaft und der typische Jugendliche wollen eben nett leben, ohne wirklich Leistung bringen und sich dem internationalen Druck stellen zu müssen.» Der andere sagt vielleicht gut marxistisch: «Die Verteidigung von Wirtschaftsfreiheit und globalisiertem Kapitalismus funktioniert faktisch nur durch bewußte Irreführung, indem man die breiten Massen durch Dauerfernsehen, Werbespots, ständige Konsumverlockungen und schlimmstenfalls durch Psychopharmaka von der Wahrnehmung ihrer wahren Interessen abhält. Die Globalisierung wird von den Konzernen nur deshalb gewünscht, damit sie sich neue Absatzmärkte erschließen.» Interessanterweise sind beide Statements empirisch (!) wohl teilweise wahr; und dennoch sind sie für die Suche nach nachhaltiger Gerechtigkeit letztlich irrelevant. Noch einmal: Ideologiekritische Fragen nach den womöglich bösen *faktischen Motiven* einer Handlung X sagen nichts darüber aus, ob es für ebenjene Handlung nicht doch normativ *gute Gründe* gibt (Kap. II C.).

Rein faktisch können sich gegnerische soziale Gruppen heute selbstredend oft vorwerfen, daß sie eigentlich nur plumpe Eigeninteressen verfolgen und dies hinter blumiger Rhetorik verbergen. Natürlich gibt es in liberal-kapitalistischen Gesellschaften Tricks des künstlichen sozialen Ruhigstellens – und ebenso natürlich ist große Weltrettungsrhetorik oft nur der Versuch, sich selbst ein möglichst bequemes Leben zu sichern (was besonders offenkundig wird, wenn sich die Protagonisten selbst nicht an die selbstverkündete hohe Moral halten). Doch sagt dies eben nichts darüber aus, welche Handlungsmaximen im Lichte von Freiheit und globaler

Gerechtigkeit *richtig* sind. Die Freiheit wird nicht dadurch eine falsche Norm, daß mancher durch irreguläre Suggestionen («Fernsehen») von der Bekämpfung der Freiheitsidee abgehalten wird. Und ebensowenig wird die Idee globaler Gerechtigkeit inklusive eines globalen Freiheitsvoraussetzungsschutzes dadurch falsch, daß einige ihrer Verfechter sich von der Idee eigene Vorteile erhoffen. Umgekehrt muß man beiden fiktiven Protagonisten aber auch sagen: *Weder* ein durch Dauerberieselung gestörter gesellschaftlicher Gerechtigkeitsdiskurs *noch* eine bloße Verteidigung sozialer Besitzstände entspricht der Idee nachhaltiger Gerechtigkeit. Für beide Probleme kann darum staatliches Gegensteuern angesagt sein – einerseits durch Schaffung von Räumen unverfälschter Bildung, Information und Diskussion, andererseits durch konsequente Durchsetzung der Neukonzeption sozialer Gerechtigkeit, wie sie sich aus der Freiheitskonzeption ergab (die verantwortungsfreie «soziale Hängematten», aber auch echte Armut ausschließt).

Wie beurteilt sich nun auf dieser Grundlage der aktuelle, von einigen Staaten *mangels Weltstaat eigenmächtig* initiierte «Krieg gegen den Terror»? Oder umgekehrt: was ist zum Terror selbst zu sagen, dieser zu erwartenden Geißel der nächsten Jahrzehnte? Und wie beurteilt sich die kriegerische Durchsetzung von Freiheit und Demokratie durch Einzelstaaten wie die USA (wiederum in Ermangelung eines Weltstaates)? Terroranschläge verurteilen und Freiheit universal erzwingen darf jedenfalls nur der, der (1) überhaupt eine universale Gerechtigkeit anerkennt und den dagegen vorgebrachten Einwand des Kulturimperialismus zurückweist und (2) daraus auch eine zwischenstaatlich-globale Gerechtigkeit ableitet. Beide Punkte bejahe ich (wer sie dagegen wie Kontextualisten und Skeptiker ablehnt, hat keine Rechtfertigung für eine gewaltsame universale Durchsetzung der Menschenrechte oder für eine Kritik am Terror). Klar ist zudem, daß die alte nationalstaatliche Souveränität im Bereich globaler Gerechtigkeit kein Argument gegen Interventionen ist, da «Staatsinteressen als solche» (Gemeinwohl) eben für ein liberal-universales Gerechtigkeitsideal irrelevant sind, sofern sie nicht als Freiheitsbelange rekonstruierbar sind. Es gibt trotzdem ein Problem (3): Inwiefern bringen einseitige Militärschläge – sei es zum Sturz eines Regimes wie im Irak, sei es zum Schutz einzelner Volksgruppen wie im Kosovo, sei es als «Kampf gegen Terroristen» – die Sache von *Freiheit und Demokratie* dauerhaft wirklich voran? Es geht mir dabei nicht um versponnenen Pazifismus – es geht um die *Freiheit* als Maßstab! Und zwar einerseits um die Freiheit in Ländern wie dem Irak – andererseits aber auch um die Freiheit in Europa, die dauerhaft leiden wird, wenn mit zweifelhaften Militärschlägen Islamfundamentalisten steigenden Zulauf erhalten und die Freiheit durch die Fratze bloßer Macht scheinbar delegitimiert wird. Es ist daher zumindest zweifelhaft, ob einseitige Militärschläge ratsam sind, von der Gefahr der Konflikteskalation ganz abgesehen. Zudem schulden wir Menschen uns eben global gegenseitig Freiheit um der Vernunft und der Unparteilichkeit willen. Dies aber verlangt (gewaltenteilige: siehe Kap. V B.) demokratische, geordnete und vorhersehbare Verfahren und Foren, in denen sich der eigentümlich zwanglose Zwang des besseren Arguments entfalten kann. Die Ergebnisse können dann aber nicht einseitig von einer Supermacht diktiert werden. Erst recht darf (4) niemals ein Krieg um irgendwelcher «geostrategischer nationaler Interessen» (Zugang zu Öl z. B.) willen geführt werden. Ebensowenig dürfen um solcher «Interessen» willen autoritäre Regime gestützt werden, wie es z. B. die USA (in Zentralasien und im Nahen Osten), aber auch die EU-Länder (in Nordafrika) tun. Gerade die aufgeworfenen Fragen zeigen daher: Wir brauchen die Weltföderation, die rationale Foren schafft und die ihre Entscheidungen in rechtssichere, willkürfreie und vorhersehbare Formen bringt – wenn die Gerechtigkeit in dieser Welt, deren Bewohner rein faktisch eben nicht nur normativ rational, sondern auch emotional, eigennützig und konformistisch handeln, Platz greifen soll.

V. Gerechte Abwägung in Konflikten – auch bei intergenerationell und international kollidierenden Interessen

A. Ein Schlaglicht: Embryonenschutz und Gentechnik – Abwägung auf Leben und Tod

Die These von der rein wechselseitigen Freiheitsbegrenzung macht deutlich, daß Nachhaltigkeit in schwerwiegende Konflikte mündet. Sie stellt aber auch einen Wegweiser zu ihrer Lösung auf. Diesen Wegweiser benötigt man auf der Suche nach nachhaltig gerechten *Institutionen* (damit haben wir bereits begonnen), *gerecht abwägenden Konfliktlösungen* und *Steuerungsinstrumenten.* All dies braucht man, wenn die Nachhaltigkeit in diesem Land, in der EU und in der Welt real werden soll. Bevor ich die Thematik systematisch (weiter-)entwickle und mich damit den Spielräumen unserer Diskurse und unseres konfligierenden Handelns zuwende, möchte ich ein Schlaglicht werfen, das die Problematik schön illustriert. Es bringt uns von der globalen zur intergenerationellen Gerechtigkeit zurück und betrifft ein Problem, das in den letzten Monaten für unvergleichliche Kontroversen sorgt: Ich meine die Frage nach dem gerechten Schutz des *Embryos*, der ja «zwischen» jungen und künftigen Menschen steht. Dieses Thema drängt sich auf. Denn hier treffen im Konflikt «zwischen den Generationen» Chancen und Gefahren von Maßnahmen besonders scharf aufeinander. Worum geht es lebensweltlich? Es geht um Abtreibung zur Garantie der freien Persönlichkeitsentfaltung für die Mütter, aber es geht auch um Präimplantationsdiagnostik und Früheuthanasie zur Verhinderung erbkranker Kinder. Ebenso in der Debatte ist eine verbrauchende Embryonenforschung zum Zwecke des medizinischen Fortschritts. Die gentechnische Entwicklung ist hier seit längerem dabei, eine technologische Revolution auszulösen. Dies birgt einerseits gigantische medizinische und wirtschaftliche Chancen. Und diese Chancen können nur wahrgenommen werden, wenn man menschliche Stammzellen zu Forschungszwecken einsetzt – und die Embryonen so letzten Endes «tötet». Andererseits entsteht eine prinzipielle

Infragestellung unseres Selbstverständnisses als autonome Wesen, wenn demnächst vielleicht die Eltern darüber entscheiden können, mit welchem Gen-Set jemand zur Welt kommt. Während darum *den einen* die genannten Praktiken durch die Menschenwürde untersagt zu sein scheinen, wenn doch scheinbar Embryonen nicht mehr «als Personen respektiert» werden, treten *andere* für eine weitgehende Erlaubnis der Praktiken ein – sei es um der Selbstbestimmung der Mütter willen, sei es wegen des medizinischen Fortschritts, der mittelfristig verbesserte Heilungschancen für Schwerkranke verheißt.

Von hier aus fällt ein Schlaglicht auf das neue Freiheitsverständnis, auf seine Problemlösungskraft im Verein mit den Argumenten für die Nachhaltigkeit und auf die vor uns liegenden Fragen: Wie lösen wir den Konflikt zwischen dem Embryo im Reagenzglas – und der Hoffnung auf medizinischen Fortschritt, der Schwerkranken womöglich die ersehnte Hilfe bringen könnte? Die Abtreibungs-Judikatur des deutschen BVerfG spricht bisher dem Ungeborenen das Grundrecht auf Leben und Gesundheit zu, aber nur als schwaches objektives und nicht als einklagbares subjektives Recht. Zukunftsgrundrechte kennt die bisherige Praxis ja nicht, also auch nicht für Embryonen. *Schon deswegen* ist die bisherige Judikatur zweifelhaft. Sofern Rechtsprechungskritiker nun allerdings «volle aktuelle Rechte» für den Embryo fordern, droht dies zu übersehen, daß der Embryo noch ungeboren ist. Es ist doch so: Die grundrechtsbegründende Menschenwürde wurzelt ja in der menschlichen Vernunft. Diese aber hat der Embryo noch nicht. Dies ist auch nicht wie beim Bewußtlosen oder im Koma Liegenden ein Zustand, der jede Minute enden könnte. Der Embryo ist aktuell noch kein Mensch (wenngleich er zur Gattung *homo sapiens* gehört). Wenn, dann muß es also um Zukunftsrechte gehen. «Naturwissenschaftlich-medizinische Thesen» können daran übrigens nichts ändern. Sie sind für die normative Frage, wer Träger der Grundrechte ist, unzuständig.

Viele halten es nun für unstimmig, dem ungeborenen Kind *überhaupt* etwas zuzusprechen. Hinter jener Gegenansicht steht freilich ebenso wie beim BVerfG die irrige Vorstellung, daß derjenige, bei dem man Leben und Gesundheit schütze (sei es als Grundrecht oder als objektives Recht, wie das BVerfG glaubt und darum einen sehr starken, kurioserweise aber nicht subjektiv-rechtlichen im

Sinne von «einklagbaren» grundrechtlichen Schutz fordert), eine quasi uneinschränkbare Position genösse. Doch kein Wortlaut irgendeiner Verfassung besagt derartiges (vielmehr werden alle Rechte stets als einschränkbar ausgewiesen). Und es *kann* mit der These von der Multipolarität und der Freiheitsbegrenzung auch niemals absolute Rechte geben, da Rechte stets untereinander kollidieren und sich dann gegenseitig beschränken müssen. Zudem müßte ein absoluter Lebensschutz z. B. auch die Landesverteidigung gegen einen fundamentalistischen Angreifer schlicht unterlassen, weil sonst Soldaten in Gefahr kämen. Der «Alles-oder-nichts»-Streit, der den Embryo entweder absolut schützen oder völlig ungeschützt lassen will, ist daher falsch – auch wenn er die deutsche Debatte dominiert. Das neue Freiheitsverständnis erzwingt vielmehr mit den Argumenten für Zukunftsrechte eine mittlere Linie: Der Embryo hat eine potentielle Vernunftnatur, kann in Zukunft ein Diskurspartner sein und genießt damit heute *vorwirkende Rechte, eben Zukunftsrechte*. Erst durch diese modern-liberale Konzeption sehen wir, was eigentlich die Gründe für den vorgeburtlichen Schutz sind. Und wir brauchen nicht länger die nicht gerade einfache Annahme, ein winziges Lebewesen im Mutterleib sei *bereits jetzt* (!) ein «Mensch» im Sinne der Grundrechte und genieße zudem «Würde», also Respekt vor seiner *Autonomie*. Nicht länger müssen wir wie die deutsche Judikatur einfach *behaupten*, auch ein Embryo sei im Sinne des Würdeprinzips ein Mensch – wofür ja mangels Vernunft wenig spricht. Ebensowenig braucht man ihm noch, wie so häufig, ein Würdegrundrecht zuzusprechen, da die Würde generell nie ein Grundrecht ist, wie die Folterdebatte zeigte (Kap. IV A.). Klar ist jetzt ferner, daß Würde nicht, wie im Embryonendiskurs gern behauptet, ein diffuses Verbot meint, andere zu instrumentalisieren (was quasi unverständlich wäre, weil wir dies pausenlos und unweigerlich mit anderen tun). Würde ist vielmehr das *Autonomie*respektgebot. Und dieses ist, wie wir schon beim Folterthema sahen, zumeist nur Leitlinie der Freiheitsrechte und nicht als eigene Rechtsposition einschlägig.

Der Embryo *hat* also subjektive Rechte auf Leben und Gesundheit (aber nur in Vorwirkungsform): Doch jetzt kommt die wechselseitige Freiheitsbegrenzung ins Spiel. Und das heißt: Wir stehen, da es keine absoluten Rechte gibt, vor existentiellen Abwägungen: Man denke an das Persönlichkeitsrecht der Mutter oder das Recht auf Leben schwerkranker Menschen, denen durch Embryonenforschung geholfen werden könnte. All dies kollidiert offenkundig mit den Embryonenrechten. Wie aber wägt man ab? Das ist die Frage des Kap. V, die damit exemplarisch deutlich wird. Da die «Quantität der Betroffenen» in Ermangelung besserer Gründe durchaus ein Argument im Rahmen von Abwägungen sein kann (Kap. V C.), kann es dabei durchaus sein, daß z. B. der Klimawandel verhindert, aber nicht jeder Embryo gerettet werden muß. Jedenfalls ist so die Tür offen zu einem konsistenten Umgang mit selektierender, forschungsbezogener, abtreibender Embryonenbehandlung. Dabei steht den Embryonenrechten mal das Selbstbestimmungsrecht der Mütter, mal die Forschungsfreiheit, mal der Gesundheitsschutz der durch die Forschung zu Heilenden gegenüber. Und all diese Menschenrechte sind nie abwägungsfest – denn wenn Rechte untereinander kollidieren, müssen die Konflikte ja irgendwie gelöst werden. Daher sind Abwägungen unvermeidlich. In den folgenden Abschnitten muß man sich in diesen und anderen Fällen der Frage stellen: Wie genau ist gerecht abzuwägen? Welche Verfahrensregeln sind dabei einzuhalten? Und welche Institutionen brauchen wir, damit all dies gerecht abläuft – wofür ist ein Parlament zuständig, wofür vielleicht eher eine andere Institution wie ein Verfassungsgericht? Eine weitere Frage, die nach der zuständigen Staatlichkeitsebene, können wir für die Embryonen schon hier beantworten: Da der Embryonenschutz weitgehend leerliefe, wenn die Forschung usw. schlicht in andere Länder ausweichen kann, sind die Grundprinzipien des Embryonenkonflikts ein Fall für die zu gründende Weltföderation.

Noch eine andere Frage drängt sich auf: Wie wäre es, wenn es wirklich gelänge, einen Menschen exakt zu planen? Die Frage wäre dann: Gibt es ein Recht darauf, gentechnisch «unmanipuliert» zur Welt zu kommen? Ich hatte ja eben zu zeigen versucht, daß in der Embryonendebatte ein Mittelweg zwischen «Würdeverteidigern» und «Allesabwägern» naheliegt – der aber kein striktes Verbot von Genmanipulationen anzielt. Jedoch stößt diese «relative Erlaubtheit» in einer gerechten Ordnung an Grenzen – die überschritten wären, wenn die liberale Ordnung als solche durch den gentechnischen Fortschritt in Frage gestellt wird. Denn auch wenn die Genmanipulation die liberal-universale Gerechtigkeitsidee normativ nicht aufhebt (denn die Ableitung der Würde aus dem Vernunftgebrauch bestünde unbesehen der gentechnischen Entwicklung:

auch bei «planbarer Intelligenz» könnte man in Diskursen nicht sicher sein, wer im Einzelfall das bessere Argument zur Entscheidung einer Konfliktfrage präsentiert, und auch der Wortsinn von «Grund», der ja die liberale Theorie trägt, würde sich hier nicht ändern), könnte eine weitreichende Manipulation diese Ordnung rein faktisch erodieren lassen: Wüßten die Bürger, daß einzelne von ihnen ein besonders trächtiges Intelligenzgen besäßen, andere dagegen ein ausgesprochenes Dummheitsgen, würde das rein faktisch ihre Achtung voreinander untergraben. Dies muß in jedem Fall verhindert werden.

B. Welche Institutionen und Verfahrensregeln braucht die nachhaltige Gerechtigkeit? Wie geht man mit unsicheren Tatsachen um?

Nach diesem Schlaglicht auf die intertemporale Freiheit kehren wir zur Systematik zurück. Der Konflikt «Embryo versus Eltern bzw. Schwerkranke» fordert die Frage nach der gerechten abwägenden Konfliktlösung heraus – und nach dem institutionellen Geflecht, das dafür zuständig sein soll. Man kann dies mit weiteren Exempeln noch mehr verdeutlichen. Wenn man das Klima für künftige Menschen schützen möchte und dafür den heutigen Autoverkehr einschränkt, schützt man die Freiheit – aber um den Preis von Freiheitsbegrenzungen in der Gegenwart. Und mit den globalen Konflikten ist es nicht einfacher als mit den intertemporalen: Der im Recht auf Leben und Gesundheit wurzelnde Wunsch junger Europäer nach gentechnikfreien Lebensmitteln kollidiert mit der Freiheit von US-Unternehmen, die Genmais in die EU exportieren möchten. Und der Wunsch von Menschen im Süden nach Sozialleistungen konfligiert mit dem Wunsch westlicher Bürger, von weiteren Zahlungspflichten verschont zu bleiben und die Früchte ihrer Arbeit allein genießen zu können. Ebenso kollidiert der Wunsch westlicher Unternehmen nach globalisierten, offenen Märkten ohne staatliche Regulierungen und Steuern mit dem Interesse vieler Menschen an bestimmten Arbeits- und Sozialstandards. Kurz: In der sich globalisierenden Welt liegen Chancen und Risiken eng zusammen, wenn Freihandel einerseits Wohlstandszuwächse eröffnet, andererseits aber den Ressourcenverbrauch erhöhen und Sicherheitsgarantien unterminieren kann. Dies erzwingt die Frage: Wie ist unsere Freiheit untereinander so in Einklang zu bringen, daß von der Freiheit aller möglichst viel übrigbleibt?

Am liebsten ignorieren wir, unsere Politiker und unsere Manager diese Konflikte. Es ist allzu verlockend, sich einzureden, Nachhaltigkeit sei eine schöne Idee, der doch ohnehin jeder zustimme, aus der aber praktisch nichts folgt. Doch diese Verdrängungsneigung, die kein einziges Problem löst, ist schlicht skandalös, auch wenn sie omnipräsent ist. Beispiel: In der Tageszeitung liest man, wir bräuchten «mehr Wirtschaftswachstum». Eine Seite weiter fordert man «mehr Klimaschutz», sodann «mehr Zeit für Kinder», «mehr Berufstätigkeit von Frauen» und dann «mehr Mobilität». Doch eine gerechte, zukunftsfähige Welt wird es mit dem plumpen Fordern von Unvereinbarem nicht geben. Welche Abwägungsregeln für Konflikte braucht also eine freiheitliche Demokratie, die sich in Europa zu einem Einheitsstaat formiert und auch international zum «Weltstaat» hin tendiert? Und welche Institutionen braucht die nachhaltige Freiheit? Liberale Ordnungen haben meist (näher sogleich) Parlamente, Behörden und Gerichte, um die Freiheit zu schützen und die Unparteilichkeit zu maximieren. Aber *wer* darf z. B. entscheiden, wie die Rechte von Embryo und Mutter – oder von Bananenbauern und westlichen Bananenkonsumenten – gegeneinander abzuwägen sind? Und benötigt eine nachhaltige National- und Globalpolitik u. U. auch neuartige Institutionen? Erst darauf aufbauend kann man in Kap. VI fragen: Wie kann Nachhaltigkeit in der Welt praktisch durchgesetzt werden – genügen beispielsweise Konsensrunden, Selbstregulierung, Partizipation und ungeregelter Wettbewerb?

Der Ausgangspunkt ist klar: *Gerecht ist genau die von Vernunft, Würde, Unparteilichkeit, Freiheit und Demokratie (und allen aus ihnen herleitbaren Implikationen: z. B. Sozialstaat, Kulturförderung, Schutz des Stadtbildes, Bereitstellung einer Infrastruktur usw.) gebotene Abwägungs- und Institutionenlehre*. Denn dies sind die alleinigen und alternativlosen Prinzipien gerechter nationaler und globaler Ordnungen. Diese *Prinzipien bzw. Gründe* sind keinesfalls «leer und ergänzungsbedürftig», wie Kontextualisten oder auch manche Diskursethiker wie Habermas meinen, sondern beschreiben abschließend das, was uns Menschen als Menschen in der konfliktreichen Welt der (unhintergehbaren) «offenen» Vernunft als Diskurs- und Handlungsmaßstab möglich ist. Die gesuchten Maßstäbe schreiben somit das vor, was bei nationalen/globalen Entscheidungen an Rationalität irgend realisierbar ist (und nur das Mögliche ist geschuldet: Kap. II C.). Es wird in Konflikten dabei oft *mehrere* richtige, also mit den liberalen Prinzipien vereinbare Lösungen geben. Das ist der hohen Komplexität der vielen Freiheitskollisionen sowie der verbleibenden Unbestimmtheit dieser Prinzipien geschuldet. Es existiert eben keine *substantielle*, un-offene Vernunft.

Für globale/nationale/europäische Entscheidungen differenziere ich im folgenden zwischen *Tatsachenfragen* wie der Wahrscheinlichkeit, daß durch nukleare Strahlung langfristig bestimmte Schäden auftreten oder daß bei stabilem Klimagasausstoß ein bestimmter Klimawandel auftritt – der Institutionen- und *Verfahrensfrage*, wer bei einer politischen Entscheidung zu beteiligen ist und wer sie zu fällen hat – und der Wertungsfrage, was eine Norm besagt (z. B. Freiheit) und wie die *Abwägung*, ob etwa ein Klimawandel in Abwägung mit den Belangen der Zeitgenossen hingenommen werden darf, vorzunehmen ist. Diese Scheidung ist nötig, *erstens* wegen der Sein-Sollen-Scheidung. *Zweitens* wegen der Einsicht «Soviel Vernunft, Unparteilichkeit etc. wie möglich»: Denn für Tatsachen- und Verfahrensfragen wird sich erweisen, daß ein Mehr an Rationalität, Unparteilichkeit und Freiheitlichkeit gegenüber der eigentlichen Abwägung möglich ist. Wie schon die Basistheorie der Gerechtigkeit leben die Scheidung und die Abwägungslehre *drittens* auch von der Widerlegung bestimmter – natürlich stilisierter, auch kombiniert auftretender – Gegenpositionen. Mein Grundansatz und die Abwägung-Tatsachen-Scheidung erteilt den fünf Positionen zu Abwägung und Institutionenlehre, die die Praxis und die Wissenschaft dominieren, eine Absage. Ich bezeichne sie mit den Stichworten «Gestaltungsspielraum», «Expertokratie», «Konstruktivismus», «radikale Demokratie» und Wirtschaftsliberalismus. Doch wieso sind sie falsch?

Zunächst ist eine *«expertokratische»* Position unhaltbar, wie sie bei Behörden, naturwissenschaftlichen Gutachtern und einigen Politikern populär ist. Expertokratisch meint hier, daß man zwar Tatsachen und Normen scheidet, aber nur Tatsachen für wissenschaftlich hält, Wertungen dagegen als bloße Rhetorik sieht. Doch ist der damit explizierte Skeptizismus bekanntlich unhaltbar (Kap. II). Ferner führt diese Position auch dazu, daß politische Wertungen (sowohl die Abwägung als auch die allgemeine Norminterpretation) zuweilen als «sachverständige Tatsachenaussagen» getarnt werden. Denn die zunehmende Schwierigkeit, in einer pluralistischen Gesellschaft Konsens herzustellen und es «allen recht zu machen», macht es für politische Instanzen attraktiv, Entscheidungen mit dem Verweis auf Fachgutachten zu «legitimieren», wenn doch offenbar «nur Tatsachen rational sein können». Es wird dann suggeriert: nicht die Regierung oder das Parlament, sondern das Gutachten eines Umweltbeirats oder eines Gremiums wirtschaftswissenschaftlicher Sachverständiger habe «zweifelsfrei gezeigt», daß diese oder jene wirtschafts- oder sozialpolitische Maßnahme (z. B. Abbau der Sozialstandards im südlichen Land X) geboten sei. Tatsachen können aber nie Politikziele bzw. Abwägungsergebnisse «legitimieren»: Aus der faktischen Gefährlichkeit eines Schadstoffes folgt eben nicht logisch, daß sein Ausstoß verhindert werden muß (naturalistischer Fehlschluß). Dieses Übergehen der Notwendigkeit begründeter Wertungen dürfte neben politiktaktischen Interessen auch unser aller Interesse an Verdrängung geschuldet sein, ebenso wie dem gutachterlichen Drang nach Ausweitung des eigenen Einflusses. Doch nationale und globale Politik *sind* eben keine «Sachgesetzlichkeit» oder «Unausweichlichkeit». Eine rationale Ordnung impliziert vielmehr, daß wir Entscheidungen begründen und verantworten müssen. Dies negiert auch die postmoderne «*konstruktivistische*» Position, die viele Geisteswissenschaftler, vor allem aber viele politische Anhänger nationaler Machtpolitik vertreten. Eine solche Position erklärt in totaler Vernunftbeerdigung gleich Abwägung und Tatsachenerhebung insgesamt für beliebig, rein subjektiv und damit «verhandelbar». Stimmte das, wäre es «Ansichtssache», ob Genmais aus den USA gesundheitsgefährdend ist bzw. ob das von der Weltbank mit einem Kredit geförderte Staudammprojekt in Tansania zu einem Malariaproblem führt. Damit wird aber die Möglichkeit rationaler Politik geleugnet, was wieder in einen unhaltbaren Skeptizismus führt; ob der Irak «gefährlich» ist usw., entscheidet dann schlicht der, der sich trickreicher in Szene zu setzen weiß. Das Beispiel Irakkrieg zeigt zugleich, daß es für machtorientierte nationale Regierungen attraktiv sein kann, einerseits selbst freihändig mit Tatsachen umzugehen – gleichzeitig aber dann, wenn man ebenjene Regierungen zu etwas verpflichten will (z. B. durch bindende Klimavereinbarungen), «Beweise» für den Klimawandel zu fordern.

Mit den aufgeführten zwei Positionen kombiniert oder auch als einzelne gibt es ferner zwei weitere einflußreiche Ansätze: Der eine, «*radikaldemokratische*» möchte vor allem Einschränkungen des demokratischen Prozesses vermeiden und neigt dazu, die Abwägung der jeweiligen «Mehrheit» zu überlassen. Die andere, umgekehrte Position möchte «*wirtschaftsliberal*» die «dumme Mehrheit» möglichst stark einschränken und bei Eingriffen in Wirtschaftsgrundrechte die Verfassungsgerichte ermächtigen, parlamentarische Abwägungen jederzeit zu korrigieren. Jene zwei Positionen konfligieren indes mit dem neuen Freiheitsverständnis, indem sie die Demokratie oder eben die Wirtschaftsfreiheit überbewerten.

Die bisherige europäische und deutsche Judikatur vertritt meist eine fünfte Position. Sie sieht die anzulegenden Abwägungsmaßstäbe von Fall zu Fall als eher streng oder eher lasch an, zudem meist ohne strikte Scheidung von Tatsachen und Wertungen (regelmäßig wird dieses Gesamtkonzept unter der Überschrift von «*Gestaltungsspielräumen*» artikuliert). Aber solche unklaren Maßstäbe erhöhen stets die Beliebigkeit und ergo Irrationalität und Parteilichkeit von Konfliktlösungen. Dies auch deshalb, weil sie von vornherein eine klare nationale/globale Lehre von der Institutionenbalance vereiteln. Darüber hinaus erzeugt die Vermengung von Abwägung und Tatsachen den schon vom Vorsorgebegriff her geläufigen camouflierenden Irrglauben bei den Bürgern, daß der Staat z. B. bei Gesundheitsgefahren, sobald diese real vorlägen, stets einschreite: Damit wird beim Recht auf Leben und Gesundheit verdeckt, daß nationale, europäische und globale Abwägungsentscheidungen selbstredend eine gewisse Schadenswahrscheinlichkeit und damit stochastische Schäden, wie die zu erwartende Erkrankung oder der Tod einer im Promillebereich liegenden Zahl von Menschen camouflierend genannt wird, in Kauf nehmen (müssen). Wenn Politik etwa Industrieanlagen und Individualverkehr, die ja notwendigerweise Schadstoffe freisetzen, zuläßt, werden jene Stoffe in gewissen Mengen bei langfristiger Einwirkung und ggf. in Kombination mit anderen Schadensursachen die Gesundheit schädigen (auch die von jungen Menschen). Dies ist auch kein Skandal. Denn die überkommene, scheinbar abwägungsfreie Formel «Schädige niemanden» als Basis von Moral ist bekanntermaßen sinnlos, weil andernfalls nahezu alles verboten wäre. Es gibt eben keine «nie abwägbaren» Rechte, auch nicht das auf Leben und Gesundheit – welches stark, aber nicht unabwägbar ist. Doch gebieten Rationalität und Unparteilichkeit möglichste Transparenz. Hochkomplexe, zumal globale Abwägungen können es nie «allen recht machen» – aber sie können mit Gründen entschieden werden (Kap. II).

Doch die Erschütterung von Gegenpositionen ist immer nur der erste Schritt. Jetzt zur positiven Begründung einer eigenen Konzeption. Zunächst zur Suche nach derjenigen *Institutionenlehre*, die den nachhaltigen Liberalismus am besten ausdrückt – im Nationalstaat, in Kontinentalzusammenschlüssen und global. Klar ist zunächst: Alle denkbaren nationalen und transnationalen politischen Gewalten sind an die liberalen Prinzipien gebunden, und irgend jemand muß für die wechselseitige Freiheitsbegrenzung, die sich wegen unseres latenten Egoismus wenigstens z. T. nicht von selbst vollzieht, zuständig sein. Dies können wir bereits aufgrund der rudimentären (Kap. I), erst später (Kap. VI) voll auszuarbeitenden Handlungstheorie sagen (wir brauchen die Handlungstheorie ja als empirische Informationsquelle, weil die normative Theorie eben Probleme der realen Welt lösen soll und daher das faktische menschliche Verhalten kennen muß). Und da auch Staatsorgane nicht vor sachfremden, egoistischen Motiven gefeit sind, ist es der beste Schutz der Freiheit, wenn sich mehrere Staatsgewalten gegenseitig austarieren und kontrollieren. Dies ermöglicht auch möglichst rationale und unparteiische Konfliktlösungen, indem ein Mehrebenen-Diskurs über die Richtigkeit politischer Entscheidungen zustande kommt (Parlament/Exekutive/Gericht). Der Mehrebenen-Diskurs und das Wechselspiel von Diskurs und Entscheidung auf mehreren politischen Ebenen halten so Konflikte entscheidbar, ihre Lösung aber auch kritisierbar und abänderbar. All dies sahen wir schon in der Demokratietheorie. Zudem sprechen bekanntlich die Zukunftsrechte und die globale Gerechtigkeit gegen eine «radikaldemokratische» nationale/globale Institutionenlehre. Für junge und künftige Menschen ist das Parlament, das sie nie gewählt haben, eher ein Diktator. Nachhaltigkeit ist damit nie eine reine «Mehrheitsfrage». Gleiches gilt für die globale Gerechtigkeit: Es wäre nicht gerade global unparteiisch, z. B. der Mehrheit der Weltbevölkerung zu erlauben, die Wirtschaftsfreiheit der Tüchtigen einfach komplett abzuschaffen.

Mit alledem nehmen auch die Institutionen einer globalen Föderation konkrete Konturen an. Sie sind die herkömmlichen Institutionen des liberalen National- und EU-«Staates», nicht nur das schon erwähnte Weltparlament, sondern auch die anderen zwei Gewalten – nur daß sie eben jetzt einen nachhaltigen und in seinen Prinzipien wesentlich geschärften Liberalismus durchzusetzen haben. Man kann jetzt fragen, ob nicht aber der Zukunftsschutz auf nationaler und globaler Ebene zusätzliche Institutionen braucht. Brauchen wir vielleicht eine weitere Parlamentskammer, die nicht vom Volk gewählt wird und die Vetorechte gegen zukunftsrelevante Gesetze hat? Dies wäre jedoch das Ende der Demokratie. Zudem haben alle «neuen Institutionen» den gleichen strukturellen Mangel: Die Menschen, die in neuen Institutionen tätig sein könnten, wären doch immer wieder die gleichen schlecht motivierten Zeitgenossen. Was wir noch am ehesten brauchen, ist ein Treuhänderorgan, welches die Zukunftsrechte in Gesetzgebungs- und große, zukunftsrelevante Verwaltungsverfahren einbringt – und welches anschließend ein Klagerecht hätte. Denn irgend jemand muß die Zukunftsrechte ja vorbringen können. Dies könnte ein «Nachweltrat» übernehmen. Jenseits dieser Neuschöpfung muß man sich auf die eingespielte Gewaltenbalance verlassen, die ja ohnehin durch den Weltstaat (und Wahlrechtsvorschläge: Kap. IV D.) ergänzt wird. Das Eingespielte schließt zudem bereits «unmehrheitliche» Entscheidungswege ein, immer dort, wo dies der Freiheit und Unparteilichkeit förderlich ist: z. B. in Form einer Notenbank, die vom Parlament abhängig ist.

Jenseits dessen dürfte eine nur leicht korrigierte liberale Gewaltenbalance die Freiheit am besten sichern und sich damit auch einer Weltföderation empfehlen: Das Parlament – bzw. ein parlamentsähnliches Gremium in der EU und der Welt – setzt die Normen, die Verwaltung und die einfachen Gerichte wenden die einfachen Gesetze an, alle drei werden dabei vom jeweiligen Verfassungsgericht daraufhin kontrolliert, ob der durch die liberale Prinzipien-Verfassung gezogene Rahmen eingehalten ist. Bei der normativen Gewichtung kollidierender Freiheiten und Freiheitsvoraussetzungen und bei ihrer Abwägung hätte der Gesetzgeber *Spielräume* (wenngleich keine beliebigen: V C.), ebenso wie die Administration in der Anwendung der freiheitskonkretisierenden Gesetze. Die Auslegung der Verfassungsbegriffe selbst (Würde, Freiheit etc.), die das Abwägungsmaterial überhaupt erst zusammenstellt, läge dagegen beim Verfassungsgericht – ebenso wie die Kontrolle des Verfahrensablaufes und die Überprüfung der relevanten Tatsachen. Warum? Dieses

Mehrebenenmodell optimiert die Rationalität, Unparteilichkeit und Freiheitsfestigkeit der Politik, indem z. B. nicht der emotionsanfälligen Tagespolitik die Grundlagen unseres Zusammenlebens anheimgestellt werden. Vor allem aber findet eine gute gegenseitige Ergänzung und Kontrolle statt. Die dabei sinnvolle Prärogative des Parlaments – die zudem wesentliche Fragen vom Experten-Hinterzimmer ins Parlament zwingt – entspricht auch der *Eigenwertigkeit der Demokratie, die eben mit der «Krücke Mehrheitsentscheidung» dort nötig ist, wo eine eindeutige rationale, unparteiische Antwort auf eine bestimmte Frage nicht möglich erscheint*: also bei *Wertungen*, aber eher nicht bei der Frage nach der *Tatsachenbasis* und den *Verfahrensregeln* politischer Entscheidungen, deren Einhaltung die Gerichte daher streng einfordern dürfen. Wobei «Prärogative» auch bei Wertungen nicht «Beliebigkeit» meint, wie wir noch sehen.

Nachhaltigkeit braucht aber nicht nur eine Institutionenlehre; sie braucht auch Verfahrensregeln, und zwar sowohl für Rechtssetzungs- als auch für administrative Verfahren (national wie global). Ich meine hier nicht bloß die Notwendigkeit klarer, vorhersehbarer Schritte in nationalen und globalen Entscheidungen, um deren Unparteilichkeit und Rationalität zu steigern. Es geht vielmehr besonders um gleiche *Beteiligungsrechte* im Sinne von Anhörungsrechten. Wenn schon schwierige Abwägungen z. B. in Konstellationen wie Genmais, Klimaschutz, Freihandel usw. nötig sind und man es dabei definitiv nicht allen recht machen kann, dann muß wenigstens die Möglichkeit bestehen, die Belange rechtzeitig vorzutragen. Nur so wird ein rationaler Diskurs über die richtige Entscheidung in möglichster Unabhängigkeit von Sonderperspektiven ermöglicht. Zudem sichert man nur so, daß die Politik wirklich eine Politik der Bürger bleibt, national wie global – auch wenn sich in der nationalen und globalen *Gesetzgebung* die Partizipation eher auf eine gleichmäßige Partizipation von Interessen*verbänden* konzentrieren muß. Es kann ja schlecht jeder einzelne zu jedem Gesetz angehört werden, erst recht bei Weltgesetzen. Möglich sind aber Internetforen etc., in denen man sich zumindest äußern *kann*. Ebenso sind natürlich gleiche *Klagerechte* gegen politische Entscheidungen national und international geboten, auch für Treuhänder der Zukunftsrechte. Andernfalls wären jene Rechte auch wenig wirksam.

Auf globaler Ebene ist eine verstärkte Partizipation nicht nur als Freiheits-, sondern auch als Demokratieflankierung wichtig

(Kap. IV E.). Auch für Treuhänder junger und künftiger Menschen sind Verfahrensrechte strikt geboten, da Zukunftsbelange eben leicht untergehen. Eine Treuhandinstitution sollte dabei künftigen *und* jungen Menschen nützen. Denn schon junge Menschen verkörpern angesichts ihrer Lebensdauer eine andere Interessenlage als die herkömmlichen Interessenverbände (etwa Gewerkschaften oder Arbeitgeberverbände), die meist von Männern fortgeschrittenen Alters dominiert werden. Zu einem solchen Treuhändergremium könnten sich die in vielen Ländern (seit 2001 auch in Deutschland) etablierten Räte für nachhaltige Entwicklung mausern. Bisher hat indes etwa das deutsche, bewußt pluralistisch besetzte Gremium nur die Aufgabe, durch das Anstoßen gesellschaftlicher Debatten einen Konsens über nachhaltigkeitsbezogene Maßnahmen der Bundesregierung zu ermöglichen. Zudem dürfte hier die Unparteilichkeit verbesserungsfähig sein. Bei alledem muß aber nochmals betont werden: *Verfahrensrechte allein* sind für Gerechtigkeit und Nachhaltigkeit niemals ausreichend, und dies nicht nur aus den Überlegungen aus Kap. II, die gezeigt haben, daß inhaltliche (Handlungs-) Regeln und nicht nur Verfahrensregeln benötigt werden, wenn man dauerhaft Gerechtigkeitsdiskurse und autonomes Handeln, die bekanntlich untrennbar ineinander verwoben sind, ermöglichen will. Vielmehr geht es auch darum, die faktisch höchst unterschiedliche Stärke z. B. von NGOs einerseits und multinationalen Konzernen andererseits auszutarieren und damit die Rationalität zu stärken. Wir vertiefen das weiter, sobald wir die konkrete Durchsetzung der Nachhaltigkeit untersuchen (Kap. VI B.).

Nun zu den Tatsachenregeln bei nationalen und transnationalen Entscheidungen. Jeder Abwägung, auch der globalen oder intertemporalen, geht ja die Frage nach ihrer Tatsachenbasis voran. Ist es womöglich doch einfach «Ansichtssache» bzw. «Mehrheits-» oder «Gestaltungsspielraumsache», ob es einen menschlich verursachten Klimawandel gibt? Oder ob genveränderter Mais gefährlich ist? Und ob der Irak wirklich eine Gefahr für den Weltfrieden darstellt(e)? Dies würden «Konstruktivisten» und «Radikaldemokraten» so behaupten – und damit die Rationalität der Gerechtigkeit und gerade der Nachhaltigkeit beerdigen. Doch ist jene Ansicht einfach falsch. Denn Tatsacheninformationen z. B. über bestimmte ökonomische Daten oder Gewässerdaten sind eben erkenntnistheoretisch etwas anderes als die normative Abwägung, ob nun die wirtschaftliche Freiheit des freihandelsorientierten multinationalen Konzerns oder eher das Bürgerinteresse an guten Arbeitsbedingungen den Vorrang genießt (zur Richtigkeit der Sein-Sollen-Scheidung Kap. I). Tatsachenaussagen sind im Grundsatz «sicher». Dann aber liefe der nationale und globale Gerechtigkeitsanspruch, also der Anspruch auf rationale und unparteiliche politische Entscheidungen, leer, wenn richtige liberale Prinzipien mit beliebig verdrehten Tatsachen gefüllt werden dürften: Würde die Weltföderation einerseits ein Recht auf Leben und Gesundheit und dessen Gefährdung für den Fall eines Klimawandels anerkennen, gleichzeitig aber auf eine wissenschaftliche Ermittlung von Klimadaten verzichten und statt dessen einen beliebten Schlagersänger als Klimagutachter bestellen, der sodann «feststellt, daß es selbstredend keinen Klimawandel gibt» – dann würde die Gerechtigkeit zur Farce. Wenn die Tatsachengrundlage politischer Entscheidungen beliebig wäre, könnte man auch Verwaltung und Gerichte durch Gesetze nicht mehr erfolgreich binden; diese Organe könnten vielmehr beliebige Entscheidungen fällen, indem sie sich schlicht die passenden Tatsachen «konstruieren». Ich erinnere an die Beispiele aus Kap. I E., etwa die Stalinschen Schauprozesse mit fingierten Beweisen. Man kann aber auch an die aktuelle Debatte über die angeblichen Geheimwaffen des Irak denken. Kurz: Die beste Norm wird witzlos, wenn die Tatsachen beliebig sein dürften. Darum dürfen sie es nicht sein – und sie sind es auch empirisch nicht.

Die Tatsachenbasis der Politik muß also gegen Manipulationen aller Art abgeschirmt werden (auch wenn dies leichter gesagt als getan ist, weil Politiker und Bürger oft ein Interesse an der Verdrängung der Wahrheit eint). Darum ist es z. B. unzulässig, die Energiepolitik auf die Annahme zu bauen, die Braunkohlenutzung sei «preiswert» – obwohl gerade die Braunkohleförderung nur durch staatliche Milliardensubventionen durchführbar ist. Ebensowenig statthaft wäre es, im Genehmigungsverfahren bei der Rechtfertigung neuer Straßen mit einem steigenden Verkehrsbedarf zu argumentieren, obwohl die regionale Einwohnerzahl stark zurückgeht. Noch ein Beispiel: Die deutsche Judikatur hat stets behauptet, die Nutzung der Kernenergie sei verfassungsmäßig/gerecht, da z. B. eine Kohleverfeuerung viel schädlicher wäre; zudem nütze die Erhaltung der Atomstromzivilisation auch künftigen Menschen. Doch zum einen hat der Gesetzgeber (wie auch das BVerfG selbst) gar keine Untersuchungen zur Meßbarkeit und Vergleichbarkeit verschiedener Schädigungen der Lebensgrundlagen angestellt. Zum anderen wird implizit – und unzutreffend – unterstellt, die Energieversorgung und die «Zivilisation» seien allein auf der Basis von Atomstrom oder von Kohlestrom möglich, was die großen Energieeffizienzpotentiale westlicher Gesellschaften (VI A.) ignoriert. Solche Vorschnelligkeiten darf sich fortan kein Nationalstaat und keine Weltföderation mehr leisten.

Ganz allgemein müssen Tatsachenerhebungen umfassend und nicht lückenhaft sein. Daher kann eine sorgfältige Tatsachenanalyse nicht durch die Betrachtung «einzelner Nachhaltigkeitsindikatoren» wie etwa «Kohlendioxidausstoß» ersetzt werden. Solche Indikatoren dienen eher der öffentlichen Bewußtseinsbildung über unsere Nicht-Nachhaltigkeit. Ebensowenig heißt Tatsachenerhebung, daß einfach jede beliebige Äußerung z. B. zum Klimawandel für bare Münze genommen wird. Andernfalls hätten es finanzstarke Kreise in der Hand, durch Auftragsgutachten und Auftragsforschung politische Entscheidungen an Demokratieprinzip und Gewaltenteilung vorbei mitzusteuern. Diese Einsicht ist gerade für die Ebene der Weltföderation wichtig, weil hier einige ökonomische Global Player interessiert sein könnten, durch Auftragsgutachten z. B. die Existenz eines human verursachten Klimawandels in Zweifel zu ziehen. Ebenso darf auch nicht einseitig der Behauptung aus Wirtschaftskreisen vertraut werden, die Globalisierung (die nicht zuletzt jenen Kreisen nützt, indem sie Märkte schafft und Kapital anzieht, also mehr Gewinn verspricht und damit den modernen Kapitalismus am Laufen hält) nütze letztlich allen. Denn dies ist keinesfalls ausgemacht und dürfte sehr davon abhängen, wie genau die Globalisierung konkret gestaltet wird. Bei alledem ist auch ein faktischer Konsens als solcher noch kein Wahrheitskriterium (Kap. I E.). Wenn z. B. die Malediven wegen eines Klimawandels im Meer versinken, wäre dies nicht dadurch aufzuheben, daß alle Europäer dies kollektiv leugneten.

Schwierig wird die Lage natürlich, wenn die Tatsachenlage unsicher ist. Wenn die Institutionen einer Weltföderation z. B. über drohende Gesundheitsschäden durch US-Genmais bei europäischen Verbrauchern nachdenken, weiß man u. U. einfach nicht, wie gefährlich der Mais ist. Zukunft ist ohnehin niemals *völlig* sicher: Und speziell über ökosystemare Zusammenhänge oder über Langzeitwirkungen von Schadstoffen wissen wir häufig wirklich «nicht alles». Über andere nachhaltigkeitsrelevante Tatsachen können wir dagegen leichter Aussagen treffen, z. B. über die Bodenfruchtbarkeit oder über den Zustand der Ozonschicht. Besteht aber Unsicherheit, zwingt dies die nationalen/europäischen/globalen Institutionen dann doch zu Wertungen bei der Ermittlung der relevanten Tatsachen. Eine so gewonnene Aussage über die Wahrscheinlichkeit einer bestimmten tatsächlichen Kausalität oder über eine bestimmte zukünftige Entwicklung verfügt aber immer noch über eine größere intersubjektive Nachprüfbarkeit als die auf ihrer Grundlage zustande kommende normative Abwägung: Die «Tatsachenwertung» leidet lediglich unter einer *gegenwärtigen* Unsicherheit; sie kann durch genauere Erkenntnisse später zu modifizieren sein (wogegen die normative Abwägung als normative Wertung *immer* wertend bleibt). Wenn denn aber die Tatsachen unsicher sind und bleiben, dürfen die jeweiligen nationalen, europäischen oder globalen Organe trotzdem Entscheidungen treffen. Sie müssen dies sogar, weil die Menschenrechte der Lebenden und der Künftigen ja auch einen Schutz vor unsicheren Gefährdungslagen einräumen (Kap. III C.): Wenn man z. B. den Klimawandel abwarten und dann erst handeln wollte, wäre es zu spät. Und dieser Schutz bei Unsicherheit ist bekanntlich auch einklagbar, so wie die Multipolarität der Freiheit alle Menschenrechte umfassend einklagbar macht. Einmal getroffene Maßnahmen müssen aber stets weiter beobachtet und ggf. nachgebessert werden. Keinesfalls darf dagegen im Sinne der «wirtschaftsliberalen» Position eine nur begrenzte Unsicherheit zum Anlaß genommen werden, von nachhaltigkeitsfördernden Maßnahmen (zugunsten von «mehr Forschung über den Klimawandel», wie es der US-Präsident fordert) Abstand zu nehmen.

C. Wie wägt man gerecht ab? Beispiel Wirtschafts- und Umweltpolitik: Nachhaltigkeit versus Wirtschaftswachstum

Wie aber wägt man nun inhaltlich gerecht ab? Regeln für Tatsachenerhebung, Verfahren und Institutionen beantworten ja noch nicht die entscheidende Frage: Wie müssen nationale und globale Institutionen die Belange von Nord und Süd, Gegenwart und Zukunft im (unvermeidlichen) Kollisionsfall in Einklang bringen? Jetzt gilt es die Beispielsfragen Genmais, Autoverkehr, Klimaschutz usw. aufzulösen – und zugleich die weitreichenden Folgen des neuen Freiheitskonzepts zu verdeutlichen. Was machen wir denn nun, wenn Klimaschutzbelange mit der Wirtschaftsfreiheit kollidieren? Der Kern und die Begründung des neuen Abwägungskonzepts (gemeinsam mit Inkonsistenzen der «fünf Gegenpositionen») ist ja «Soviel Unparteilichkeit, Rationalität und Freiheit wie möglich». Das ist die Kernanforderung an Nationalstaaten, Kontinentalzusammenschlüsse und Weltföderation. Auch die Mehrheit darf dabei nie *jenseits* der liberalen Prinzipien agieren: Auch sie hat die Freiheit zu maximieren. Dies ist ganz besonders für die kontintentale und globale Ebene wichtig, wo ein strenger Rahmen die schwierige Abwählbarkeit der Gewalten, wie sie mit der Masse der Wähler einhergeht, ausgleichen müßte.

Klar ist durch das neue Freiheitsverständnis das Material der normativen Abwägung: Berücksichtigungsfähige Belange sind nur Achtung, Unparteilichkeit, Freiheit, Freiheitsvoraussetzungen *und ihre Implikationen*. Das heißt z. B., daß die Wirtschaftsfreiheit der Lebenden wichtig ist – aber auch die Grundrechte junger und zukünftiger Menschen. Letztere transportieren ja das wesentliche der bekannten vier Nachhaltigkeitsregeln, die einen Verbrauch natürlicher Ressourcen nur innerhalb der Nachwachsrate, einen wirksamen Klima- und Ozonschichtschutz, die Stabilität der Ökosysteme und eine sparsame Nutzung nicht-erneuerbarer Ressourcen fordern, ergänzt durch einen Zugang zu Trinkwasser, elementarer Bildung und Frieden. Unzulässige Abwägungstopoi sind das «Gemeinwohl», ein ökozentrischer Naturschutz, das «gute Leben» und ein Schutz des Bürgers vor sich selbst. Denn diese Belange haben ja eben keinen Bezug zur Autonomie irgendeines Vernunftwesens und sind damit per se normativ irrelevant. Innerhalb des (1) so umrissenen Materials ist (2) das «Soviel wie möglich», also die eben genannte Maximierungsregel, die entscheidende Orientierung. Im Sinne der gebotenen Maximierung der Autonomie aller – sonst würde ja die im Menschenwürdeprinzip verbürgte Autonomie mehr als nötig eingeschränkt – sollen von mehreren «guten Zielen» möglichst viele realisiert werden. Daraus ergibt sich für Freiheitseingriffe – nach der allgemeinen Frage nach dem zulässigen Abwägungsmaterial und nach der Tatsache-Abwägung-Scheidung – auch die Notwendigkeit zu fragen, ob die Freiheitsverkürzung ihren jeweiligen Zweck überhaupt fördert und ob sie dies so tut, daß sie von allen konkurrierenden Prinzipien möglichst viel übrigläßt (Geeignetheits- und Erforderlichkeitsprüfung). Erst danach folgt die eigentliche Abwägung.

Für die eigentliche Abwägung ist neben dem Material und dem Maximierungsgedanken sowie (3) dem tendenziell größeren Gewicht der Freiheit gegenüber den «weiteren» Freiheitsvoraussetzungen (4) durch das allgemeine Vernunftgebot immerhin klar, daß Abwägungen mit guten Gründen entschieden werden müssen – wobei der Kreis der Gründe durch die Freiheit und die sie tragenden Prinzipien der Vernunft, Achtung und Unparteilichkeit sowie alles, was daraus ableitbar ist, abschließend benannt ist. Schon dies beerdigt z. B. die herkömmliche brisante Debatte um «soziale Gerechtigkeit» und «Egalitarismus» (also um faktisch-ökonomische Gleichheit im Sinne eines sehr weitgehenden Schutzes «weiterer» Freiheitsvoraussetzungen): Der Nationalstaat ist zwar im Gegensatz zur Weltföderation «für den gesamten Bereich Sozialstaatlichkeit» zuständig. Ihn trifft im Bereich der «nur weiteren» Freiheitsvoraussetzungen aber eben keine Handlungs*pflicht*, weil unterschiedliche Abwägungen denkbar sind: Die Gründe *für oder gegen* «mehr Kindergartenplätze durch höhere Steuern» o. ä. kann eine liberale Theorie zwar abschließend angeben (Freiheitsvoraussetzungsschutz, Junktim von Freiheit und Folgenverantwortlichkeit etc.), ebenso wie sie die Freiheitsmaximierung als Gesamtziel nennen kann – aber dies gibt, wie wir gleich noch näher sehen, nicht *genau ein* Abwägungsergebnis vor. Die Idee gleicher Freiheit und gleicher Ansprüche auf das Existenzminimum (elementare Freiheitsvoraussetzung!) bedeutet ja niemals, daß alle Bürger möglichst viele soziale Wohltaten erhalten müssen. Eine solche Forderung kann politisch gestellt werden – aber sie ist eine von vielen möglichen Verteilungsregeln innerhalb der Abwägungsspielräume. Das Junktim und das Sozialismusargument sprechen sogar eher gegen eine echte Gleichverteilung. Aufgrund dessen darf der Staat auch nicht alle «Zufälle» (z. B. unterschiedliche Intelligenz) durch Sozialpolitik ausgleichen. Die gleichen Freiheitsrechte als solche und die in ihnen enthaltenen Entfaltungschancen müssen aber diskriminierungsfrei allen zustehen.

Innerhalb des durch die liberalen Prinzipien gezogenen Rahmens ist es angesichts der offenen Vernunft die Aufgabe der jeweils zuständigen politischen Ebene, genauer die zu verfolgenden Nachhaltigkeitsziele zu bestimmen (z. B. «Halbierung des Flächenverbrauchs bis 2008»). Trotz damit entstehender Spielräume erzwingen die bis hierher gefundenen Vorgaben zur intertemporalen und globalen Gerechtigkeit aber einen fundamentalen Bruch mit unserer bisherigen Praxis, die Zukunfts- und Globalinteressen einfach vollständig ausblendete. Das gilt nicht nur für die neuen (5) Institutionen, (6) Tatsachen- und (7) Verfahrensregeln, sondern auch für die Abwägung. So sind z. B. (8) reine Hinweise auf die Tradition («wir haben doch schon immer den Autoverkehr gefördert/auf Freihandel gesetzt») keine Begründung im rationalen Sinne (Tradition als «Rechtssicherheit» ist nur dann ein Hilfsargument, wenn es ansonsten keinerlei Argumente für oder gegen etwas gibt). Zudem müssen stets (9) der Grad der Betroffenheit zwischen kollidierenden Freiheiten im Einzelfall und das relative Gewicht der Belange entscheidend sein.

Dies ermöglicht die weitere Aussage, daß (10) die fundamentaleren Belange in Abwägungen tendenziell den Vorrang verdienen. Aus der Freiheitsmaximierung ergibt sich zudem: (11) Weder die Zukunftsgrundrechte noch die Rechte der Lebenden (oder die demokratische Staatsform) dürfen je abgeschafft oder massiv eingeschränkt werden. Diese Vermeidungsnotwendigkeit der doppelten Freiheitsgefahr führt mit der «Grad-der-Betroffenheit»-Regel und der Fundamentalitätsregel zusammen (12) zur *Kernanforderung an nationale und globale Nachhaltigkeitsabwägungen: Weder die künftigen Generationen dürfen zugunsten der heutigen ihrer Existenzbasis beraubt werden noch umgekehrt – und das gleiche gilt im Nord-Süd-Verhältnis*. Dies zeigt endgültig, daß die Hoffnung irreal ist, Nachhaltigkeit sei ein triviales Konzept, welches sich bequem an die bisherige Lebenspraxis anschmiege. Vielmehr ist es z. B. strikt verfehlt, wenn die Welthandelsorganisation bisher der Wirtschaftsfreiheit beim Export genveränderter Lebensmittel, über den sie auf der Basis von Freihandelsabkommen zu befinden hat, einen weitestgehenden Vorrang vor Gesundheitsrechten gibt. Diese wirtschaftsliberale Grundausrichtung, die mit der Nachhaltigkeitsidee unvereinbar ist, prägt bisher unsere Politik. Gerecht ist das aber eben nicht. Ebenso ist, auch ohne Weltföderation, die bisherige nationale Außenpolitik kritikwürdig, die sich fast nur als Absatzhelfer heimischer Unternehmen versteht. Letztlich ist besonders das in Kap. III hergeleitete Menschenrecht auf Zukunftsfähigkeit und auf globale Armutsbekämpfung so stark, daß diese Rechte sich weitgehend gegen die wirtschaftliche Freiheit durchsetzen müssen. Die vier Nachhaltigkeitsregeln oder der gleiche Zugang zum Weltmarkt etc. erscheinen daher als kaum abwägbar und nahezu strikt geboten.

Zu erinnern ist ferner (13) an das «Junktim» von Freiheit und Verantwortung als Argumentationstopos, der in alle Abwägungen einzustellen ist. Dazu kommt (14) noch ein bisher unerwähnter neuer Freiheitsaspekt: die Einsicht in den freiheitsschaffenden und nicht nur beschränkenden Charakter von Gesetzen: Manche Rechte – zumindest die Eigentumsgarantie – *können* überhaupt nur sinnvoll entstehen, wenn der Staat sie reguliert und damit letztlich auch eingrenzt («Freiheit durch Gesetz»). Dies schwächt dann das Gewicht jener Belange in Abwägungen. Nur in Ermangelung anderer, im Einzelfall überzeugenderer Kriterien ist (15) die *Anzahl der Betroffenen* in der Abwägung wichtig. Man darf also nur im Ausnahmefall sagen: Die Menschen auf der Südhalbkugel sind mehr und sind darum im Recht. Niemals aber darf man, anders als Ökonomen meinen, unterschiedliche und damit unvergleichbare *Belange* quantifizieren. Man darf also nicht einen Gesundheitsschaden des künftigen Menschen X oder des südamerikanischen Bananenbauers Y mit einem Arbeitsplatzverlust in Deutschland *rechnerisch* vergleichen, da es insofern an einer einheitlichen Rechengröße fehlt. Dabei dürfen auch Belange, die keinen Marktwert haben, nicht künstlich einen untergeschoben bekommen. So kann das Gewicht des Klimaschutzes z. B. nicht über die «Zahlungsbereitschaft» der Bürger für ein stabiles Klima geklärt werden. Denn zum einen ist jene Bereitschaft fiktiv und grob verzerrend – und zum anderen kommt es für das Gewicht eines Belangs auf die faktischen Präferenzen bekanntlich nicht an, sondern auf die Rückbindung an die Autonomie, die expliziert, was sich Menschen als Menschen gegenseitig schulden.

Ich illustriere dies jetzt weiter für den Konflikt «Wirtschaftswachstum versus Nachhaltigkeit». Er ist ein Kernpunkt der Nachhaltigkeitsthematik, weil weitgreifende Gerechtigkeitsforderungen meist mit dem Argument zurückgewiesen werden, daß sie angeblich die Wirtschaftsentwicklung hemmen. Weltföderation, EU und Nationalstaaten sind hier in einer schwierigen Situation. Dies läßt sich gut am Beispiel der sogenannten Ökosteuern erläutern. Diese Steuern sind eine politische Steuerungsform, die einen nicht-nachhaltigen Ressourcenverbrauch durch eine monetäre Belastung unattraktiver macht (ohne freilich eine konkrete Handlung zu verbieten). So drückt sie die Knappheit von Ressourcen und Klima in einem Preis aus, wie ihn der Markt von selbst nicht bildet. Ökosteuern können einen Innovationsschub für mehr Energieeffizienz und Klimaschonung auslösen, indem sie diese wirtschaftlich interessant machen – denn teurere Energie macht Kauf und Produktion energiesparender Geräte plötzlich auch für Egoisten interessant. Darum sind sie, vor aller Steuerungstheorie, ein zentrales Mittel für eine Politik, die eine zukunftsverträgliche und global ausdehnbare Lebensform voranbringen möchte. Ökosteuern z. B. auf Strom und Benzin (oder auch ein Emissionshandel) erzeugen aber auch Kosten und scheinen damit Arbeitsplätze und kurzfristigen Wohlstand zu gefährden.

Neben etwaigen steuerungstheoretischen Aspekten, die erst in Kap. VI interessieren, sprechen jedenfalls *freiheitsbezogene* Gründe für Ökosteuern und andere monetär wirkende Nachhaltigkeitsinstrumente (ein Spiegelbild ist die Streichung von nicht-nachhaltigen Subventionen für Kohle, Atomstrom, Eigenheime, Pendeln usw.): *Erstens* sind sie ausgesprochen liberal. Denn sie machen ein Verhalten teurer, verbieten es aber nicht. Verböte man einfach bestimmte Autofahrten oder Urlaubsreisen oder geböte man die Verwendung von Energiesparbirnen, könnte dies in den Überwachungsstaat führen und die Freiheit begraben. Ökosteuern vermeiden dies. Natürlich begrenzen auch Steuern Freiheit, weil ja eine Zahlungspflicht gegenüber dem Staat entsteht. Irgendeine Form von Freiheitsbegrenzung ist jedoch wegen der Multipolarität der Freiheit, wegen des Junktims und wegen «Freiheit durch Gesetz» stets unvermeidlich. Zudem würde auch politische Untätigkeit unsere Freiheit reduzieren; denn dann sähe man tatenlos zu, wie das Existenzminimum künftiger Bürger gefährdet wird. Jedenfalls ist entgegen der klassisch-liberalen Sichtweise das Gros menschlicher Handlungen heute eben nicht mehr «rein privater» Natur: Ob man mit dem Auto am Tag 2 oder 200 km zurücklegt, betrifft nicht allein den Fahrer als «mündigen Bürger». Im Zeichen der Nachhaltigkeit ist dies vielmehr eine klärungsbedürftige Gerechtigkeitsfrage. Und zwar ist es in den Grundzügen eine Frage für die Weltföderation, angesichts des Ökodumpingproblems – weswegen globale Energiebesteuerungsmaßstäbe hilfreich wären.

Die Freiheitlichkeit von monetär wirkenden Instrumenten zeigt sich *zweitens* daran, daß sie das Junktim von Freiheit und Folgenverantwortlichkeit durchsetzen – gerade auch dort, wo keine linearen, sondern multikausale Ursachenstrukturen Schäden herbeiführen. Gerade für den Klimawandel und den Verbrauch nicht-erneuerbarer Rohstoffe ist es so, daß eine Vielzahl kleinster Belastungen durch eine Vielzahl von Handelnden sich zu möglicherweise großen Folgen addieren, über Zeit und Raum hinweg. Ge- und Verbote können hier wenig ausrichten; da aber solche Komplexitäten für das gesamte Feld der Nachhaltigkeit absolut typisch sind, braucht man folglich andere Mittel. *Drittens* machen es monetäre Instrumente leichter, auf einer sicheren Tatsachengrundlage Politik zu machen. Denn die konkrete Verfolgung des Steuerungsziels Nachhaltigkeit bleibt bei ihnen weitgehend den Normadressaten überlassen. Der Gesetzgeber muß nicht genau wissen, wo sich wieviel Brennstoff einsparen läßt und wo welche Steigerung der Energieeffizienz denkbar wäre, wenn er beispielsweise Mineralöl mit einer Steuer belegt. Anders als bei konkreten Verboten kann vielmehr jeder Bürger und jedes Unternehmen selbst – motiviert durch den Kostenanreiz – sehen, wo sich am besten Energie sparen läßt. *Viertens*, daran anknüpfend, sind monetäre Steuerungsinstrumente geeignet, in der Gewaltenbalance die Macht der Parlamente zu stabilisieren. Denn Ökosteuern brauchen, anders als Ge- und Verbote, keine komplizierten Konkretisierungen durch Behörden, die dem Parlament seine Macht nehmen.

Eine Reihe von Staaten (nicht dagegen die EU als Ganze oder gar die Weltgemeinschaft) haben bereits Energiesteuern eingeführt, nur selten dagegen Steuern auf sonstige Ressourcenverbräuche, etwa auf den Flächenverbrauch. Die deutsche Strom- und Mineralölsteuer ist indes bisher so niedrig, daß sich niemand nachdrücklich aufgefordert fühlen muß, eingefahrene Verhaltensweisen (wie das Brötchenholen per Pkw) zu überdenken. Das wird noch dadurch verstärkt, daß keine kontinuierlichen Steuersatzerhöhungen für längere Zeiträume feststehen, auf die sich die technische Entwicklung und das Kaufverhalten der Verbraucher einstellen könnten – so daß der Anreiz gering ist, langfristig ressourcensparende Produkte zu entwickeln oder z. B. teure, aber stromsparende Küchengeräte anzuschaffen. Zudem minimiert ein auf 60 % ermäßigter Steuersatz für das *gesamte* produzierende Gewerbe den Anreiz zur Verhaltensänderung. Als Nachhaltigkeitsimplementierung nicht nachvollziehbar ist zudem, daß Kohle- und Atomstrom gegenüber Erdgas bevorteilt wird (nur auf Erdgas fällt zusätzlich zur Ökosteuer noch eine

Brennstoffsteuer an). Unverständlich ist auch, daß Flugbenzin weiterhin steuerfrei ist, obwohl der Flugverkehr ein Energieschlucker und Klimaschädiger ersten Ranges ist.

Wenn niedrige oder gar keine Ökosteuern der Regelfall sind, steht dahinter das gleiche Motiv wie bei Absenkungen von Arbeits- und Sozialstandards im Zuge der Globalisierung: Man will die Konkurrenzfähigkeit nationaler Unternehmen und das kurzfristige Wirtschaftswachstum fördern. Gerade diese fatale Überlegung spricht bekanntermaßen für *europäische und globale* Standards an wesentlichen Schaltstellen, um nationale Egoismen zu bremsen. Denn kurzfristiges ressourcenintensives Wirtschaftswachstum ist eben gerade nicht nachhaltig (Kap. I) und muß daher vermieden werden. Indes würde selbst eine globale Ökosteuer – mag sie auch die Energieeffizienz begünstigen und damit bei entsprechender Höhe einen gewaltigen Innovationsschub auslösen – immer noch Verlierer haben. Verglichen mit einer rein an nationalen Export- und Kurzzeitwachstumsinteressen ausgerichteten Politik, werden energieintensive Industrien zurückgedrängt, die Kohleausbeutung wird geschwächt, die Automobilität wird unattraktiver. Daher kann man jetzt exemplarisch fragen, ob Ökosteuern und andere nationale/europäische/globale Standards mit der Freiheit der privaten Verbraucher und der gewerblichen Produzenten (sei es die Berufs-, die Eigentums- oder die allgemeine Wirtschaftsfreiheit) vereinbar sind – und mit unser aller Freiheit zu kaufen soviel man will, soviel Auto zu fahren wie man will, so oft nach Neuseeland zu fliegen wie man will usw. Wie aber wägt man gut ab?

Jedenfalls sind die Rechte künftiger und weit entfernt lebender Menschen stets *alle* in die Waagschale zu werfen, also nicht als Rechte «eines einzelnen künftigen Menschen X» – da man schlecht genau zuordnen kann, «wieviel» Klimaschutz z. B. auf einen einzelnen potentiellen Grundrechtsträger entfällt. Äußerst wichtig ist auch folgendes: Eine Zukunfts- oder Entfernungsdiskontierung ist strikt unzulässig. Man darf also nicht sagen: Klimaschäden, die erst in ferner Zukunft oder räumlich weit entfernt auftreten, zählen weniger. Wegen der Zeit- und Ortsunparteilichkeit zählen ja z. B. weit entfernt Lebende (die es in einer Weltföderation übrigens gar nicht mehr gäbe) nicht als «minderwertig». Ergo können sie und ihre Belange nicht per se diskontiert werden. Ebenso kann gegen die Nachhaltigkeitsbelange nicht das sogenannte Future-Individual-Paradox in Stellung gebracht werden. Dieses Paradox besteht in folgendem: Wenn eine Handlung Einfluß auf die Identität zukünftiger Menschen hat, dann kann möglicherweise gar nicht wirklich gesagt werden, daß jene Handlung genau diese Menschen verletzt – wenn wir also künftige Menschen «prägen» können, dann dürfen wir ihnen womöglich auch Rechte absprechen. Doch das ist m. E. falsch. Erstens ändert dies nichts daran, daß es überhaupt künftige Rechtsträger geben wird. Denn eine einzelne Handlung eines einzelnen Menschen, etwa ein Zeugungsvorgang oder die Eröffnung eines atomaren Endlagers, beeinflussen zwar u. U., welche konkreten Menschen zukünftig auftauchen. Sie bewirken jedoch nicht, daß es überhaupt keine Menschen mehr geben wird; darum gibt es in jedem Fall *irgendwelche* Zukunftsrechtsträger. Und zweitens beruht das Paradox auf einem Zirkelschluß. Denn es setzt bereits voraus, daß künftige Menschen unbeachtlich sind. Denn wären sie nicht unbeachtlich, dürfte man ihnen nicht einfach Rechte absprechen oder ihre Lebensgrundlagen verändern.

Zurück zur Ökosteuer und der konkreten Abwägung. Eines ist zunächst klar: «Das Gemeinwohl» ist jedenfalls *kein* Argument, da es nie ein Argument ist. Der Eingriff in die Freiheit der Unternehmen, der Autofahrer usw. ist aber auch ohne den diffusen Gemeinwohlbegriff zu rechtfertigen, und zwar sogar viel präziser: nämlich aus dem neuen Freiheitsverständnis und den Zukunftsrechten sowie überhaupt aus den Rechten auf Leben, Gesundheit und Existenzminimum. Heutige und künftige Menschen bedürfen eines intakten Klimas und eines Minimalbestandes an Brennstoffen zur Führung einer menschenwürdigen Existenz. Diese Rechte haben im Grundsatz einen relativ höheren Rang als die wirtschaftlichen, auf Wohlstandswahrung und Wohlstandsmehrung gerichteten Freiheitsrechte (auch wenn jene Rechte *keinesfalls ganz* zurückgestellt werden dürfen, was die Freiheit insgesamt gefährden würde). Das gilt um so mehr, als die Beeinträchtigung der Bürger durch höhere Strompreise alles in allem eine eher marginale ist. Neben diesem Umstand und der Fundamentalität der betroffenen Rechte spielen noch weitere Aspekte eine Rolle, die noch klarer machen, daß Ökosteuern nicht der Freiheitsfeind sind, als der sie in Europa oft gelten («K.O.-Steuer»), sondern das ganze Gegenteil:

Ökosteuern realisieren nicht nur die Multipolarität der Freiheit und die notwendige wechselseitige Freiheitsbegrenzung. Sie befördern auch das dem universalen Freiheitsverständnis inhärente Junktim von Freiheit und Handlungsfolgenverantwortlichkeit: Gewerbliche und private Energieverbraucher werden an den kostenmäßig typisierten Folgen ihres Handelns (Schädigung anderer durch Klimawandel etc.) festgehalten und ermuntert, Freiheitskonflikte in ihre persönlichen Entscheidungen einzubeziehen. Gleichzeitig behält man seine Wahlmöglichkeiten: Im Gegensatz zum mitunter paternalistischen Ordnungsrecht überlassen es monetäre Instrumente dem Normadressaten, selbst über eine Handlung zu entscheiden – konsequenterweise muß er die Entscheidung aber auch selbst (fiskalisch) verantworten. Die Ökosteuer ist also nicht einfach nur freiheitseinschränkend: Die Steuer *ermöglicht* Freiheit, indem sie, wie von der Würde geboten, an die Folgen unserer frei gewählten Handlungen erinnert – und daneben schützt sie die Freiheit anderer. Ergo werden freie Diskurse und autonomes Handeln insgesamt gefördert.

Damit können Ökosteuern zum Musterbeispiel eines Kompromisses zwischen Gegenwart und Zukunft, zwischen Norden und Süden werden. Zunächst senken sie den Energie- und Stoffverbrauch. Die trotz des Anreizes zur Verbrauchsminderung anfallenden Steuereinnahmen können wie in Deutschland in die Sozialversicherung fließen, was eine Senkung der dortigen Arbeitnehmerbeiträge ermöglicht, also durch reduzierte Lohnnebenkosten den heutigen Arbeitsmarkt fördert. Zudem lösen Ressourcensteuern einen Innovationsschub für mehr Effizienz und damit eine erhebliche wirtschaftliche Dynamik aus. Dies hat nicht nur weitere positive Effekte für den Arbeitsmarkt und reduziert zudem im Westen die Abhängigkeit von ölfördernden Krisenregionen. Dies ermöglicht es auch allererst, unseren Wohlstand in einer Welt wenigstens z. T. zu erhalten, in der Stoffe, Energiequellen und Lebensgrundlagen knapp werden, da Länder wie Indien in puncto «Verbrauch» aufzuholen beginnen. *Selbst wenn* höhere Ressourceneffizienz und globalstaatliche Einheitsstandards auf Dauer Wohlstandseinbußen nicht ganz vermeiden werden (Kap. VI A.), befördern sie ergo, soweit irgend möglich, auch die Freiheit der Lebenden. Darum verletzen Ökosteuern die Wirtschaftsfreiheiten nicht. Es besteht sogar eine *Pflicht* zu mehr derartigen Maßnahmen, wie man noch sehen wird (Kap. VI C.).

Damit sind wir freilich wieder beim Institutionenaspekt der Gerechtigkeit im allgemeinen und der Nachhaltigkeit im speziellen.

Wenn ein Gesetz auf eine Übereinstimmung mit der Verfassung geprüft wird, gehört dies vor das Verfassungsgericht. So müßte es auch in einer Weltföderation sein – wobei internationale Gerichte nur Sinn ergeben, wenn ihre Urteile auch durchgeführt werden, wenn also eine echte Weltföderation und nicht nur ein beliebiges Machtgeplänkel einiger großer Staaten dahintersteht. Wie aber sieht ein unparteilichkeits- und freiheitsförderliches Ping-Pong mit einem «Mehrebenendiskurs» zwischen den Staatsgewalten und den Bürgern genau aus? Zunächst darf ein Gericht gegen ein Parlament nie «Tu-genau-das»-Urteile erlassen, sondern muß sich immer auf «So-wie-bisher-jedenfalls-nicht»-Urteile beschränken. Das BVerfG z. B. darf dem deutschen Bundestag also nicht sagen: «Steige in viereinhalb Jahren aus der Atomenergienutzung aus.» Es kann aber sagen: «Steige aus der Nutzung aus, und tue es schneller, als Du bisher vorhattest.» Umgekehrt könnte das Verfassungsgericht auf die Klage eines Energiekonzerns hin sagen: «Der Gesetzgeber darf natürlich aus der Atomverstromung aussteigen – aber er muß sich dabei an einen gewissen Rahmen halten, den er aber leider überschritten hat, indem er angeordnet hat, innerhalb von 3 Tagen aus der Atomenergienutzung auszusteigen.» Durch eine solche Linie, die weder dem Parlament die Prärogative nimmt noch dem Verfassungsgericht eine übergroße, zumal nicht näher definierte (und damit nachgerade diktatorische) Macht gibt, werden alle Staatsgewalten ihren durch Freiheit, Demokratie und Unparteilichkeit definierten Aufgaben im Sinne maximaler Rationalität der Grundordnung am besten gerecht – und die Gerichte werden nicht in die Rolle eines Ersatzparlaments gedrängt. Bei Fehlern in Abwägung, Tatsachenerhebung oder Verfahrensgestaltung auf seiten der Gesetzgebung oder Verwaltung müssen die Gerichte ergo unter Fristsetzung zur Nachbesserung am jeweiligen (nationalen, europäischen oder globalen) Gesetz bzw. Verwaltungsakt anhalten, ohne selbst eine Abwägung exakt vorzugeben (eindeutige Tatsachen oder Verfahrensregeln sind dagegen strikt einzufordern).

Dabei kann auch eine Abwägung, die zu einem Zeitpunkt X richtig war, zu einem späteren Zeitpunkt beanstandbar sein. Denn die Vernunft ist eben fallibel; darum kann man auch eine einmal getroffene Wertung später als falsch erkennen (auch wenn dies bei echten Wertungen schwieriger ist als bei den oben erörterten «Tatsachenwertungen», wo Nachbesserungen ständig möglich und nötig sind).

Freilich ist es ebenfalls rational, (1) überhaupt Entscheidungen zu treffen und nicht nur den ewigen Diskurs zu pflegen, da er allein noch keine Konflikte löst, und (2) einmal gefundene Lösungen nicht völlig beliebig wieder in Frage zu stellen. Denn Freiheit und Unparteilichkeit leben auch von Vorhersehbarkeit und Rechtssicherheit, schon um eine etwaige Willkür möglichst unwahrscheinlich zu machen. Dazu gehören im klassischen nationalen Kontext auch gleichmäßig entscheidende Sozialbehörden, zuverlässig arbeitende Krankenhäuser, unbestechliche Polizeibeamte. Auch eine Weltföderation wird das Vertrauen ihrer Bürger nur verdienen, wenn einmal getroffene Entscheidungen nicht jederzeit nach Gutdünken wieder suspendiert werden. Darum dürfen Rechtssetzung und Verwaltung eine einmal gefundene normative Abwägung nur aus guten Gründen wieder umwerfen («Vertrauensschutz»). Alles andere würde unseren Diskurs nicht fördern, sondern zerstören.

Der Gerechtigkeit auf globaler, aber auch auf nationaler und europäischer Ebene abträglich sind auch Strukturen, die nicht wie eine hinreichend starke Gerichtsbarkeit und «gebündelte» Wahlen einen Mehrebenen-Diskurs mit möglichster Rationalität und Unparteilichkeit erzeugen, sondern zu gegenseitigen Blockaden und damit zu «Kuhhändeln» führen. Darum erscheint die komplexe Bundestag-Bundesrat-Gesetzgebung in Deutschland als gerechtigkeitstheoretisch eher verfehlt, ebenso wie die heutige an viele Beteiligte gebundene EU-Legislation. Denn Rationalität, Unparteilichkeit und Gewaltenbalance im Interesse maximaler Freiheit profitieren nicht von einem Kuhhandel. Sie benötigen vielmehr den menschlichen Lernprozeß mit Diskursen, Experimenten, Entscheidungen und Abänderungen aufgrund des Lernens aus falschen Entscheidungen. Außerdem blockieren Konsenszwänge die grundstürzenden Neuerungen, die die Staaten, die EU und eine Weltföderation im Zeichen der Nachhaltigkeit auf den Weg bringen müssen.

D. Beispiel Familienpolitik: Qualitative Verbesserung der Lebensbedingungen statt quantitative Geburtenförderung

Ich wende mich jetzt einem weiteren «Nachhaltigkeitsthema» zu. Es spielt bisher im Nationalstaat, könnte aber jedenfalls in den Grundpfeilern auch eine Weltföderation beschäftigen. Wir leben ja vorderhand in einer Welt, in der der eine Teil sich stark, wohl zu stark, vermehrt – wogegen der andere Teil scheinbar ausstirbt. Und viele finden diese Kinderlosigkeit im Okzident ganz und gar nicht nachhaltig, sondern werfen uns übermäßige Individualisierung und Spaßorientierung vor. Für viele ist dies *das* Nachhaltigkeitsproblem schlechthin. Können wir unsere Kultur denn einfach aussterben lassen? Und müssen wir nicht dringend den abzusehenden Zusammenbruch des Rentensystems verhindern? Sind nicht *dies* unsere Generationenprobleme? Von hier aus betrachtet, scheinen Ökosteuern geradezu ein Nachhaltigkeitskiller zu sein. Denn u. U. kann eine Familie mit Kindern weder Niedrigenergiehaus noch Bioladen finanzieren – mit der Folge, daß Ökosteuern gar zu noch niedrigeren Geburtenraten führen, weil sie für Familien Zusatzkosten erzeugen.

In der Familien-Debatte herrscht jedoch große Konfusion, wohl auch deshalb, weil einerseits Kinder positive Gefühle auslösen, andererseits jeder weiß, daß in einer individualistischen Welt ohne «Familien als lebenslange Wirtschaftsgemeinschaft», dafür aber mit Frauenerwerbstätigkeit und rationalisierungsbedingter Arbeitsplatzunsicherheit Kinderlosigkeit die logische Folge ist. Gleichwohl läßt gerade Deutschland seit längerem nichts unversucht, um uns kinderfreudiger zu machen. Kindergeld, Erziehungsgeld, steuerfreie Existenzminima, günstige Ehegattenbesteuerung, zusätzliche Steuerfreibeträge, Elternvorteile bei der Renten- und Pflegeversicherung sind nur einige Stichworte. Und dennoch haben wir mit 1,3 Geburten pro Frau eine so niedrige Geburtenrate wie noch nie. Das bedeutet im Verein mit der steigenden Lebenserwartung in der Tat, daß unser für viele westliche Staaten typisches Rentenmodell an ein Ende gelangt: Die bisherige Idee, in einem Umlageverfahren die Kinder die Renten der Eltern zahlen zu lassen, führt bei Kinderarmut schlicht dazu, daß immer weniger Junge eine wachsende Zahl von Alten finanzieren müssen. Daher sind Ideen schnell bei der Hand, dieser «intertemporalen Ungerechtigkeit», die sich in der Tat aufdrängt, durch drastische Geburtenförderung abzuhelfen.

All dem liegen jedoch schwerwiegende Mißverständnisse zugrunde – deren Aufklärung uns ein leuchtendes Exempel davon verschafft, was Nachhaltigkeit meint und was sie definitiv nicht meint. Der vielleicht wichtigste, für viele aber wohl schockierendste Punkt ist der *erste*: Wir Okzidentalen verbrauchen z. Zt. als 20 % der Weltbevölkerung rund 80 % der Ressourcen (wenngleich Indien und China uns durch ihr explosionsartiges Wirtschaftswachstum ernstlich «Konkurrenz» zu machen beginnen). «Viele Kinder» in westlichen Ländern sind darum u. U. gerade eher *das Gegenteil* von «nachhaltig»: Je mehr Reiche diese Welt bevölkern, desto weniger ressourcen- und weltklimabezogene Spielräume gibt es, die Armut durch eine Ankurbelung der Entwicklung in den ärmsten Weltregionen zu verringern. Auch können wir den heutigen Wohlstand für unsere heutige Bevölkerungszahl überhaupt nur durch Importe ermöglichen; auf unserem eigenen Grund und Boden, wie dies durch die internationale Verteilungsgerechtigkeit geboten sein könnte, wäre er nicht zu erzeugen. Zudem untergraben «viele Vielverbraucher» die Lebenschancen junger und künftiger und nicht nur «südlicher» Menschen. Das führt zu dem paradoxen Ergebnis, daß wir angeblich viele Kinder in die Welt setzen sollen, durch ebenjenes Verhalten die gleichen Kinder aber schädigen. Ein «geburtenfördernder Sozialstaat» zerstört also eher Freiheit, als daß er sie ermöglicht. In puncto Nachhaltigkeit ist unsere Bevölkerungsschrumpfung daher eher *günstig*. Natürlich benötigt man nun Konzepte, etwa Renten- und Siedlungskonzepte. Doch ich sehe nicht, daß solche Konzepte undenkbar wären. Klar ist bei alledem: Mindestens ebenso wünschenswert wäre eine geringere Bevölkerung in südlichen Ländern wie Indien, die nunmehr den westlichen Lebensstil zu kopieren trachten. Zumindest Rahmenvorgaben sind hier ein Thema für eine Weltföderation.

Doch zurück zum Okzident: Die Idee einer möglichst weitgehenden finanziellen Familienförderung impliziert *zweitens* eine Art Obliegenheit zur Fortpflanzung. Eine solche Idee ist jedoch mit einer liberalen nachhaltigen Grundordnung unvereinbar. Man kann für sie auch keine kollektivistische Argumentationsfigur wie die «Erhaltung des Volkes durch ausreichend Nachwuchs» anführen; dies wäre unter einer liberal-demokratischen Verfassung, die bekanntlich keine rein kollektivistischen Gemeinwohlbelange kennt, unzulässig. Zudem ergibt sich aus dem Junktim von Freiheit und Folgenverantwortung: Nicht nur die Finanzierung des eigenen Autos und des eigenen Pkw, sondern ebenso die Versorgung der eigenen Kinder ist zunächst einmal Sache der Eltern, und es kann nicht per se erwartet werden, daß die Mitbürger hierfür in die Bresche springen. Der Staat muß Kindern und Eltern wie überhaupt allen Bürgern zunächst einmal lediglich die elementaren Freiheitsvoraussetzungen sichern, was im Notfall eben einen Anspruch auf Sozialhilfe meint – nicht dagegen ein Leben in allen materiellen Annehmlichkeiten. Es gibt sicher kaum schönere und befriedigendere Dinge, als Kinder zu haben. Doch es ist angesichts der rein wechselseitigen Freiheitsbegrenzung (die Fragen des gelungenen Lebens aus der staatlichen Zuständigkeit ausnimmt) nicht Aufgabe der Mitmenschen, dafür alle irgendwie förderlichen Bedingungen zu schaffen. Es ist vielmehr *meine* Aufgabe. Eine weitgehende Geburtenförderung wäre auch deshalb problematisch, weil sie nicht nur unsere heutige Freiheit, sondern auch die Nachhaltigkeit der Freiheit im Ergebnis eben eher zerstört als fördert.

Speziell zur Ökosteuer-Kritik bedeutet all das: Keinesfalls haben «Familien mit Kindern» eine Rechtsposition, die ihnen eine finanzielle Ausstattung *garantiert*, welche einen Hausbau «auf dem Land» und eine billige Fortbewegung im eigenen Auto usw. ermöglicht. Bejahte man dies, würde man implizit für einen paternalistischen Hypersozialstaat plädieren, der dem einzelnen ein umfassendes Recht auf die staatliche Herstellung sämtlicher denkbarer Freiheitsvoraussetzungen einräumte. Unter einer liberalen Verfassung ist normativ jeder frei und damit auch selbst verantwortlich, die Voraussetzungen für sein finanzielles Wohlergehen selbst herzustellen. Anderes gilt in Höhe des Existenzminimums, welches grundrechtlich (weitgehend ohne Abwägungsmöglichkeit) verbürgt ist und darum vom Staat eingefordert werden kann. Garantiert ist darum selbstredend das Vorhandensein von Strom und Wärme zum Heizen, Kochen, Beleuchten sowie für den Betrieb eines Nachrichtenempfangsgeräts – und ähnlich zentrale Funktionen. Klar ist ferner, daß die Politik im Interesse allgemeiner Maximierung der Autonomie die «weiteren» Freiheitsvoraussetzungen fördern *darf* und vielleicht sogar sollte. Wer dagegen behauptet, Familien hätten einen Anspruch auf Haus und Auto, läuft gleich von zwei Seiten in die doppelte Freiheitsgefährdung hinein: Einerseits unterstützt er damit einen paternalistischen Hypersozialstaat – andererseits verengt er Freiheit auf ökonomische Umstände, wie es dem klassischen und Ultraliberalismus entspricht. Die wechselseitigen Freiheitsgrenzen, das Junktim und die Zukunftsrechte fallen bei alledem unter den Tisch. Natürlich berechtigen die wirtschaftlichen Rechte im Grundsatz auch zum Autofahren, zum Hausbau usw. – aber diese Rechte müssen sich (a) die unparteiische Austarierung mit anderen Rechten gefallen lassen, und man muß (b) auch selbst sehen, wie man an das nötige Geld für solche Anschaffungen kommt. Und wenn jemand denn genug Geld für Haus und Auto hat, wird er nicht im Ernst behaupten können, daß die eher minimalen Ökosteuer-Mehrbelastungen für ihn nicht tragbar wären. Das würde auch dann noch gelten, wenn die Stromsteuer um ein Mehrfaches steigen sollte. Und noch einmal: Der einzelne hat eben keinen Anspruch auf ein eigenes Haus und ein eigenes Auto – oder gar auf ein Mobiltelefon, einen Gameboy, eine Spülmaschine, eine Mikrowelle o. ä. Solange derartige Geräte zur Standardausstattung selbst wenig Begüterter gehören (die Zahl der zugelassenen Mobiltelefone nähert sich hierzulande der der Einwohner der Bundesrepublik!), liegt der Verweis auf die fehlende Leistungsfähigkeit zur Entrichtung der Ökosteuer neben der Sache.

Drittens geht der Hinweis auf «die Rente» und «die Erhaltung unserer Kultur» noch aus anderen Gründen ins Leere: Der Hinweis verdeckt, daß das Rentensystem des Generationenvertrages, wie es Deutschland kennt, *in sich ungerecht* und änderungsbedürftig und damit «kein Argument für Kinder» ist. Denn einerseits verschleiert das System den Zusammenhang von Freiheit und Folgenverantwortung. Zum anderen ist das System paternalistisch, weil es keine Wahl läßt, wie weitgehend man sich fürs Alter absichern möchte (bisher wird man schlicht und ergreifend zwangsversichert, ohne daß zwischen Existenzminimum und bloßer Wohlstandssicherung geschieden würde). Davon einmal abgesehen, sind Kinder in einer liberalen Ordnung autonome Wesen; *als solche* haben sie ihren Wert, nicht als «Rentenzahler». Man sollte daher wohl weniger über «mehr Geburten» reden – sondern eher darüber, wie man ein System privat versicherter Vorsorge generiert, in dem (oberhalb des Existenzminimums) jeder selbst entscheiden kann, wie hoch seine Rente sein soll. Dies wäre ein nachhaltiges Rentensystem – anstelle einer eher planlosen, im übrigen wenig erfolgreichen pauschalen Geburtenförderung.

Am Gesagten ändert auch der in den internationalen Menschenrechtserklärungen und in Verfassungsnormen wie Art. 6 GG enthaltene Schutz von Ehe und Familie wenig. Denn dieser Schutz bedeutet zunächst einmal nur, daß jeder die Freiheit haben soll, eine Ehe einzugehen und Kinder zu zeugen. Von einer «Förderung» der Geburtenrate ist in Art. 6 GG und ähnlichen Normen gar nicht die Rede. Und ein noch so weit gehender Familienschutz müßte zudem mit den Rechten anderer (und künftiger) Bürger auf Leben, Gesundheit und Existenzminimum sowie dem Junktim von Freiheit und Verantwortlichkeit in Abwägung treten. Auch ein Kind respektive seine Eltern dürfen daran festgehalten werden, daß das Autofahren oder der Stromverbrauch keine rein persönliche Angelegenheit sind, sondern andere Menschen schädigen. Und wenn beispielsweise Ökosteuern dazu führen, daß die Familie statt Haus und Pkw auf Stadtwohnung und Bus umsteigt, haben sie ihr Ziel erreicht: bei Wahrung der Entscheidungsfreiheit den einzelnen anzuhalten, sich am multipolaren Freiheitskonflikt und am Junktim zu orientieren.

An die Stelle der «quantitativen Familiensubventionierung» sollte daher eine *qualitative Familienpolitik* treten. Diese müßte sich weniger auf Geburtenzahlen konzentrieren – sondern vielmehr darauf, den heutigen und künftigen Kindern, die denn da sein werden, die Basis einer physischen und autonomen Existenz zu sichern. So gebietet das Recht auf Leben und Gesundheit Verbesserungen der Lebensbedingungen *lebender* Kinder – etwa einen besseren Schutz vor Luftschadstoffen, wo doch die Schadstoffgrenzwerte bisher eher auf den 40jährigen Durchschnittsmann ausgelegt sind, ohne besonders Empfindliche wie Kinder, Schwangere, Alte oder Kranke zu berücksichtigen. Auch bei der (Nicht-)Regulierung des Autoverkehrs ist bisher eine einseitige Orientierung an männlichen Verkehrsinteressen unter Ausblendung der Fortbewegungs-, Gesundheits- und Klimaschutzinteressen von Kindern zu erkennen. Bei alledem sollte man – bei aller Nostalgie gegenüber der fortpflanzungsfreudigeren guten alten Zeit – stets auch an einen ungeheuren Fortschritt denken: Auch weil wir heute unsere Kinder zum ersten Mal in der Geschichte rein freiwillig bekommen, haben wir ein Maß an Zuwendung zu ebenjenen verbliebenen Kindern erreicht, das wir schätzen und bewahren sollten. Wenn wir dies memorieren, wird unsere Familienpolitik nachhaltig werden. Erst zu einem späteren Zeitpunkt, mit dann wesentlich geringeren Bevölkerungszahlen, mag ein Nachdenken über direkt geburtenfördernde Maßnahmen – sofern qualitative Maßnahmen nicht ausreichen – unter dem Gesichtspunkt «wirtschaftliche Stabilität» denkbar sein.

VI. Wie wird das Prinzip Nachhaltigkeit real? Effektive politische Steuerung und Handlungstheorie als Mittel der Gerechtigkeit

A. Wie sieht ein nachhaltiges Leben aus – und was motiviert uns wirklich zu unseren ganz alltäglichen Handlungen?

Ein verändertes Verhältnis zur Zukunft, zur Globalität und ein neues Freiheitsverständnis bezeichnen die unhintergehbare normative Maßgabe, der sich Gesellschaften in den nächsten Jahrzehnten stellen müssen – und zwar universal und auch international. Und eine Neuinterpretation liberaler Verfassungen macht daraus einen verfassungsrechtlichen, also bindenden Rahmen. Die nachhaltige Freiheit als Diskurs- und Handlungsideal muß aber nicht nur als geboten erkannt, sondern auch *umgesetzt* werden. Denn Normen sollen ja Konflikte lösen, und die Gerechtigkeit soll real werden. Die Ökosteuer warf darauf schon ein Schlaglicht. Dieser Befund *gebietet* folglich unser freiwilliges Handeln – er fordert aber auch politische Durchsetzungsmaßnahmen auf nationaler und globaler Ebene.

Der einzelne könnte im Grunde viel tun: Ich kann Auto und Urlaubsflüge abschaffen, 3-Liter-Autos nutzen, energieeffiziente Produkte und verkehrsvermeidende Siedlungsstrukturen bevorzugen, meinen verbleibenden Stromverbrauch aus klima- und ressourcenschonender Sonnenenergie decken, ganz generell einfach weniger kaufen usw. Und doch verbrauchen wir, wie in der Einleitung deutlich wurde, zuviel Energie, zuviel Ressourcen, «zuviel Klima». Unsere westliche Lebensweise ist weder globalisierbar noch langfristig ausdehnbar. Ergo ist ein fundamentales Umdenken angezeigt, angefangen bei ganz einfachen Dingen. Eine Kernüberlegung ist dabei, daß wir nicht jeden unserer Wünsche mit einem Maximum an Ressourcen realisieren müssen. Das Stichwort lautet *Energie- und Ressourceneffizienz*. Warme Räume z. B. erhält man nicht nur durch kräftiges Heizen, sondern ebenso durch eine isolierende Bauweise, und ein Verkehrstransfer zum Bäcker kann auch mit dem Fahrrad anstelle des Pkw vor sich gehen. Und selbst wenn irgendeine Leistung zwingend an Energie gebunden ist, wäre sie offenbar häufig mit einem Viertel oder gar Zehntel an Energie machbar. Von der Energiemenge, die in einem Kraftwerk eingesetzt wird, um eine Glühbirne zu erhellen, versickern 70 %, ehe sie die Lampe erreichen, und diese kann nur 10 % dessen, also 3 % von der Primärenergie, in Licht umwandeln. Und Tausende von LKW-Kilometern werden oft gefahren für ein Produktergebnis, das man genausogut lokal hätte erreichen können. Auch bei Autos gelangt nur ein Minimum der Benzinenergie wirklich zu den Rädern. Wir könnten also viel tun, z. B. auch mehr erneuerbare Energien, die zudem das Klima entlasten, statt Öl oder Kohle einsetzen.

Allein: Selbst ein Faktor 10 bei der Energieeffizienz würde «nur» die einsetzende Industrialisierung der Dritten Welt ausgleichen. Doch dann würde die Welt immer noch so viel Klimagase ausstoßen wie heute – wir wären ergo wohl immer noch nicht zukunftsfähig. Zudem werden die Menschen immer mehr; und auch erneuerbare Energien, die einen Teil der Kohle usw. ersetzen können, stoßen an Grenzen. Also muß man neben der Effizienz auch *Suffizienz* üben, also bestimmte Dinge einfach ganz bleiben lassen. Da hilft es nichts, wenn uns Olaf Henkel und andere raten, wieder mehr Atomkraftwerke zu bauen oder ganz allgemein auf neue Energiequellen wie die Brennstoffzelle zu hoffen. Denn vage Hoffnungen z. B. auf eine – technisch heute noch gar nicht realisierte – Brennstoffzelle rechtfertigen es bekanntlich nicht, künftige Generationen großen Gefährdungen auszusetzen (Stichwort «starke Nachhaltigkeit»). Und Atomkraftwerke sind wiederum von einem endlichen Brennstoff (Uran) abhängig – abgesehen davon, daß diese Kraftwerke massive Kurz- und Langzeitrisiken bergen, indem z. B. ein Flugzeugattentat auf ein deutsches AKW weite Teile Deutschlands dauerhaft unbewohnbar machen und Hunderttausende oder gar Millionen Menschen das Leben kosten könnte. Erst recht keine Lösung unseres Nachhaltigkeitsproblems ist die Forderung nach «mehr Wirtschaftswachstum, um damit dann mehr Umweltschutz bezahlen zu können». Noch einmal: Es geht mit der Nachhaltigkeit doch gar nicht darum, «mehr Fabrikfilter bezahlen zu können»! Es geht vielmehr darum, unseren Ressourcenverbrauch und unsere Klimainanspruchnahme zu reduzieren – und solange wir nicht massiv effizienter werden, fördert jedes Prozent Wirtschaftswachstum – und übrigens auch jede soziale Fördermaßnahme, die die Kaufkraft erhöht – unsere Nicht-Nachhaltigkeit nur noch weiter. Unsere dauernde Orientierung am quantitativ-ressourcenintensiven Wirtschaftswachstum ist darum nicht die Lösung, sondern vielmehr die Ursache der gesamten Problematik. Eine zukunftsfähige Zivilisation muß ergo *neue Lebensformen entdecken.*

Doch tun wir all dies zumeist nicht. Technisch möglich ist vieles. In vielen Fällen würde uns mehr Nachhaltigkeit sogar ganz egoistisch nützen. Eine Energiesparbirne spart durch ihre lange Lebensdauer und ihren niedrigen Stromverbrauch z.B. ganz handfest Kosten. Und wenn ich einen langlebigen, wenngleich im Anschaffungspreis teureren CD-Player kaufe, entlaste ich langfristig *durchaus* mein Budget. Auch ein spritsparendes Auto würde meinen Geldbeutel ganz konkret entlasten. Aber so ist es nicht immer; nicht nur unsere Werte, unsere Bequemlichkeit und unsere Verdrängung streiten gegen einen Richtungswechsel hin zur Nachhaltigkeit (Kap. I B.). Es ist auch der ökonomische Rahmen, der es für den einzelnen und für das einzelne Unternehmen teilweise unattraktiv macht, nachhaltig zu sein: Effiziente Lösungen sind eben oft nicht billiger, sondern teurer als herkömmliche Wege, solange Energie und Ressourcen so preiswert sind wie heute: Natürlich könnte ich mein neues Haus wärmedämmen – aber solange Energie billig ist, scheue ich die Investitionskosten dann doch. Ergo muß man Wege finden, das technisch Mögliche für Unternehmen und Verbraucher wirtschaftlich zu machen – und die Suffizienz, also das Entdecken sparsamerer und nicht nur effizienterer Lebensweisen, möglichst attraktiv zu machen. Dies erzeugt die mit der Ökosteuer illustrierte Frage, welche Wege dies sein könnten, wenn die Dinge eben nicht einfach alle von selbst geschehen. Zu ihrer Beantwortung braucht man eine *Gerechtigkeitsdurchsetzungslehre*. Es geht in ihr um empirische Sätze der (nunmehr aber das Ziel «Gerechtigkeit» und nicht das Ziel «Eigennutzen» fokussierenden) instrumentellen Vernunft derart, welches Mittel X ein Ziel Y effektiv erreicht. Wenn eine Weltföderation oder ein Nationalstaat z.B. das Trinkwasser besser schützen wollte, wäre die Lehre also Anleitung zur Zielumsetzung (unabhängig davon, ob Ziel Y von Gerechtigkeit und Verfassung strikt geboten oder nur «erlaubt» ist). Meine eigene Lehre nenne ich den *steuerungstheoretischen Liberalismus.* All dies setzt freilich erst einmal eine *Handlungstheorie voraus, also eine Lehre davon, wie Menschen faktisch handeln.* Denn man muß ja erst einmal klären, inwieweit wir vielleicht doch von selbst «nachhaltig» werden – und auf welche Lenkungsanreize hin zur Nachhaltigkeit wir wie reagieren würden. Man muß daher die in Kap. I B. gezeigte menschliche Motivationslage noch etwas genauer und formaler analysieren. Womit ich – wie im gesamten Buch – zugleich eine allgemeine Theorie auch jenseits der Nachhaltigkeit vorschlage.

Gute philosophisch-verfassungsrechtliche Gründe sind zwar eine *notwendige*, zuweilen sträflich ausgeblendete Voraussetzung für das Realwerden der Gerechtigkeit. Doch eine *hinreichende* Voraussetzung sind gute Gründe wohl noch nicht; das gilt nicht nur, aber gerade für die Nachhaltigkeit oder für die Chancen der allgemeinen «Umwelt»politik. Denn Menschen handeln nach aller Erfahrung *faktisch* nicht nur aus innerer rationaler Überzeugung von der Richtigkeit bestimmter Prinzipien («*Vernunftakzeptanz*»), auch wenn die normative Vernunft bekanntlich als einzige Instanz eine Handlung gut zu begründen vermag. Wir handeln auch aus *Gefühl*, *Konformität* und meist eigennützigem *Kosten-Nutzen-Denken*. Letzteres meint, daß wir eigennützig Ziele wählen und sodann schlicht alle «effektiven» Maßnahmen zu ihrer Verwirklichung treffen (= instrumentelle Rationalität). Auf jenen «Egoismus» hatten wir schon öfter verwiesen. Dabei ist unser Kosten-Nutzen-Denken nicht nur durch ökonomische Aspekte beeinflußt, sondern auch durch drohende Sanktionen, ebenso wie durch Erwartung oder Entzug sozialer Anerkennung. Die normativ rationale Fundierung der Nachhaltigkeitsidee wird vor dem Hintergrund jenes Motivstraußes (der bekanntlich «quer liegt» zur Scheidung ökonomisch-politisch/kulturell/biologisch) nicht allein dafür sorgen, daß wir alle freiwillig auf Nachhaltigkeit umschwenken. Wir reduzieren eben nicht gerne den persönlichen Stoffverbrauch oder Klimagasausstoß oder kaufen nur noch «fair gehandelte» Produkte. Weder die Verbraucher noch die Unternehmen handeln so. Für den einzelnen Bürger oder Unternehmer ist auch der zu erwartende eigennützige Vorteil viel zu abstrakt, den «wir alle» haben könnten, wenn wir heute mit einer Effizienzpolitik technische Innovationen und ein «anderes» Wirtschafts- und Arbeitsplatzwachstum begünstigen, was uns in einer Welt, in der die reichen Staaten plötzlich zahlreicher werden, überhaupt nur konkurrenzfähig hielte. Denn momentan befinden wir uns doch in einer Position der Stärke – warum dann aber «abgeben»? Zudem sind die drohenden Einbußen an Bequemlichkeit usw.

viel zu offensichtlich, von drohenden monetären Verlusten ganz zu schweigen.

Diese Befindlichkeit macht auch eine *Weltföderation mit gleichen Spielregeln* erst einmal für westliche Bürger und Unternehmen unattraktiv – angesichts der Ahnung, daß globale Standards nach einem zwischenzeitlichen Effizienzboom (also gleichem Lebensstandard bei geringerem Ressourcenverbrauch) eben doch gewisse Suffizienzen, also Einbußen am gewohnten Lebensstandard, bedeuten dürften. Über unseren somit nur begrenzten, zudem auch noch unsicheren Eigennutzen an der Nachhaltigkeit können uns auch Szenarien nicht hinwegtäuschen, die uns den Mund wäßrig machen wollen nach der schönen neuen Effizienzwelt. Da bleiben wir doch lieber beim Naheliegenden: Häufige Urlaubsfernreisen sind einfach jetzt und heute billig und für jedermann erschwinglich, ebenso wie Konsumgüter aller Art. Warum sollten wir das freiwillig ändern wollen? Hier werden auch bestimmte genetische Prägungen zu egoistischem und kurzzeitorientiertem Denken wirksam und beeinflussen das als kostenträchtig oder nützlich Angesehene. Ferner besteht eine Art Konformitätsdruck, der unsere gewachsene Lebensweise affirmiert. Daneben werden falsche, nur vermeintlich «vernünftige» Werthaltungen unserer Kultur handlungswirksam: insbesondere das altliberale Denken in seiner Wachstumsorientierung, welches uns zugleich die Einsicht verstellt, daß *andere* Formen von Wohlstand uns am Ende gar *glücklicher* machen könnten (Kap. VII). Daher kann es ja auch keine kontextualistische Nachhaltigkeit geben; «unsere Tradition» ist eben nicht «gut leben statt viel haben» – sie lautet vielmehr «unumschränkte Freiheit mit viel Wachstum».*

* Machen wir uns noch einmal klar, wie die verschiedenen Handlungsantriebe in uns zusammenwirken: Zwar dürfen die Gründe dafür, nicht abends Rentner in dunklen Parks zu überfallen, nur *normativ* rational sein. Und jener somit benötigte gute Grund wäre die Würde und Freiheit ebenjener Rentner. Faktisch wird dies jedoch *nur eines* unserer Motive sein. Daneben tritt als Kosten-Nutzen-Erwägung die Furcht vor Strafe, vielleicht auch das Gefühl des Mitleids oder Konformitätsüberlegungen («meine Freunde überfallen auch keine Rentner»). Am Rande erinnere ich an Kap. I A.: Zwar darf ein Prinzip nur normativ rational *gerechtfertigt* werden; anders als *Kant* halte ich es aber für zulässig – und nicht nur für faktisch üblich –, daß der einzelne auch aus anderen *Motiven* die normativ rationale und damit gerechtfertigte Handlung vornimmt. Rein *faktisch* werden damit auch die *anderen* Gerechtigkeitsansätze in uns wirksam. Noch einmal: zu alledem näher die Nachweise am Buchanfang.

Das bedeutet freilich, daß schon unter Lebenden die gebotene wechselseitige Freiheitsbegrenzung oft *nicht* aus freien Stücken zustandekommen wird. Gerade darum kann man ja sagen, daß der liberal-demokratische Staat und sein Recht nicht nur *gerecht* ist, sondern seine Existenz für die Bürger auch ganz instrumentell rational nötig ist: Gäbe es keine bei einer Exekutive monopolisierte Zwangsgewalt des Rechts, die Übergriffe unattraktiv macht, gäbe es wohl auch keine Freiheit – und es gäbe überhaupt keine erfolgversprechende Kooperation unter den Menschen. Erst recht ist eine «naturwüchsige» Lösung von Freiheitskonflikten im intergenerationellen und internationalen Verhältnis ziemlich irreal. Viele erliegen hier auch einer verheerenden Überschätzung unserer Menschenliebe. Denn unsere Gefühle werden durch unseren Egoismus begrenzt, und sie werden meist auch weniger durch Menschenliebe bestimmt als durch unsere kulturellen Werte und genetischen Antriebe. Das existentialistische Empfinden der tragischen Kürze des menschlichen Seins, die nach sofortigem maximalen Genuß drängt, und der scheinbaren Imperative des Augenblicks drohen so die Nachhaltigkeitsidee zu beerdigen. Jene Imperative des Augenblicks sind allemal mächtiger als mein emotionales Mitleid mit Menschen in 1000 Jahren oder in Bangladesch, die just in der Sekunde, wo dieser Satz geschrieben wird, verhungern. Makaber zugespitzt: Noch der kleinste Streit mit einem Kollegen trifft mich emotional mehr als das Wissen um den unvorstellbaren Hunger in dieser Welt. Daran kommen auch Hans Jonas und einige Umweltethiker nicht vorbei – die wesentlich (!) durch emotionale Appelle an ein *neues Lebensgefühl* (ggf. auch als «Mitleid mit der Natur») die Nachhaltigkeit suchen. Wenn das Leben keinen religiösen Sinn hat, in keine höhere Ordnung eingebettet ist und keine unsterbliche Seele kennt, die nach dem Tod von einem vergeltenden Gott «bestraft» wird, mag man durchaus fragen, warum man sein kurzes Leben nicht so amüsant wie möglich gestalten sollte, notfalls auch auf Kosten anderer und künftiger Menschen. Gerade wegen jener fehlenden Gefühlsakzeptanz werden die guten Gründe für die Nachhaltigkeit entscheidend – ebenso wie Kosten-Nutzen-Anreize, die eben auch Egoisten erreichen.

Die in jener Analyse enthaltene differenzierte Lehre, die unterschiedliche menschliche Handlungsantriebe als existent ansieht, erscheint aufgrund des Gesagten *plausibel*. Sie wird weiter bekräftigt durch eine *theoretisch-logische Überlegung*: Wer etwa die Möglichkeit normativ begründeter, willensfreier Überzeugungen im menschlichen Denken und Handeln auch jetzt immer noch leugnet und behauptet, es gäbe nur Gefühle, Konformität und Egoismen – und diese Leugnung sodann selbst begründet, verwickelt sich noch ein weiteres Mal in einen Widerspruch. Denn er tut genau dies, was er zugleich als unmöglich bezeichnet: Er bildet sich mit Gründen eine Überzeugung und zeigt damit, daß wir uns sehr wohl von Gründen leiten lassen. Ich werde all dies im folgenden noch durch mehr *empirische Daten* erhärten sowie durch den Hinweis auf weitere *innere Unstimmigkeiten der heute vorherrschenden «Handlungs»theorien* (Systemtheorie, Rational Choice). Speziell die Grundidee der Rational-Choice-Theorie, daß menschliches Verhalten allein egoistisch zu erklären sei, dürfte falsch sein. Sie ist das deskriptive Pendant zu normativen Präferenztheorien, die ja ebenso scheiterten.

Diese Einsichten explizieren zugleich ausführlicher den mehrfach angesprochenen Aspekt, warum man eine gewaltenteilige Verfassung – die auch mit Sanktionen steuert – und warum man überhaupt Recht und nicht nur eine Philosophie der Nachhaltigkeit, der Freiheit und der Abwägung braucht. Denn eine Verfassung kann sich neben guten Gründen eben auch auf Kosten-Nutzen-Erwägungen der Staatsorgane stützen wie z. B. Sanktionsfurcht, gesichert durch sich gegenseitig kontrollierende Gewalten. Nur sanktioniert die Verfassung eben die Politik und nicht direkt die Bürger. Darum brauchen wir weitere Gesetze, die uns Bürger und die Behörden lenken: das einfache Recht. Somit verkörpert die gewaltenteilige Setzung/Auslegung (die ineinander übergeht) des Verfassungsrechts *und* des einfachen Rechts (also der Steuerungsinstrumente) stets Gerechtigkeits- *und* Steuerungsaspekte: Die *Durchsetzung des Gerechten* und ergo Steuerung ist geboten – und die Gerechtigkeit wird in dieser Welt eben nur real, wenn man auch mit anderen Handlungsantrieben wie Kosten-Nutzen-Denken rechnet! Entgegen einer Politologen- und Habermas-These steht politische Steuerung also nicht neben der Gerechtigkeit, sondern dient deren Durchsetzung. Denn das Gerechte ist ja in jeder Rechtssetzung/Rechtsauslegung verkörpert, die sich im Rahmen des in Kap. II–V Entwickelten hält; auch dann, wenn die Politik in ihren Spielräumen ein Politikziel wählt, ist dieser Spielraum ja eine Gerechtigkeitsfolge. Dabei dient das Recht wohlgemerkt nicht nur der Durchsetzung des Gerechten. Es dient auch der gewaltenteilig-demokratischen Fixierung des Gerechten innerhalb der festgestellten Abwägungsspielräume. Darum braucht die Gerechtigkeit das Recht – als Instrument und als Fixierer (siehe Kap. I A.).

B. Beispiele Energiepolitik und Welthandel: Warum Selbstregulierung, bloße Verfahrensregeln, Information und ungeregelter Wettbewerb oft ineffektiv für die Nachhaltigkeit und ungerecht sind

Aber wie genau ist den Mängeln der bisherigen nationalen und transnationalen Nachhaltigkeitspolitik (Kap. I) beizukommen, die die Menschheit mit dem globalen Klimawandel, der Ozonschichtzerstörung, der Degradierung fruchtbarer Böden, der Trinkwasserproblematik und der daraus resultierenden Gefahr (welt-)kriegerischer Auseinandersetzungen an den Rand des Abgrunds treiben könnten? Wie kann es gelingen, daß wir erneuerbare Ressourcen nur im Rahmen der Nachwachsrate verbrauchen, das Klima schonen, die globale Armut beseitigen, allen einen Zugang zu medizinischer Versorgung ermöglichen? Nach verbreiteter Ansicht jedenfalls nicht mit Ge- und Verboten (*Ordnungsrecht*), und zwar weder in Deutschland und Europa noch auf weltföderativer Ebene. Ge- und Verbote sind im Nationalstaat die klassische Steuerungsform. Beispiele sind das Recht der Industrieanlagengenehmigung oder der Baugenehmigung, ebenso wie das Ausländerrecht oder die Fahrerlaubnis. Das Ordnungsrecht ist die «eigentliche» traditionelle Form der Verhaltenssteuerung. Auch die Umweltpolitik wird von dieser Form dominiert, mehr als die Wirtschaftspolitik, die politische Konfliktlösung oft eher mit zwei anderen alten Mitteln betreibt: staatswirtschaftlicher *Daseinsvorsorge* und *Subventionierung*. Das Ordnungsrecht schreibt wie jedes Instrument die politische Abwägung z. B. zwischen Gegenwart und Zukunft auf. Es tut dies oft so, daß es bestimmte Tätigkeiten unter bestimmten gesetzlich festzulegenden Bedingungen erlaubt. Liegen die Bedingungen vor, erhält man eine Genehmigung. Ergänzend hat die zuständige Behörde die Befugnis, die Genehmigung bei Wegfall der Bedingungen zurückzunehmen oder zu widerrufen. Ferner dürfen Nebenbestimmungen ergehen. Dieses Ordnungsrecht ist aber seit längerem starker Kritik ausgesetzt. Es gilt als übermäßig freiheitseinschränkend und ineffektiv zugleich. Übermäßig freiheitseinschränkend deshalb, weil das

Ordnungsrecht teilweise auch pauschal bestimmte Verhaltensweisen untersagt, obwohl sie vielleicht nicht in jedem Fall problematisch sind (ein Beispiel wäre ein striktes Sonntagsfahrverbot). Ähnliches wirft man dem zweiten traditionellen Steuerungsmedium vor: der Daseinsvorsorge, bei der der Staat in wichtigen Bereichen unsere Grundversorgung anstelle des Marktes übernimmt, meist durch quasi-staatliche Monopolunternehmen (z. B. Energie, Wasserversorgung, Telekommunikation, Abfallentsorgung, Nahverkehr).

Darum wird seit einiger Zeit national und international verstärkt auf die *Schaffung von Wettbewerb* gesetzt. Natürlich war Wettbewerb immer seit der frühen Neuzeit irgendwie ein Steuerungsinstrument, im Sinne eines politischen Laisser-faire, auf dessen Kräfte die Politik hoffte. Jetzt aber dringt der Wettbewerb auch in vormalige Sektoren der Daseinsvorsorge wie die Trinkwasserversorgung ein. Umfassender Wettbewerb soll zahlreiche Ziele wie Umweltschutz, Wohlstand usw. effektiver und mit weniger Mittelaufwand (effizienter) verfolgen und zugleich die bürgerliche Freiheit maximieren. Die machtlose globale Ebene geht diesen Weg noch stärker als die Nationalstaaten, bisher auch in Ermangelung von Befugnissen, überhaupt Ge- und Verbote zu erlassen. Es soll freie, möglichst wenig regulierte Märkte geben – verbunden mit dem Versprechen, daß globalisierte Märkte die eben genannten Vorteile in den letzten Winkel der Welt trägt. Dies versuchen Weltbank und internationaler Währungsfonds, hinter denen die vereinte Macht der Industrieländer (insbesondere der USA, Japans und Deutschlands) steht, auch nachdrücklich durchzusetzen. Die globale Kreditvergabe für wirtschaftlich schwächelnde Staaten wird so an die Öffnung der Märkte für Auslandsinvestitionen und den Abbau von Sozialleistungen und Steuern, also von staatlichen Reglementierungen, geknüpft.

Parallel zur Freihandelsidee finden national und global auch *prozedurale, flexible, informationsbereitstellende und selbstregulative Instrumente* immer mehr Freunde. «*Selbstregulierung*» bedeutet, daß die Politik bestimmte Konflikte einfach gar nicht regelt, dafür aber z. B. freiwillige Selbstverpflichtungen von großen Konzernen oder ganzen Industriezweigen abgegeben werden. Ein prominentes Beispiel dafür ist die Selbstverpflichtung der deutschen Industrie, ihren Kohlendioxidausstoß innerhalb bestimmter Fristen zu reduzieren. Ebenso gibt es auch interne Selbstverpflichtungen einzelner multinationaler Konzerne, in denen sie z. B. bestimmte Arbeitsbedingungen für ihre weltweite Belegschaft versprechen. Ein anderes Beispiel von Selbstregulierung ist die Gesetzeskonkretisierung durch private Regelwerke – so in der deutschen Energiepolitik, wo im (früher staatswirtschaftlichen) Energiemarkt Stromnetzinhaber und Stromanbieter den Netzzugang durch private «Verbändevereinbarungen» regeln. Im weiteren Sinne «Selbstregulierung» liegt auch dort vor, wo der Staat den Inhalt bestimmter Gesetze (z. B. Atomausstieg) oder zumindest bestimmter Verwaltungsentscheidungen (z. B. nachträgliche Anordnung zur Industrieanlagengenehmigung auf Einbau eines Filters) mit den betroffenen Unternehmen kooperativ vereinbart – und diesen kooperativen Konsens anschließend nur noch «formal» zum Gesetz bzw. Verwaltungsakt macht. Bei einer Steuerung durch *prozedurale* Instrumente geht es dagegen darum, das Steuerungsziel Nachhaltigkeit durch bloße Verfahrensregeln wie etwa Beteiligungsrechte (etwa beim Bau von Verkehrsprojekten) zu erreichen, ohne nennenswerte inhaltlich-ordnungsrechtliche Vorgaben an solche Projekte zu machen. Verfahrensregeln können nicht nur eine staatliche Entscheidung betreffen, sondern z. B. auch die Frage, wer bei einer Selbstverpflichtung eines multinationalen Konzerns anzuhören ist (z. B. auch Umweltverbände), welche Beratungsschritte einzuhalten sind, wie verschiedene Belange artikuliert werden können usw. Dies alles kann mit dem Steuerungsfaktor «*Information*» kombiniert werden – indem z. B. Holz aus Tropenwäldern nicht verboten wird, sondern durch eine Warenkennzeichnung der Verbraucher informiert und zu einer freiwillig nachhaltigen Kaufentscheidung ermutigt wird. «*Flexibel*» ist die Steuerung dann, wenn es zwar Ordnungsrecht gibt, dieses aber dünn und durch zahlreiche Ermessensspielräume zugunsten der Behörden geöffnet ist.

Gerade die bisherige deutsche Energie-, Klima- und Umweltpolitik ist immer stärker selbstregulativ bestimmt (Klimaselbstverpflichtung, Atomausstieg usw.), ergänzt durch freilich sehr niedrige Ökosteuern. Eine generelle Steuerung des Ressourcenverbrauches – sei es durch Steuern/Preise, sei es durch bestimmte Ausgestaltungen des Wettbewerbs, sei es durch Ge- und Verbote – findet dabei nicht statt. Die zahlreichen, aber inhaltlich oft nicht anspruchsvollen und zudem schlecht vollzogenen und auch unübersichtlichen ordnungsrechtlichen Regeln des alten Umweltrechts betreffen im wesentlichen nur den Schadstoffschutz. Daneben hofft man auf segensreiche Wirkungen des freien Wettbewerbs, indem z. B. die staatswirtschaftliche Struktur des Strom- und Gasmarktes beseitigt wurde – was angeblich zu einer effizienteren Energienutzung führen soll. Die Erfolge dieser gesamten Nachhaltigkeitsstrategie lassen aber eben zu wünschen übrig (Kap. I A.).

Für alle selbstregulativ/prozedural/informationellen Politikformen (und auch für den Wettbewerb, den wir in Kap. VI C. näher betrachten) wird nun angeführt, daß in einer immer stärker verflochtenen Welt eine präzise inhaltliche Lösung der Freiheitskonflikte den nationalen, europäischen oder gar globalen Staat überfordere («Staatsversagen»). Außerdem müßten politische Entscheidungen näher an die Betroffenen herangebracht werden, anstatt gar an einen bürgerfernen Weltstaat delegiert zu werden. Dies solle zugleich die Tatsachenbasis der Politik optimieren, indem man auf Wissen und guten Willen der Bürger setze: Letztlich wissen die Bürger doch viel genauer, wie sie Stoffe einsparen, Energie besser verwenden, andere Baumaterialien wählen und flächensparender bauen könnten, als es ein Nationalstaat oder gar eine ferne Weltföderation je verordnen könnte. Zudem werde die Akzeptanz gerade des Nachhaltigkeitsziels zunehmen, wenn die Bürger das Gefühl hätten, «selbst entscheiden zu können». Zudem erspare man sich so den oft schwierigen Vollzug von Ge- und Verboten. Es geht mit alledem ergo um jene die letzten Jahrzehnte beherrschende Forderung nach «weniger Bürokratie», «weniger Politik» – auch bei der Nachhaltigkeit. Diese Denkweise zweifelt die Notwendigkeit z. B. von Ordnungsrecht, national oder global, also stark an.

Selbstregulierungs- und Prozeduralisierungsfreunde unterstellen häufig gar, daß es «unter heutigen Bedingungen» überhaupt an einer Steuerbarkeit der «Systeme Wirtschaft und Technik» durch Recht und Politik fehle (*Steuerbarkeitsproblem*). Oft steht dahinter eine systemtheoretische Theorie im Gefolge Niklas Luhmanns. Sie würde für unseren Fall in etwa folgendes sagen: Jedes soziale System reagiere nur auf seinen eigenen binären Code, im Falle der Wirtschaft z. B. «zahle/nicht zahle». Damit sei es für die Systeme Recht und Politik, die in den Codes «Recht/Unrecht» bzw. «Regierung/Opposition» dächten, kaum erreichbar. Darum wären Ordnungsrecht, Ökosteuern u. ä. letztlich sinnlos. Dies wird mit einer konstruktivistisch-subjektivistischen Erkenntnistheorie «belegt»: Alle sozialen Systeme seien vollständig auf sich selbst bezogen; denn Tatsachen und Normen seien eben immer nur subjektiv bzw. «Konstruktion». Deswegen könnten sich Menschen und eben auch «Systeme» untereinander kaum verständigen – weswegen politische Lösungen von Konflikten kaum möglich seien.

Zutreffend ist daran sicher, daß die Komplexität und Dynamik moderner Technik die Steuerung erschwert, ebenso wie die Globalisierung der Wirtschaftskreisläufe. Wenn nun eine weltföderative Steuerungsebene dazukommt, hat sie außerdem das Problem, ein riesiges Problemfeld für ihre Regulierungsmaßnahmen vor sich zu haben. Trotzdem erscheint der systemtheoretische Grundansatz als außerordentlich zweifelhaft. Zunächst einmal: Die alte ordnungsrechtliche Steuerung ist wenigstens auf europäischer und nationaler Ebene *teilweise sehr wohl* erfolgreich. Man denke nur an die Reduktion bestimmter Luft- und Wasserschadstoffe in den letzten 30 Jahren. Auch im Baurecht, im Straßenverkehrs- oder im Ausländerrecht hat man bisher nicht den Eindruck, daß die staatliche Konfliktlösung quasi inexistent ist. Und auch wenn jetzt z. B. ein globales Parlament Schadstoffgrenzwerte vorgeben würde – um ein Ökodumping mit wechselseitiger Unterbietung der Staaten in puncto Lebensgrundlagenschutz zu verhindern –, sehe ich prima facie nicht, warum die Durchsetzung per se unmöglich sein sollte. Selbst wenn z. B. Unternehmen nur auf «Geld» und nicht auf «Recht» reagieren würden, blieben sie steuerbar: Denn die Nichtbefolgung einer ordnungsrechtlichen Sanktion ist ja auch ein Kostenfaktor durch Bußgelder, Betriebsschließungen usw. Zudem kann man ja auch mit Ökosteuern – also mit *Geld* – politische Steuerung betreiben.

Des weiteren ist die spiegelbildliche These, daß Selbststeuerung ihrerseits erfolgreicher wäre, zweifelhaft. So hat man bisher eher schlechte Erfahrungen mit Selbstverpflichtungen gemacht – die sich eher anspruchslose Ziele setzen, soweit nicht das «freiwillig selbstgesteckte» Ziel durch «business as usual» erreichbar ist oder ein starkes Eigeninteresse und eine hohe Homogenität des Wirtschaftszweigs vorliegt. Ebenso sind die Ankündigungen von Konzernen, künftig auf Kinderarbeit in armen Ländern zu verzichten, oft nur ein verbales Feigenblatt, dem kein reales Handeln folgt. Beispiel: Die deutschen Selbstverpflichtungen zum Klimaschutz werden von Regierungs- und Medienvertretern als Erfolgsgeschichte gepriesen. In Wirklichkeit schaffen sie jedoch keine Klimaentlastung, denn sie sehen (anders als das Kyoto-Protokoll, welches noch bescheidenere, aber immerhin «absolute» Reduktionszahlen vorgibt) nur Klimagasreduktionen pro Produkt vor. Das bedeutet, daß bei steigender Produktion, also bei Wirtschaftswachstum, wie es die Industrie ja stets erstrebt, gerade keine Klimagassenkung stattfindet. Zudem wird die Gesamtkalkulation durch Einbeziehung des DDR-Industriezusammenbruchs massiv schöngerechnet. All dies erschüttert die Selbstregulierungseuphorie empirisch. (Hier liegt übrigens ein schwerwiegender Fehlgriff der deutschen Nachhaltigkeitsdebatte: Alle feiern unsere angeblichen Klimagasreduktionen – und übersehen, daß die Prozentzahlen eben überwiegend schöngerechnet sind.)

Davon einmal abgesehen, ist auch die konstruktivistische Erkenntnistheorie, von der das Unsteuerbarkeitstheorem abhängt, falsch. Systemtheoretiker glauben ja, soziale Systeme agierten in völliger Selbstreferenz und Abgeschottetheit, weil der menschliche Erkenntnisapparat sowohl Tatsachen als auch Normen nur «subjektiv konstruieren» könnte. Und diese Skeptikerthese ist eben falsch (Kap. I D., II). Des weiteren erscheint auch der systemtheoretische Ausgangspunkt, der «Systeme» als die eigentlichen sozialen Akteure sieht, als ziemlich merkwürdig. Es sind stets konkrete Menschen, die ein effektives Gesetz machen oder auch nicht, die es effektiv anwenden oder auch nicht, die sich ihm beugen oder auch nicht usw. – mögen menschliche Handlungen auch komplex, verflochten und hochaggregiert sein. Das gilt auch im Zeitalter der Globalisierung, und es gilt auch für eine Weltföderation. Wenn etwa global die Steuerung scheitert, hängt auch dies am Verhalten und am Willen konkreter Menschen. Damit ist man aber nicht mehr bei einem Steuerbarkeits-, sondern bei einem *Motivationsproblem* – also bei unser aller Unwillen, mit der Nachhaltigkeit wirklich ernst zu machen, die uns vielleicht recht ungemütliche Transformationsprozesse abnötigt. Sind es denn wirklich «die Umstände», die uns hindern, auf globaler Ebene wie auch «zu Hause» zu einer wirksamen Nachhaltigkeitspolitik zu gelangen – oder ist es nicht eher unser latenter Unwillen, sich mit bestimmten vermeintlich unbequemen, ungewohnten und womöglich teuren Innovationen zu arrangieren?

In einem Punkt haben die Systemtheoretiker allerdings recht: Die bisherige Durchsetzung des *Nachhaltigkeits*ziels war national und global eher wenig erfolgreich, egal mit welchen Instrumenten (Kap. I). Nur werde ich dafür gleich eine ganz andere, an den Topos

Motivationsproblem anknüpfende Ursachenanalyse anbieten – die dann nicht unbedingt zur Selbstregulierung als Abhilfevorschlag führt. Vorher ist aber noch eine andere theoretische Strömung zu erwähnen. Viele machen nämlich primär das immer dünner werdende Wissen der Politik in einer technisch und wirtschaftlich komplexen globalisierten Welt für Steuerungsmängel verantwortlich (*Wissensproblem*). Sie empfehlen dann schlicht «mehr Bürgerinformation» in puncto Nachhaltigkeit. In der Tat ist nun das Wirtschafts- und Umweltrecht mit zahlreichen zersplitterten Rechtsnormen, umfangreicher Rechtsprechung und Industrienormen, ständigen Gesetzesänderungen usw. nicht immer leicht zu überschauen. Auch die «Nachhaltigkeitstatsachen» sind oft unklar, beispielsweise wenn es um die Kumulations- und Langzeitwirkungen von Schadstoffen oder Klimagasen geht. Trotzdem drängen sich folgende Fragen auf: Ist es nicht eher so, daß wir vieles scheinbar gar nicht erst wissen *wollen*? Es ist eine alltägliche und letztlich banale Erkenntnis, daß der Grad des Interesses an einer Angelegenheit maßgeblich determiniert, ob man sie sich aneignet, mitgeteilte Information behält bzw. sich ggf. welche beschafft – zumal wir in einer «Wissensgesellschaft» leben, die so viel weiß wie niemals zuvor in der Menschheitsgeschichte. Wissen wir wirklich nicht, daß Urlaubsfernreisen, ständige Autofahrten und Wegwerfprodukte das Klima und die stoffliche Basis menschlicher Existenz schwer belasten und ergo nicht sonderlich zukunftsfähig sind? Angesichts eines Übermaßes von Fernsehsendungen, ständiger Zeitungsartikel, Internetinformationen, Informationsbroschüren und herzzerreißenden Büchern (in Millionenauflagen) über das Elend der Dritten Welt, über den Klimawandel und über die «Umweltkrise» kann man nicht glauben, daß wir die grundlegenden Tatsachen allen Ernstes nicht kennen. Abgesehen davon kann man z. B. Klimaschutz auch dann betreiben, wenn man seine Folgen noch nicht in jeder Einzelheit kennt. Somit deutet vieles darauf hin, daß ein angebliches Wissens- ebenso wie ein Steuerbarkeitsproblem nur deswegen zum Problem wird, weil bei den meisten von uns eine Motivationslage vorherrscht, die der Nachhaltigkeitsidee vielleicht mit verbaler Zustimmung, letztlich aber doch innerer Reserve begegnet. Damit aber sind wir beim avisierten Motivationsproblem und nicht bei einem Wissensproblem.

Wenn aber unsere Motivationslage faktisch über den Erfolg politischer Steuerung entscheidet, ergibt sich: Eine nationale, europäische oder globale Nachhaltigkeitspolitik durch Selbstregulierung, flexible Freiräume oder bloßes Anbieten von Informationen könnte nur dann Erfolg haben, wenn die Motivationslage bei Behörden, Unternehmen und Bürgern ohnehin günstig ist. Und daß sie das ist, ist nach dem eben Gesagten, nach dem Eingangsbefund aus Kap. I A. und nach den theoretischen Überlegungen aus Kap. VI A. außerordentlich zweifelhaft. Im folgenden möchte ich dies weiter erhärten und von dort aus zu meinem eigenen Vorschlag von Nachhaltigkeitspolitik kommen (der stärker auf ein modernisiertes Ordnungsrecht, Ökosteuern und einen klar regulierten Wettbewerb setzt). Menschen handeln ja aus einer Mischung aus Kosten-Nutzen-Denken, Konformität, Gefühlen und begründeter Überzeugung. Nun ist aber der Eigennutzen meist der *stärkste* Handlungsantrieb (wenngleich nicht der alleinige). Darum werden sich die Antriebe Konformität, Gefühl oder normative Rationalität tendenziell nur dann gegen einen starken gegenläufigen Eigennutzen behaupten können, wenn sie ihrerseits sehr ausgeprägt sind. So kann z. B. von auf Gewinnerzielung ausgerichteten Unternehmen, die sich am ökonomisch-kurzzeitorientierten Markt behaupten müssen, kaum angenommen werden, daß sie ein drängendes Interesse an *langfristigen* und *globalen* Gerechtigkeitszielen haben – von einer gewissen Imagepflege und ganz offenkundig kostensparenden Ressourceneffizienzmaßnahmen (Energiesparbirnen; und selbst die werden oft nicht genutzt) abgesehen. Und auch die etwaigen mittelfristigen Vorteile einer Effizienzrevolution erscheinen aus Unternehmenssicht letztlich unsicher – und auch einfach unattraktiv, wenn dahinter unvermeidlich die Suffizienz lauert. Darum kann von Unternehmensseite tendenziell kaum große Begeisterung für echte Nachhaltigkeit erwartet werden – oder gar für freiwillig-selbstregulative «nachhaltige» Aktivitäten. Auch von einer Weltföderation, die allen Unternehmen weltweit gleiche Chancen eröffnet, hätte ein westliches Unternehmen, das sich ja momentan in einer Position der Stärke befindet, erst einmal nichts. Vielmehr hat der heute Starke eher ein Interesse an global offenen Märkten und wenig Vorgaben.

Ein Beispiel: Natürlich ist es für multinational agierende Sportfirmen kosten-nutzen-attraktiv, nämlich verkaufsfördernd, wenn sie verkünden, sie würden in Entwicklungsländern «freiwillig» bestimmte ökologische Standards einhalten. Man kann auch plausibel annehmen, daß die Vorstände solcher Firmen durchaus den inneren

Wunsch haben, moralisch gute Menschen zu sein und nicht als «Lump» dazustehen (wobei dieser Wunsch der Konformität, der inneren Überzeugung und dem Gefühl gleichermaßen geschuldet sein mag). Niemand möchte sich gern vorstellen, daß in den eigenen Fabriken in China Arbeiter mutwillig durch gefährliche Chemikalien in der Sportartikelproduktion vergiftet werden. Vielmehr möchte man abends nach Hause kommen, seine Kinder sehen und denken: «Eigentlich ist es ganz in Ordnung, was ich so mache.» Dies bleibt in der auf Hobbes zurückführenden Rational-Choice-Theorie, die den Menschen als nur eigennutzengelenkt sieht, unterbelichtet. Und genau darum braucht die Nachhaltigkeit gute Gründe, die uns eben wenigstens z. T. faktisch prägen – und wie wir sie in Kap. III fanden. Nur ist echte Überzeugung *allein* oft nicht stark genug – weswegen bloßes «Wissen» uns nur zur Nachhaltigkeit bekehren wird, wenn diese ohnehin im eigenen Interesse liegt, also z. B. wenn ein Unternehmen durch Ressourceneffizienz Geld sparen kann. Wenn aber der Chemikalieneinsatz (und eine Arbeitszeit von 16–18 Stunden pro Tag) den Warenabsatz fördert, setzt sich das Eigeninteresse als Handlungsantrieb wohl überwiegend durch. Das gilt um so mehr, als man den Kosten-Nutzen-Vorteil «gutes Image bei den Käufern» schon durch die bloße Behauptung gegenüber dem europäischen Kunden, man verhalte sich korrekt, eingeheimst hat, ob man sich nun daran hält oder auch nicht.

Das bloße Hoffen auf Selbstregulierung impliziert also Steuerungsdefizite – besonders im intertemporalen und globalen Konflikt mit der dort besonders ungünstigen Motivationslage. Dieser gesamte Gedankengang gilt natürlich erst recht, wenn alle Beteiligten maximal unbürokratisch sogar auf eine Selbstregulierung verzichten und einfach hoffen, daß Nachhaltigkeit ganz von selbst entsteht. All dies ist übrigens keine pauschale Konzernkritik oder eine neomarxistische, in der Globalisierungskritik zu neuen Ehren gelangende Projektion zu Lasten «der Wirtschaft». Denn zum einen ist unsere ökonomische Ordnung ja auch ursächlich für unsere durchaus sehr hohe Lebensqualität, die historisch ihresgleichen suchen dürfte. Dies sei stets betont. Zum anderen sind am Wirtschaftskreislauf auch einfach *wir alle beteiligt*, so daß man schlecht mit dem Finger auf «die da» zeigen kann. Denn: Was auf den Markt kommt, wird durch das Unternehmensangebot bestimmt, aber auch durch die Verbrauchernachfrage. Eine Sportfirma braucht immer auch

Kunden, die ihre Produkte kaufen, die jedes Jahr zehn neue T-Shirts, ein paar nette Turnschuhe, einen schicken Skianzug usw. wollen – und die all das schnell und billig wollen und dabei oft lieber nicht fragen, unter welchen Umständen die Produktion ablief. Und diese Kunden sind wir alle. Natürlich ist es beschaulich und angenehm, sich vorzustellen, daß wir alle lauter nette Dinge tun, uns selbst strenge normative Regeln geben und uns überhaupt in jeder Hinsicht «nachhaltig» verhalten, wenn man uns nur genügend Freiraum läßt. Selbstredend wäre es schön, wenn wir, sobald der Staat nur genügend Wissen bereitstellt, alle nur noch Bioprodukte und fair gehandelte Dritte-Welt-Produkte kaufen würden. Doch ist dies empirisch leider irreal; das zeigt schon der marginale Absatz von Bio- und Fair-Trade-Waren.

Auch ohne «Bereitstellung von mehr Informationen» ist es absolut evident, daß mehrere Flugfernreisen jährlich, die tägliche Autofahrt zur Arbeit und die Südfrüchte im tiefsten Winter einen Lebensstil verkörpern, der weltweit und intergenerationell nicht durchhaltbar ist – der also *nicht nachhaltig* ist. Trotzdem tun wir all das mehr oder minder ständig. Es mag sogar sein, daß ich ein Mensch bin, der von Nachhaltigkeit aus guten Gründen überzeugt ist, und daher gewillt bin, ganz anders zu leben. Wenn dann aber meine Partnerin (bzw. mein Partner) sagt, daß sie im lausig kalten Februar doch unheimlich gern mal schnell eine Woche nach Ägypten fliegen möchte, um sich mal so richtig etwas Gutes zu tun – was mache ich dann? *Natürlich* fahre ich! Und warum? Erstens aus Konformität: Wer in dieser Situation nicht fährt, ist in der westlichen Welt womöglich ein Sonderling und muß mit sozialer Distanz oder gar Ablehnung rechnen. Zweitens aus emotionalen Motiven: Die Bindung an einen geliebten Menschen ist im Zweifel allemal stärker als meine normativen Überzeugungen. Drittens aus instrumentell rationalen Erwägungen: Wenn ich die Reise ablehne, entgeht mir etwas Schönes, und außerdem bekomme ich noch Ärger mit meiner Partnerin, weil ich ein Prinzipienreiter bin. Wobei man diese gesamte Analyse auch in die Terminologie «ökonomische/biologische/kulturelle Handlungsmotive» übersetzen könnte. Als biologische – häufig natürlich kulturell überformte – Faktoren kämen etwa der Wunsch nach Bequemlichkeit, der Drang nach Anerkennung und die tendenzielle Kurzzeitorientierung der meisten Menschen zum Tragen.

Wer trotz alledem auf Selbstregulierung usw. hofft, erhöht zudem die Gefahr des sogenannten Trittbrettfahrens, das auftritt, wenn die Akteure ein Ziel wie die Nachhaltigkeit zwar ganz abstrakt billigen, ihm aber selbst keine Opfer bringen wollen. Trittbrett- bzw. Freifahren bedeutet ganz allgemein die kostenlose Mitbenutzung einer von Dritten erbrachten Leistung. Es besteht darin, von einer Regelbeachtung anderer Menschen zu profitieren, ohne sich selbst an diese Regel zu halten. Anders ausgedrückt: Von einem reinen Kosten-Nutzen-Standpunkt aus (der insoweit dem Menschen evolutionsbiologisch naheliegen mag) ist es sinnvoll zu hoffen, daß andere Menschen Klima und Ressourcen schonen und sich Beschränkungen auferlegen – daß man selbst aber darum herumkommt. Dann kann man hoffen, die Schonungs-Folgen zu genießen, ohne sich selbst Restriktionen unterwerfen zu müssen. Bildhaft gesprochen: Wer die anderen überredet, mit dem Bus zur Arbeit zu fahren, selbst aber sein Auto nutzt, profitiert trotzdem von der besseren Luft – und wer andere Unternehmen von Klimagaseinsparungen überzeugt, selbst aber nicht spart, hat sogar noch einen Wettbewerbskostenvorteil. Nur ist ein solches Verhalten eben für alle und nicht nur für einen selbst egoistisch-rational. Deshalb kommt es am Ende zur berühmten Allmendetragik: Am Ende kaufen *alle* ein Auto und ein Haus auf der grünen Wiese und sind alle gegen eine höhere Mineralölsteuer. Besonders wenn es um langfristige Schäden (Klima z. B.) geht, weiß jeder heute Handelnde: Die Allmendetragik spüre nicht ich, sondern sie bleibt an anderen, z. B. jungen und künftigen Menschen, hängen.

Die analoge kosten-nutzen-orientierte – also wiederum nachhaltigkeitsabträgliche – Motivationsstruktur ist allerdings nicht nur für Unternehmen und Bürger, sondern auch für Behörden wahrscheinlich (und zudem empirisch gut bestätigt, wobei wir hier mangels globaler Instanzen von nationalen und europäischen Behörden reden): Die Ämter adaptieren oft aus einem Interesse an Arbeitsplätzen und Wirtschaftswachstum in der Region, an ihrer beschränkten «eigentlichen Aufgabe» (z. B. Straßenbau), an hohen Gewerbesteuereinnahmen und an einem ungestörten Arbeitsgang die Interessenlage der Unternehmen. Dies erzeugt im Okzident wie auch in südlichen Ländern eine Bereitschaft, selbst manifeste Gesetze sozialer oder ökologischer Art nicht gegen die Unternehmen durchzusetzen, sondern beide Augen zuzudrücken. Dabei können auch wahltaktische Erwägungen z. B. der kommunalen Leitungsorgane (Bürgermeister) eine Rolle spielen, die meist vor allem die «guten Wirtschaftsdaten» für wahlentscheidend halten. En passant zeigt dies freilich, daß auch mit weltföderativen Gesetzen nur dann etwas gewonnen ist, wenn entweder die Behörden weltweit einen gleichmäßigen Vollzug bewirken – oder wenn weitgehende Klagerechte der Bürger bestehen, um die Behörde vor den meist unparteiischeren Gerichten zum Handeln zu zwingen. Solche Klagerechte habe ich andernorts mehrfach untersucht (siehe den Hinweis in Kap. I A.).

Die identische Motivationsstruktur dürfte sich aber auch in Parlamenten und Regierungen finden – was zugleich die Schwäche der offiziellen Nachhaltigkeitspolitik erklärt. Politiker sind sicher keine besonders bösen Menschen, wie der Stammtisch zu wissen glaubt. Aber sie sind schlicht wie wir alle – nur richtet sich das Kosten-Nutzen-Interesse von Politikern meist schlicht auf Wiederwahl. Darum bedient man sich gerade im europäischen Umweltrecht gern einer «symbolischen Politik» («Ziele top, Instrumentierung na ja, Vollzugssicherung Flop»); so gewinnt man oft umweltinteressierte Wähler und ökonomisch im Wettbewerb stehende Unternehmen inklusive ihrer Arbeitnehmer zugleich. Noch populärer ist Selbstregulierung, die ja den «mündigen Bürger» stärkt und «Bürokratie vermeidet». In diesem Sinne verkauft die Bundesregierung die Klimaselbstverpflichtungen der Industrie als großen Erfolg – obwohl man von einem Erfolg für den Klimaschutz kaum sprechen kann. Man kann diese Politikerstrategie zugleich als Konformität mit dem Vorfindlichen (dem monopolistisch vermachteten Markt und dem herkömmlichen ressourcenintensiven Lebensstil) und als emotionale Akzeptanz alter Werte deuten (z. B. Fortschritts- und Wachstumsdenken) – aber eben auch als wahltaktisches Kosten-Nutzen-Denken: Künftige, junge und weit entfernt lebende Menschen sind schlicht keine Wähler. Und die lebenden (eigennützig denkenden) Wähler honorieren Langzeitüberlegungen oft nicht. Selbst der politische Kampf für eine Weltföderation, die diesen Teufelskreis Politiker/Wähler durchbrechen könnte, ist für Politiker egoistisch unattraktiv, weil man damit ja Macht abgeben müßte. Andererseits sollte man die Offenheit für gute Gründe (auch) bei Politikern nicht völlig leugnen. Zudem könnten gebündelte Wahltermine, konsequente Gerichte, ein restringierter Föderalismus und ergänzende

«Nachwelträte» förderlich wirken, indem sie die Chance, daß gute Gründe Gehör finden, stark erhöhen (Kap. IV, V).

Man kann all dies auch so ausdrücken: Bei allen Akteuren wirken ökonomisch-politische Bedingungen mit biologischen Eigenschaften des Menschen wie Kurzzeitorientierung, Narzißmus, Existenzsicherung, Streben nach Anerkennung (Wiederwahl!) zusammen. Natürlich spielt dabei auch die mehrfach erwähnte, wohl biologisch angelegte Neigung zur Verdrängung eine entscheidende Rolle: Wir tun einfach so, als wäre alles prima – und leugnen die Dinge, die uns das Gegenteil beweisen. Daneben treten kulturelle Hintergrundwerte, wobei alle Faktoren in einem komplexen Wechselwirkungsverhältnis stehen. Leider wirken sich diese Faktoren alle eher ungünstig auf unsere Bereitschaft zur Nachhaltigkeit aus. Bei alledem sollten wir, auch unabhängig von der Nachhaltigkeit, dem Streben vieler Soziologen und Biologen nicht nachgeben, menschliche Handlungsmotivationen auf *einzelne* dieser Faktoren zu verengen, z. B. nur «die Gene».*

Allein die moralische Überzeugungskraft des Ziels Nachhaltigkeit und der in ihm beschlossenen Rechte junger, künftiger und weit entfernt lebender Menschen wird diese komplexe emotionale und kosten-nutzen-maximierende Struktur nur schwer überwinden können, auch wenn wir diese Überzeugungskraft dringend brauchen (um allererst begründete Ziele zu identifizieren *und* etwaige nachhaltigkeitsaktive Steuerungsinstanzen sodann vor postwendender Abwahl zu bewahren). Menschen sind eben nicht zuletzt eigennutzenorientiert. Und Nachhaltigkeit – dies wird im aktuellen Nachhaltigkeitsdiskurs pausenlos verkannt – ist eben nicht durchgängig «eigennützig». Deswegen ist auf den «mündigen Konsumenten», auch wenn ich ihn hinreichend mit Wissen füttere, keinesfalls per se Verlaß. Ebensowenig Verlaß ist aber – auch wenn speziell die Kirchen dies immer noch hoffen – auf den bloßen moralischen Appell zur Verhaltensänderung, solange dieser Appell nicht in kon-

* Also: Weder Gen-Fatalismus («Hobbes») noch – zudem normativ totalitärer – Welterziehungsdrang («Rousseau»). Zudem treten die ökonomisch-politischen, biologischen und kulturellen Aspekte als meine eigenen Verhaltensantriebe in Erscheinung – *und* als die Verhaltensantriebe anderer Menschen, auf die man in der konkreten Situation trifft und die sich womöglich zu einer «Institution» oder «Struktur» verfestigen, auch wenn eine solche kollektivierende Wortwahl von den individuellen Verantwortlichkeiten abzulenken droht.

krete Steuerungsinstrumente übersetzt wird, die das moralisch-verfassungsrechtlich gebotene Verhalten sodann auch eigennützig ratsam erscheinen lassen (z. B. Ökosteuern). Damit wird eine nationale, europäische und globale Strategie «Nachhaltigkeit durch Selbstregulierung» fragwürdig – wo sie doch auf eine gute Motivationslage angewiesen ist. Das schließt nicht aus, daß man vereinzelt doch einmal so steuern kann, z. B. auch mit dem Faktor «Information». So können öffentliche Zugangsrechte zu Umweltinformationen (wie z. B. dem Schadstoffausstoß von Fabriken), wie sie die EU 1990 geschaffen hat, insoweit interessant sein, als die durch sie bewirkte Transparenz die Motivation in Verwaltung und Unternehmen steigert, etwaige nachhaltigkeitsfördernde Gesetze auch wirklich umzusetzen. Dann ist die «weiche» Steuerung aber nur ein Hilfsmittel für etwas ganz anderes: für eine ordnungsrechtliche Steuerung durch klare Spielregeln.

Dagegen wird nicht nur reine Selbstregulierung und reine Steuerung durch Informationen, sondern auch eine reine Verfahrenssteuerung ungünstige Motivationslagen kaum neutralisieren. Dies zeigen beispielsweise die europäischen Erfahrungen mit der Umweltverträglichkeitsprüfung (die irritierenderweise gerne als «positives Beispiel für prozedurale Regeln» bemüht wird). Die UVP ist eine Verfahrensvorgabe, die quasi ohne inhaltliche Anforderungen Untersuchungsschritte vorgibt, in denen bei Großprojekten die Umweltauswirkungen ermittelt und diskutiert werden müssen. Sie regelt also etwa, wer an welchem Verfahren zu beteiligen ist (auch Umweltverbände). Doch hat dieses Instrument bisher kaum ein Vorhaben nennenswert ökologisch beeinflußt, etwa in dem Sinne, daß eine Straße kleiner dimensioniert geplant worden wäre. Bloße prozedurale Regeln lassen nachhaltigkeitsabträglichen Kosten-Nutzen-Erwägungen und Emotionen einfach zuviel Spielraum, indem das Ergebnis z. B. der Verwaltungsentscheidung eben nicht klar vorstrukturiert wird, sondern vollkommen offen ist. Das führt dann aber dazu, daß der jeweils Stärkere sich im «Diskurs» durchsetzt. Und die reale Verhandlungsmacht von großen Konzernen ist z. B. der von Umweltverbänden klar überlegen. Zudem können ehrenamtlich arbeitende Umweltverbände stets nur an wenigen ausgewählten Gesetzgebungs- und Verwaltungsverfahren partizipieren – wie überhaupt Umwelt- und Gesundheitsinteressen meist weniger organisierbar als Industriebelange sein und aus finanziellen Gründen über weniger Fachleute verfügen werden. Leider werden Beteiligungsrechte für NGOs trotzdem von vielen in nachgerade grotesker Weise – die bare Unkenntnis der realen NGO-Abläufe vermuten läßt – zum Hauptwahrer der Nachhaltigkeit stilisiert.

Natürlich ist die Partizipation an Diskursen die Grundlage aller liberalen Gerechtigkeit (Kap. II C.). Gleiches gilt für Transparenzregeln – die man z. B. für Parteien und Abgeordnete noch ausweiten sollte, um Einflüsse offenzulegen und damit bestimmten Kräften, die das Licht scheuen, das Wasser abzugraben (erst recht in einer naturgemäß unübersichtlichen Weltföderation). Verfahren ist wichtig! Wir sahen aber schon in der Gerechtigkeitstheorie, daß die Gerechtigkeitsfindung und die wechselseitige Freiheitsbegrenzung *als rein prozedurale* ohne inhaltliche Normen nicht möglich sind. Dies ergab sich daraus, daß das «reine Verfahren» keine optimale Sicherung unserer Diskurse und unserer Freiheit und Autonomie bietet. Warum war das so? Weil wir mit «bloßen Verfahrensregeln» unseren Mitmenschen zuviel Macht über uns lassen, was eben nur dann ungefährlich wäre, wenn diese durchgängig sehr guten Willens wären. Die Erkenntnisse der nunmehr entwickelten Handlungstheorie zeigen, daß die oben vorausgesetzte empirische Hintergrundannahme zutrifft: Menschen begegnen sich eben häufig auch mit Gleichgültigkeit, mit reiner Eigennutzenorientierung oder gar bösem Willen. In dieser Welt, wie sie eben ist, wird darum politische Steuerung «nur durch Verfahren» nicht gelingen, ebensowenig wie durch Selbstregulierung oder «Information».

Der obige Rückbezug erinnert freilich daran, daß wir mit dem Ziel Nachhaltigkeit ja die Gerechtigkeit und die Verfassung durchsetzen wollen. Damit ist der Bogen dahin gespannt, daß die Wahl der besten Steuerungsform nicht nur eine Steuerungsfrage, sondern auch eine Frage wahrer, wechselseitiger und folgenbewußter Freiheit ist. Und Freiheit ist ja nicht nur die Freiheit des Wirtschaftenden bzw. des «Umweltnutzenden» (auch wenn jene Sichtweise in Deutschland wie überhaupt in der altliberalen Theoriebildung bis hin zur verfassungsgerichtlichen Judikatur verbreitet ist). Vielmehr existieren ja auch die Freiheitsrechte auf Leben, Gesundheit und Existenzminimum – auch für junge und künftige Menschen sowie für diejenigen, die weit entfernt von uns leben. Und diese multipolaren, sich wechselseitig begrenzenden Freiheiten binden den Nationalstaat, die Kontinentalebene (z. B. die EU) und die zu gründende

Weltföderation. Das schließt auch die Freiheitsvoraussetzungen ein, die im klassischen Liberalismus stets vergessen werden. Und all diese Belange gehen in einer selbstregulativ-prozedural-informationellen Strategie tendenziell unter. Damit ist jene Strategie nicht nur ineffektiv, sondern auch ungerecht und verfassungsrechtlich fragwürdig. Umgekehrt wäre eine klare Normierung nationaler, europäischer und globaler Spielregeln der Nachhaltigkeit mitnichten einfach freiheitseinschränkend. Sie wäre vielmehr gerade auch freiheitsschützend. Die liberale Demokratie dient eben dazu, die höchst unterschiedliche Macht der Bürger zu neutralisieren und unparteiische Konfliktlösungen zu ermöglichen; am klarsten geschieht dies durch allgemeine Spielregeln. Das gilt auch für eine Weltföderation. Es ist doch aber gerade der Sinn von Staatlichkeit und Recht – womit wir zu Kap. I A. zurückkehren –, in sozialen Konflikten einen wechselseitigen und unparteiischen Freiheitsausgleich herzustellen. Und das Parlament als Vertretung des Volkes als Souverän soll dafür das wichtigste Organ sein (auch wenn es, wie man in Kap. V sah, nicht über beliebige Spielräume verfügt). Und dies ist ja auch der Grundgedanke einer Weltföderation, gerade im Zeichen der Nachhaltigkeit. Machen die Parlamente auf nationaler, europäischer und globaler Ebene keine oder nur prozedural-informationelle Vorgaben, liegt dagegen viel Macht bei der Verwaltung und einzelnen mächtigen Privaten wie z. B. multinationalen Konzernen. Und so darf es nicht sein. Eine strikte Durchsetzung der Nachhaltigkeitsidee ist dagegen keinesfalls paternalistisch. Sofern klare Spielregeln im konkreten Fall wirklich erforderlich sind, sind sie vielmehr durch die Freiheit geboten.

Angesichts der bisherigen geringen Erfolge der Nachhaltigkeitspolitik (Kap. I A.) und der weitreichenden Nachhaltigkeitsgebote aus Gerechtigkeit und Verfassung (Kap. III, V) ist die nationale und globale Politik definitiv verpflichtet, ihre bisherige politische Steuerung nachzubessern.* Ich führe die Gerechtigkeitsmängel der bisherigen legeren Nachhaltigkeitspolitik noch einmal an einem Beispiel vor Augen: Das Junktim von Freiheit und Handlungsfolgenverantwortlichkeit gebietet, daß bis auf vereinzelte Ausnahmen stets den

* Man bedenke noch einmal die Ebenen: Die Politik ist zur «Gerechtigkeitsdurchsetzung» verpflichtet. Und «schwierige Durchsetzbarkeit» als solche ist nie ein Argument gegen Gerechtigkeitsgebote (außer bei völliger Unmöglichkeit).

frei Handelnden die Folgen seiner Handlungen treffen müssen. Angesichts der niedrigen Sätze der deutschen Ökosteuer z. B. und der insgesamt schwachen Verhaltenslenkung in der Energiepolitik darf füglich bezweifelt werden, ob die zu erwartenden Klimaschäden durch die Sätze adäquat repräsentiert werden. Zudem wird ein Klimawandel nicht nur materielle Werte schädigen. Vielmehr werden vermehrte Kreislauferkrankungen usw. Menschen an Leben und Gesundheit treffen. Es ist sehr zweifelhaft, ob diese Folgen bisher den Verursachern adäquat vor Augen geführt werden. Es wäre hier irreführend zu glauben, die Globalisierung werde alle diese Probleme von selbst lösen. Nicht einmal das globale Armutsproblem hat die Globalisierung bisher gelöst. Vielmehr ist nach der Datenlage eher unklar (und zudem, da es um hypothetische Verläufe geht, auch schwer zu ermitteln), ob die bisherige wenig regulierte Globalisierung insgesamt mehr Armut beseitigt oder geschaffen hat.

Ignoriert man all dies, bleibt es beim «Recht des Stärkeren» – und dieses ist keineswegs durch einen genuinen Vorrang der wirtschaftlichen Freiheiten gedeckt, denn ein solcher Vorrang existiert nicht. Selbstregulative und prozedurale Ansätze beruhen ergo tendenziell auf einer Gerechtigkeitskonzeption, die keine modern-liberale ist. Vielmehr weisen solche Ansätze Affinitäten zu skeptizistischen und wirtschaftsliberalen (inklusive systemtheoretischer) Konzeptionen auf. Eine wechselseitige Freiheitsbegrenzung stellt sich eben nicht naturwüchsig ein, wenn man die entwickelte Handlungstheorie zugrunde legt. Sie muß deshalb durch eine unparteiische Instanz hergestellt werden – ebenso wie die Zurechnung der Handlungsfolgen zu unseren freien Handlungen (= Junktim von Freiheit und Verantwortung). Die damit nochmals memorierten guten Gründe für die Nachhaltigkeit sichern nicht nur die grundsätzliche Verfassungsmäßigkeit politischer Vorgaben. Sie eröffnen den Normadressaten und Bürgern zugleich den Weg zu einer rationalen Akzeptanz vorgeblich freiheitsbeschränkender Regeln. Dagegen kann Selbstregulierung allenfalls auf Begeisterung bei den *Begünstigten* hoffen, und auch das nur dann, wenn diese klassisch-liberal denken und gegenläufige Freiheiten anderer ausblenden – die Akzeptanz der Geschädigten wird sie nicht erlangen. Aus all den inzwischen genannten Gründen problematisch ist auch die Idee eines «flexiblen» Rechts, welches anstelle echter Selbstregulierung und Wettbewerbsorientierung einfach den Behörden mehr Macht gibt, indem Gesetze stärker «generalklauselartig» formuliert werden. Spielräume werden eben gerade nicht nachhaltigkeitskonform genutzt. Zudem erhalten die Behörden hier problematisch viel Macht, und die Unparteilichkeit der Politik wird zugunsten obskurer Einzelfallvergünstigungen – übrigens auch auf Kosten anderer Wettbewerber – reduziert.

C. Mehr Freiheit, Gerechtigkeit und Nachhaltigkeit durch klare Spielregeln, ökonomische Mechanismen und regulierten Wettbewerb – nicht aber durch die alte «sozialstaatliche Daseinsvorsorge»

Das pauschale Hoffen auf «wenig Bürokratie» in der nationalen und globalen Realisierung der Nachhaltigkeit vereitelt also gerade die Nachhaltigkeit. Und es vereitelt *allgemein* ein Zusammenleben in wahrer, wechselseitiger und folgenbewußter Freiheit. Dies öffnet das Tor zu einer modern-liberalen, nachhaltigen Konzeption politischer Steuerung in einer national-kontinental-globalen Mehrebenenpolitik. Sie arbeitet mit den Bausteinen «klare Spielregeln», «monetäre Instrumente» und womöglich auch «Wettbewerb». Nur so – unter Einschluß einer Weltföderation für globale Regeln – entsteht ein Rahmen, in dem für jeden einzelnen ein nachhaltiges Handeln auch eigennützig attraktiv wird. Und noch einmal: Dieser gesamte Wandel ist nicht in unser Belieben gestellt: Nachhaltige Freiheit ist vielmehr ein Gerechtigkeits- und Verfassungsgebot. Wenn sich nun freilich *alle* Bürger, Politiker, Unternehmer, Nachwelträte und auch die Verfassungsrichter beharrlich für Verfassungsbruch und Unmoral entscheiden sollten – dann werden wir den entscheidenden ersten Schritt nicht tun. Und diese Situation kann ohne weiteres eintreten. Denn die Motivation der Politik, der Unternehmen, der Behörden und Bürger sind in Wahlperiodendemokratie und Marktwirtschaft teufelskreisartig aneinander gekoppelt. Doch zumindest ist die Wahrscheinlichkeit, daß sich die politische/verfassungsgerichtliche Ebene – also bestimmte Einzelpersonen – zum Handeln entschließt, immer noch erheblich größer, als daß alle Bürger dieser Welt damit einfach gleichzeitig von selbst anfangen. Den Startschuß müßte aber wohl der Druck einer Minderheit aufgeklärter Bürger geben, die Politik und Gerichte antreiben und zugleich möglichst vielen Mitbürgern die guten Gründe vermitteln, die dann einsetzende Nachhaltigkeitspolitik zu akzeptieren.

Wenigstens für «motivationsschwache» Bereiche wie die Nachhaltigkeitspolitik hat nach alledem das «alte» Ordnungsrecht keinesfalls ausgedient. Es ist vielmehr durch Freiheit und Demokratie geboten, national wie auch global – denn allein klare Spielregeln können die Freiheit unter den Bedingungen unserer realen Motivationslage wirksam schützen. Allerdings muß das Ordnungsrecht prinzipiell umgearbeitet werden auf inhaltlich anspruchsvolle und zudem leichter vollziehbare, also spielraumarme und unmißverständliche Regeln. Dies bedeutet aber auch schlicht *mehr* und besser einklagbare Regeln. Nur so, indem man negativen Vollzugsneigungen keine Spielräume gibt und zugleich durch Klagerechte besser motivierte Dritte (Bürgerinitiativen und Gerichte) ins Spiel bringt, bekommt man auch das Motivationsproblem auf Behördenebene in den Griff.

Neben dem Ordnungsrecht kann ergänzend der freie Wettbewerb die Nachhaltigkeit befördern. Denn Wettbewerb in möglichst vielen Wirtschaftsbereichen erzeugt Kostendruck und kann damit zu einer effizienteren Energie- und Ressourcenverwendung anhalten – und dabei den Unternehmen und Verbrauchern trotzdem große Freiheitsspielräume belassen. So wäre z. B. ein echter Wettbewerb (ohne verfälschende Situationen) im europäischen und globalen Agrarmarkt äußerst wünschenswert. Dagegen begünstigt das gegenwärtige EU-System Überdüngung, Grundwasserschädigung, Naturzerstörung und die massenhafte Vernichtung subventionierter Lebensmittel. Man muß aber genau hinsehen. Die Kraft der Konkurrenz auf nationalen und globalen Märkten birgt Chancen und Risiken. Im Grundsatz sind die Effizienz- und Freiheitshoffnungen beim Wettbewerb durchaus berechtigt, allerdings mit zwei Einschränkungen: *Zum einen* muß der Wettbewerb durch strikte Flankierungen und Antikonzentrationsmaßnahmen überhaupt erst einmal ermöglicht werden (u. U. sogar durch eine zu gründende Weltkartellbehörde). Denn Wettbewerb scheitert dort, wo einzelne wirtschaftlich oder politisch Mächtige den Wettbewerb zu ihren Gunsten verzerren und monopolisieren – seien es korrupte Regime in Afrika oder konzernhörige Politiker in Europa, seien es Zölle oder Subventionen (z. B. für den *Export* von EU-Nahrungsmitteln, die bereits in der *Produktion* hoch subventioniert wurden, nach Afrika). Wobei es allerdings für den Aufbau einer wettbewerbsfähigen Industrie nötig sein kann, ärmeren Ländern vorübergehend

Schutzzölle zu erlauben. Nur so verhindert man, daß multinationale Konzerne neue Strukturen in den Entwicklungsländern im Entstehungsstadium niederkonkurrieren. Strikt als wettbewerbsverzerrend zu bekämpfen sind aber alle Formen der Korruption: Denn sie verhindert gerade, daß sich im freien Spiel der Kräfte das beste und preiswerteste Produkt durchsetzt.

Zum anderen kann Wettbewerb nicht alles. Er kann z. B. durch seinen Preisdruck für eine ressourcensparende Stromerzeugung sorgen. Aber er kann, da in Märkten naturgemäß jeder möglichst viel absetzen will, nicht den Energie- und Stoffverbrauch insgesamt senken, wie es durch das Nachhaltigkeitsziel geboten wäre. Denn Wettbewerb im Strommarkt macht zwar die Energieerzeugung effizienter. Zugleich macht Wettbewerb durch den Kostendruck auf die Energieerzeuger Energie aber billiger – was den Mehrverbrauch fördert. Ganz allgemein fressen ferner offene, globale Märkte Transportenergie. Und auch dort, wo der Wettbewerb effiziente Lösungen hervorbringen könnte, wird der Verbraucher oft nicht die Zeit haben, das ideale Angebot zu suchen. Zudem wird er oftmals durch Werbung und Informationsflut irregeführt (hier zeigt sich, daß eine gute staatliche Informationspolitik *ergänzend* durchaus nötig ist, um echten Wettbewerb allererst zu ermöglichen!). Ohne klare Spielregeln führt die globale Konkurrenz in Märkten zudem zum Dumping im Sozial- und Umweltbereich.

Wettbewerb ist also wesentlich, aber er bedarf der Flankierung. Diese aber kann nicht nur das Ordnungsrecht, sondern auch ein monetäres Instrument wie z. B. Abgaben leisten. Sie benötigen, anders als das Ordnungsrecht, keinen großen Vollzugsapparat; sie sind also vollzugsfreundlich. Zudem sind sie wirtschaftlich oftmals effizienter, indem der Bürger selbst entscheiden kann, ob sich z. B. die Neuanschaffung eines spritsparenden Autos rechnet oder nicht. Vor allem aber sind ökonomische Instrumente freiheitsschonend: Ich werde z. B. durch eine Energiesteuer oder eine Autobahnmaut zwar zum Klimaschutz und zum Radfahren motiviert, aber ich werde nicht dazu gezwungen. Ökosteuern haben also typische Vorteile selbstregulativer Instrumente, ohne jedoch deren Nachteile zu haben – denn sie erreichen eben auch den rein eigennützigen Bürger und Unternehmer. In diesem Sinne sehr nachhaltig wäre auch eine ersatzlose Streichung der zahlreichen nationalstaatlichen und europäischen Subventionen, die den Ressourcenverbrauch auch noch belohnen. Man denke an Atomstromförderung (auch durch Forschungsförderung), Eigenheimzulage, Pendlerpauschale, Kohleförderung. All diese Subventionen prämieren ein Verhalten, das als Massenphänomen kaum zukunftsfähig und globalisierbar ist; zudem verfälschen sie auch noch den Wettbewerb. Streicht man all dies, werden auch neue Energien wie Sonnenenergie ganz von selbst wettbewerbsfähig.

Von der Freiheit her verstellt ist uns dagegen der Weg, die Nachhaltigkeit durch eine staatswirtschaftliche, womöglich gar «sozialistische» Struktur zu suchen. Selbst den Ärmsten nützt derartiges erfahrungsgemäß wenig. Dies illustrieren nicht nur staatswirtschaftliche Strukturen in Entwicklungsländern, in denen oft einige Reiche als Parasiten eines verarmten Volkes existieren. Vielmehr besteht auch generell das ungelöste Problem, daß eine allgemeine Gleichmacherei den Leistungswillen der Tüchtigen tendenziell untergräbt («Sozialismusargument»). Das zerstört nicht nur die Freiheit und greift tendenziell in (vom Staat freizuhaltende) Bereiche des guten Lebens über. Es bewirkt auch, daß letzten Endes das Geld fehlen kann, z. B. ein ordentliches Existenzminimum staatlich zu garantieren. Zudem unterschätzen die Befürworter einer «Abschaffung des Kapitalismus» wohl auch einfach die Chancen des Wettbewerbs – flankiert durch Antikonzentrationsmaßnahmen, Subventionsstreichungen etc. Vor allem aber *darf* eine freiheitliche Gesellschaft ihren Bürgern schlicht und ergreifend nicht vorgeben, z. B. «ohne Geld glücklich zu werden» (siehe schon Kap. IV C., V C.).

D. Sind die Europäische Union und die Nationalstaaten unter Globalisierungsbedingungen überhaupt noch handlungsfähig?

Wir betreiben hier also keine Sozialromantik. Der Weg zu einer Effizienzrevolution für Energie und Ressourcen ist vielmehr eine machbare Vision, wie sie moderne Volkswirtschaften, gerade die europäischen, brauchen. Sie kann einen Arbeitsplatzschub auslösen, die Bauindustrie durch die nötig werdenden Gebäudesanierungen aktivieren, die Autoindustrie zu technologischer Innovation bringen, die Agrarwirtschaft intelligenter machen. Nur dieser Weg ist einer Welt angemessen, deren Ressourcen endlich sind und die darum nicht wie die bisherige Wirtschafts- und Arbeitsmarktpolitik auf «mehr Atomstrom», «quantitativ mehr Konsum» usw. setzen kann. Und nur indem man auf Effizienz statt auf mehr Stoffe, Uran, Öl, Kohle setzt, wird man auch von Krisenregionen und überhaupt vom Ausland unabhängiger. Doch wird mir entgegnet werden, all dies könne und müsse sehr wohl *selbstregulativ* erreicht werden und nicht durch klar regulierten Wettbewerb, Ökosteuern usw. Denn solche präzisen Vorgaben wären heute politisch einfach nicht mehr durchsetzbar. Sobald die nationale oder transnationale Politik einzelnen Wählergruppen «weh tue», würde sie eben abgewählt – oder die betroffenen Unternehmen flüchteten in ein fernes anderes Land der globalisierten Welt. Zudem würden Gewerkschaften und Industrieverbände im Vorfeld derartige Regeln zu verhindern suchen, und die Industrie sei einfach «nicht bereit», sparsamere Autos etc. zu bauen. Darum könne man eben nur mit den Unternehmen reden, also doch auf Selbstregulierung hoffen.

Daran ist folgendes wichtig: Letztlich verhindert nur eine Weltföderation *sicher* ein globales Öko- und Sozialdumping. Nur die Weltföderation verhindert, daß Probleme auf künftige und weit entfernt lebende Menschen abgeschoben werden. Nur sie kann global gleiche Spielregeln und einheitliche Kernstandards herstellen. Und genau für solche globalen Regeln müssen wir Europäer uns schon aus eigenem Interesse einsetzen – sonst könnte in nicht ganz ferner Zukunft Deutschland und nicht mehr Indien das Entwicklungsland sein (wenngleich «die Inder» angesichts zerstörter globaler Ressourcenbasis daran wohl keine große Freude mehr hätten). Natürlich können auch z. B. Behörden von sich aus das heute schon existente Recht «nachhaltiger» auslegen, und Unternehmen können freiwillig selbstregulativ tätig werden wie jeder einzelne Bürger auch. Aber das wird ihnen ja auch durch präzise nationale, europäische oder globale Vorgaben nicht verboten. Nur kommen bisher freiwillige Aktivitäten eben nur marginal zustande, trotz zahlreicher «Konsensrunden» zwischen Regierungen, Autofirmen usw. – genau das ist ja das Problem.

Keinesfalls sollte man aber alle Aktivität auf den Tag einer Weltstaatsgründung verschieben. Schon heute, ohne Weltföderation, bestimmen wir Europäer faktisch maßgeblich darüber mit, wo es in der Welt langgeht; ergo können wir auch dafür sorgen, daß es in eine bessere Richtung geht. In vielen Bereichen können wir durch wirtschaftlichen Druck ähnliche Dinge erreichen, wie sie eine Weltföderation erreichen könnte. Gerade die EU ist global ergo alles andere als «handlungsunfähig». Nur ist «Handlungsunfähigkeit» eben einfach eine wohlklingende Ausrede, hinter der sich die Förderung der eigenen Industrie, die kaum ein Interesse an einer regulatorisch eingehegten Globalisierung hat, versteckt. M. E. haben auch *die europäischen Bürger* viel mehr Macht, als sie denken. Die Fassade der Stillstands- und Interessenpolitik wankt schnell, wenn sie nur auf entschlossenes Engagement trifft. Das gilt um so mehr, als die EU als riesiger Wirtschaftsraum schon durch Spielregeln für *ihr* Territorium viele Dinge zum Besseren wenden kann.

Letzten Endes hilft der Nachhaltigkeit, da eine energische politische Steuerung stets die handelnden Politiker in «Abwahlgefahr» bringt, aber nur ein grundlegender Wertewandel. Andernfalls wird es auch nie zur Gründung einer Weltföderation kommen. Gefühle und Eigennutzen werden uns eben leider weder global gerecht noch zukunftsorientiert machen, da beide Motivationsquellen eher auf ein nicht-nachhaltiges Verhalten hinwirken. Selbst herzzerreißende Fernsehbilder von verhungernden afrikanischen Kindern haben uns in der Vergangenheit allenfalls bewogen, zu Weihnachten 50 Euro an «Brot für die Welt» zu spenden. Für das eigentlich Notwendige: eine Änderung unserer Lebensform hier bei uns – dafür blieben die Bilder bisher weithin wirkungslos. Wir müssen darum *rational einsehen*, daß es gute, ja zwingende Gründe für eine zukunftsfähige und global gerechte Welt gibt. Und dieses Wissen ist auch heute nicht völlig verschüttet. Schlicht wie viele Ökonomen und Systemtheoretiker zu behaupten, derartiges sei «nicht durchsetzbar», unterstellt uns allen völlige Ignoranz gegenüber Gerechtigkeitserwägungen und überhaupt für normativ rationale Argumente. Und ein solches Menschenbild, welches nur egoistisch-rationale Akteure kennt und den humanen Wunsch, nicht nur ein Eigennutzenmaximierer, sondern auch ein «guter Mensch» zu sein, übergeht, ist empirisch ebenso unzutreffend wie eine Handlungskonzeption, die überall *nur* den «guten Menschen» am Werk sieht und deswegen auf bloße Moralappelle hofft. Letztlich unterschätzen die politischen Instanzen wohl auch die Möglichkeiten, den Gerechtigkeitsdiskurs stärker an die Bürger heranzutragen, begonnen beim Schulunterricht. Dies sollte auch eine verstärkte «positive Emotionalisierung» der Nachhaltigkeit einschließen, z. B. durch Nachhaltigkeitswerbung von Prominenten oder durch das Erzählen «guter Geschichten» über ein nachhaltiges Leben, welche Lust auf Nachahmung machen.

Natürlich stößt die Nachhaltigkeitsidee gleichwohl auf viel Unwillen. Doch wenn «Unternehmen und Gewerkschaften» bestimmte Dinge nicht wollen, die für die Zukunftsfähigkeit von Gesellschaften und für die globale Gerechtigkeit unabdingbar sind, müssen sie eben gegen ihren Willen verpflichtet werden. Zudem trifft schon heute jeden einzelnen eine moralische Pflicht zum Engagement und zur Befolgung der Gebote der nachhaltigen Liberalität. Wahrscheinlich ist dies sogar eine rechtliche Pflicht – und es ist im Grunde die einzige Pflicht, die den einzelnen Menschen als Individuum trifft. Und wenn wir uns der Nachhaltigkeit verweigern, verspricht uns dies keineswegs ein «schönes Leben». Vielmehr drohen uns Kriege um Ressourcen, Hunger und drastische Verschärfungen der sozialen Spannungen – wenigstens mittelfristig.

Sofern die politische Steuerung – national oder global – präzise ausfällt und auf alle Bürger gleichermaßen angewandt wird, wird zudem die Akzeptanz bei den Bürgern selbst für harte Einschnitte wachsen. Wenn Unternehmen z. B. wissen, daß weltweit die gleichen Standards gelten, wird dies ihren Widerstand zumindest *verringern*. Mit klaren Spielregeln haben auch alle erst wirklich gleiche Marktchancen. Zumindest für *mittelständische* (weniger mächtige) westliche Unternehmen bringt eine Politik der Nachhaltigkeit darum sehr wohl eigennützig etwas. Verheißen ist, die Marktwirtschaft allererst zu dem zu machen, was sie zu sein verspricht: ein offener Wettbewerb ohne Staatsgrenzen und mit gleichen Chancen – eingehegt durch die Leitplanken Zukunftsfähigkeit und globale Gerechtigkeit, durchgesetzt durch Standards einer Weltföderation und wirksam kontrollierte nationale Behörden. Wer dagegen als Politiker die Wichtigkeit guter Gründe für die Energie-, Klima-, Umwelt-, Bildungs- oder Sozialpolitik weiter ignoriert und in den Wählern nur Kosten-Nutzen-Maximierer, Konformisten oder Gefühlsmenschen sieht, aber keine normativ rationalen Bürger – der könnte eines Tages mit Abwahl bestraft werden. Auch zunehmende klimabedingte Unwetterkatastrophen usw., wie sie die gegenwärtige Politik faktisch in Kauf nimmt, sind sicher nicht gerade wahlchancenfördernd. Daß zudem unser aller Umgang mit der Nachhaltigkeit nicht ins Belieben gestellt ist, ergibt sich aus unseren Verfassungen: Die Politik aller Ebenen muß tätig werden, wie wir in Kap. III, V sahen – andernfalls ist sie durch Klagen vor den Verfassungsgerichten sanktionierbar. Denn «schwierige Durchsetzbarkeit» ist bekanntlich keine zulässige Ausrede, wenn man Gerechtigkeitsgebote nicht erfüllt. Denn eine nicht-nachhaltige Politik ist auf Dauer fundamental ungerecht. Wobei dies zum Abschluß zeigt, was man sich eigentlich begrifflich unter (guter) Politik vorzustellen hat: gerechte Prinzipien plus effektive Durchsetzung.

VII. Gut leben statt viel haben: Nachhaltigkeit schafft mehr Lebensqualität – und eine neue Vision von Arbeit und Bildung

Mit alledem haben wir ein in den Kernelementen «vollständiges» Konzept von Nachhaltigkeit entwickelt. Wir haben uns einen Zugang verschafft über eine neuentwickelte, universale Konzeption der Gerechtigkeit, der Menschenrechte, der Abwägung und der politischen Steuerung. Sie – auf den Ebenen der Philosophie, der (europäischen und überhaupt westlichen) Verfassung und der Politik angesiedelt – führte uns über den bisherigen politischen und wissenschaftlichen Diskurs zur Nachhaltigkeit hinaus. Jenseits all jener Gerechtigkeits- und Steuerungsfragen könnte man zum Schluß aber fragen, ob wir nicht auch eine Theorie des glücklichen, gelungenen Lebens brauchen – auch wenn sie anders als die Gerechtigkeitstheorie nicht allgemeinverbindlich sein darf, wie sich ja aus dem neuen Freiheitsverständnis ergibt: Der Staat kann und muß z. B. den Ressourcenverbrauch zwar äußerlich restringieren. Ob sich seine Bürger ein ständiges Mehr an Gütern *innerlich wünschen*, ist jedoch wegen der Freiheit keine Gerechtigkeitsfrage mehr. Denn ein liberaler National-, Europa- oder Weltstaat dient der gerechten Konfliktlösung zwischen seinen Bürgern und *ermöglicht* damit unterschiedliche Wege zum Glück – doch er diktiert nicht selbst das Glück. Trotzdem bestimmen unsere Ideale eines gelungenen, schönen Lebens faktisch über unsere emotionale Akzeptanz für die globale und intergenerationelle Gerechtigkeit wesentlich mit. Darum muß die Frage zum Ende wenigstens kurz erwähnt werden – auch deshalb, weil dabei einige weitere Implikationen der *Gerechtigkeits*thematik deutlich werden.

Schon für die Gerechtigkeitstheorie war ja der kritische Umgang mit dem aufklärerischen, vormals aus dem Calvinismus herausdiffundierten Wachstums- und Fortschrittsideal, welches unsere Existenz bisher wenig nachhaltig macht und welches unser Freiheitsverständnis prägt, zentral. Dieses Ideal läßt sich aber vielleicht auch von der Problematik eines gelungenen Lebens her kritisieren und nicht nur als Problem der Gerechtigkeit sehen. Der Nachhaltigkeitsgedanke will ja hinter eine menschliche Hoffnung, die sich Glück und Zufriedenheit zentral von materiellen Dingen verspricht, ein Fragezeichen setzen. «Gut leben statt viel haben» ist statt dessen die Maxime. Dieser Kurzformel stimmt abstrakt mancher zu – aber nur so lange, wie man ihm nicht die vielfältige Verflochtenheit unserer modernen, so wunderbar bequemen und angenehmen Lebensweise mit einem Verbrauch von Ressourcen vorhält. Ein Pkw z. B. verbrennt nicht nur Benzin, sondern wird auch aus bestimmten Stoffen hergestellt; der Pkw-Stahl wird im Falle der deutschen Produzenten überwiegend in brasilianischem Regenwaldgebiet gewonnen; es entstehen Abfälle; die Produktion und der Transport verbrauchen Energie, die Herstellung der Transportschiffe und -flugzeuge verbraucht ebenfalls Stoffe und Energie, die Entsorgung der Autos wirft Probleme auf usw. Die normative Begründung von Zukunfts- und Globalbelangen kann die Verdrängung jener komplexen Zusammenhänge nun aus den Angeln heben. Sie wird unterstützt durch ein modernes Freiheitsverständnis, welches einem hypostasierten Individualismus, der sich zudem der Verantwortlichkeit für die Folgen des eigenen Handelns zu entledigen trachtet, ebenso entsagt wie unserem *radikal* anthropozentrischen Selbstverständnis, das unsere natürlichen (Freiheits-)Voraussetzungen und die Folgen unseres Tuns ausblendet. Trotzdem bleibt die nur durch eine Theorie des guten Lebens beantwortbare Frage: Was wünsche ich mir?

Wir *könnten* unser Auto abschaffen, auf Urlaubsflugreisen verzichten, unverarbeitete Bio-Produkte kaufen, hocheffiziente Haushaltsgeräte haben, uns öfter mal mit «weniger» zufriedengeben, in Null-Emmissions-Häusern wohnen. Meine Vermutung ist nun, daß dies unser Zusammenleben nicht nur gerechter machen würde. Vermutlich würden wir am Ende sogar *glücklicher* sein. Die bisherige Existenzform weiter Teile der westlichen Bevölkerung mit Plattenbauten, Fast food, Mallorca, stupider Arbeit will zumindest mir nicht unmittelbar als besonders evidenter Weg zum Glück einleuchten. Dazu kommt die ständige nagende Angst vor Arbeitslosigkeit und «sozialem Abstieg» in einem materialistisch geprägten Umfeld. Vielleicht wäre darum der richtige Ansatzpunkt (der auch gerechtigkeitsrelevant ist) eine Totalrevision unseres bisherigen Begriffs von Arbeit. Seit vielen Jahren schon laufen Wirtschaft und Politik gleichermaßen konzeptlos dem Ideal einer Vollbeschäftigung hinterher. Doch jenes Ideal wird in einer technisch immer weiter rationalisierten Welt, in der letztlich 20 % der Bevölkerung unser gesamtes Einkommen erwirtschaften könnten, immer irrealer und überflüssiger. Trotzdem fühlen sich die, die vom Arbeitsprozeß ausgeschlossen sind, als Verlierer. Gleichzeitig sind auch die, die Arbeit haben, oftmals unglücklich durch entfremdete Tätigkeiten, durch ständige Entlassungsgefahr usw. All dem versuchen viele durch immer mehr Arbeit zu entkommen – doch macht dies letzten Endes glücklich, wenn man doch eigentlich gar nicht recht weiß, wofür man arbeitet? Denn warum sollte es mein höchstes Lebensziel sein, den Gewinn meines Arbeitgebers zu maximieren, ein Produkt X herzustellen, eine Dienstleistung Y zu erzeugen usw.? Bezeichnenderweise stellen sich die meisten Menschen diese Zielfrage gar nicht erst (*das ist es*, was ich mit der altliberalen Fixierung auf instrumentelle Rationalität meinte). Zudem schädigen wir uns gegenseitig durch hilflose Schuldzuweisungen, die die wechselseitigen Abhängigkeiten nur verdecken, global wie auch innerdeutsch: Zwar zahlen die Arbeitenden oftmals soziale Hilfsleistungen für die Schwachen (sei es in Ostdeutschland, sei es über die EU in Ungarn, Polen usw.). Gleichzeitig haben wir Arbeitenden unsere Arbeit doch aber nur, weil diese Schwachen mit ihrem Konsum die Produktion und ergo unsere Arbeit am Laufen halten.

Vielleicht sollten wir daher zu einer neuen Arbeitswelt aufbrechen, die *Erwerbsarbeit*, *gesellschaftliche Arbeit* z. B. im sozialen und im Umweltbereich und unbezahlte *Eigenarbeit* *alle* als wichtig und befriedigend anerkennt und in einem Lebensweg kombiniert – abgefedert durch ein staatliches Grundeinkommen. Dieses Grundeinkommen könnte Arbeitslosenhilfe, Erziehungsgeld, Kindergeld, Krankengeld, Sozialhilfe, Ausbildungsförderung und Rente ersetzen (was zugleich eine gigantische Bürokratieeinsparung ermöglichen würde). Es wäre in der Höhe so auszurichten, daß der Empfänger nicht verhungert, daß aber ein Arbeitsanreiz bestehen bleibt – weswegen der Satz unterhalb der heutigen deutschen Sozialhilfe liegen müßte. Wer z. B. als Arbeitsloser oder als Rentner mehr erhalten wollte, müßte eine private Zusatzversicherung abschließen oder zusätzlich kleine Tätigkeiten für seine Mitmenschen verrichten; nur extreme Härten wären staatlich abzufedern (zu Sozialhilfe und Zuverdienst schon Kap. II C., IV C., V C.). Die sogenannte Eigenarbeit würde bei alledem nicht gesondert bezahlt, aber als Arbeit anerkannt. Sie betrifft jene Tätigkeiten, die das Leben in gewisser Weise erst lebenswert machen: feiern, kochen, im Garten arbeiten, alte Verwandte pflegen usw. Nebenbei würde ein solcher «neuer Arbeitsbegriff» (in Verbindung mit bekanntlich arbeitsmarktfördernden Ökosteuern) das Sozialversicherungs-, das Schwarzarbeitsproblem und die irreführende Orientierung am Bruttosozialprodukt angehen. Und über all dies sollten wir jetzt und heute nachdenken – wo z. B. in *Ostdeutschland* Dauerarbeitslosigkeit in *Extremismus* umzuschlagen beginnt. Wobei dahinter natürlich nicht nur ein verfehlter klassischer Arbeitsbegriff, zumal im Kontext einer so nicht verbesserbaren ökonomischen Gesamtlage, steht – sondern auch empfundene Demütigung und tradierter Autoritarismus.

Zeitwohlstand statt Güterwohlstand nützt allerdings nur denjenigen, die gelernt haben, etwas mit sich und ihrer Zeit anzufangen. Ein neuer Arbeitsbegriff müßte darum zugleich den Startschuß geben für ein neues Bildungskonzept, welches das zu unserem Ziel und unserer Stärke macht, was von Hause aus Europas und gerade Deutschlands Markenzeichen war. Wichtig ist freilich nicht einfach die Quantität von Abitur- und Hochschulabsolventen, wie es die gegenwärtige Bildungsdebatte suggeriert. Dies kann niemand wollen, der erlebt hat, wie unwissend und unselbständig viele durchaus gut benotete Absolventen heute sind. Nachhaltig wird unser Erziehungssystem daher auch nicht allein dadurch, daß man allen, nunmehr auch den Menschen in südlichen Ländern *irgend*einen Zugang zu Bildungseinrichtungen eröffnet.

Zudem: Auch die Nachhaltigkeit selbst muß Bildungs*inhalt* werden. Die Bürger brauchen dabei nicht so sehr «mehr Informationen». Sie brauchen, soll die Nachhaltigkeit real werden, vor allem eine Vermittlung der guten Gründe für eine neue, zukunftsfähige Ordnung des globalen Zusammenlebens – aber auch der konkreten eigennützigen Vorteile, die der Paradigmenwechsel in Aussicht stellt (= mehr Lebensglück, Geldersparnis durch Effizienzmaßnahmen usw.). Dabei hat es freilich wenig Sinn, wenn man wie die gegenwärtige Nachhaltigkeitspolitik in der Unklarheit eines Nachhaltigkeitsbegriffs badet, auf den sich dann jeder seinen Reim machen darf und der daher vermeintlich «sozialintegrativ» wirkt. Vor allem raubt eine solche Harmonielösung der Nachhaltigkeit ihre

Dynamik und Sprengkraft, ohne die wir nicht zukunftsfähig werden, sondern Schiffbruch erleiden.

In allererster Linie brauchen wir aber eine neue, univerale *Gerechtigkeit*. In diesem Sinne möchte ich klassischen Liberalen, ebenso wie ihren falschen postmodernen Freunden und ihren paternalistischen (kontextualistisch oder metaphysisch gesinnten) Gegnern, zurufen: Vernunft, Würde, Unparteilichkeit und Freiheit bleiben die notwendige und universal einzige Grundlage einer gerechten Grundordnung – aber sie bleiben es nur, wenn man sie neu interpretiert und so das liberale Denken für eine Zukunft in wirklich umfassender Freiheit öffnet. Nur wenn wir demgemäß den *Individualismus* auch mit einer *festen Steuerung* versöhnen und es so schaffen, die Autonomie und den Schutz ihrer Voraussetzungen zu radikalisieren, also die Freiheit zu optimieren und sie gleichzeitig gegen ökodiktatorische Anwandlungen zu schützen – nur dann wird unser Zusammenleben *nachhaltig* werden. Und indem uns dies eine neue Vision und einen neuen Weg der Selbsterschaffung und der ökonomischen Vitalisierung gibt, könnte es uns auch *glücklich* machen.

Fernab aller anti-liberalen rousseauistisch-sozialistischen Gemeinschaftsfantasien, aber auch aller wirtschaftsliberalen Status-quo-Zynismen kann man daher sagen: Eine andere Welt ist möglich. Und ihre Möglichkeit wurzelt in der Freiheit und Autonomie jedes einzelnen Bürgers dieser Erde.

Sach- und Personenregister

Auf viele der nachfolgenden Stichwörter wird im Text (oft auch nur implizit) laufend Bezug genommen. Daher werden hier jeweils nur die wichtigsten Fundstellen aufgeführt. Bestimmte Wörter kommen fast auf jeder Seite vor und erscheinen daher nicht im Register (Nachhaltigkeit, Freiheit, Liberalismus, Menschenrechte, Globalisierung, Philosophie, Verfassung u. ä.).